徽州方言概要

（外一种）

孟庆惠 ◎ 著

安徽师范大学出版社
ANHUI NORMAL UNIVERSITY PRESS

· 芜湖 ·

图书在版编目（CIP）数据

徽州方言概要：外一种 / 孟庆惠著 . — 芜湖 : 安徽师范大学出版社，2023.11
ISBN 978-7-5676-6316-9

Ⅰ . ①徽… Ⅱ . ①孟… Ⅲ . ①江淮方言—方言研究—徽州地区 Ⅳ . ①H172.4

中国国家版本馆 CIP 数据核字（2023）第 212439 号

安徽省高峰学科安徽师范大学中国语言文学（诗学）建设项目
安徽师范大学中国诗学研究中心项目

徽州方言概要：外一种

孟庆惠◎著

HUIZHOU FANGYAN GAIYAO : WAI YI ZHONG

责任编辑：李克非
责任校对：潘　安
装帧设计：王晴晴　冯君君
责任印制：桑国磊
出版发行：安徽师范大学出版社
　　　　　芜湖市北京中路2号安徽师范大学赭山校区　　　邮政编码：241000
网　　址：http://www.ahnupress.com/
发 行 部：0553-3883578　5910327　5910310（传真）
印　　刷：江苏凤凰数码印务有限公司
版　　次：2023年11月第1版
印　　次：2023年11月第1次印刷
规　　格：700 mm×1000 mm　　1/16
印　　张：15.75
字　　数：240千字
书　　号：ISBN 978-7-5676-6316-9
定　　价：56.00元

凡发现图书有质量问题，请与我社联系（联系电话：0553-5910315）

安徽师范大学汉语语言学学科简史（代序）

储泰松

安徽师范大学汉语语言学科的发展与安徽师范大学校史等长，其间虽有波折，但整体上传承有序，前后相继，为学院和学校的专业、学科、学位点建设贡献良多。在方言普查、普通话推广、人才培养和引领全省语言学研究等方面，成就显著。下面就本学科的发展历程，做一全景式简要勾勒。

（一）教研室沿革

1.安徽大学时期（1928—1949）

执教学者主要有陈望道、周予同、方光焘（1932）、潘重规（1947）、洪诚、卫仲璠（1947）等。

中文系开设语言类课程以传统小学为主，主要有训诂学、目录学、文字学、声韵学、国文、经学概论、国学概论、毛诗、左传等。

2.解放初期（1950—1954）

国立安徽大学后期，不分教研室、学科。中文系开设的汉语有关的课程有历代韵文选、文字学（中国语言文字学）、国文名著、文学名著、中国语文概要、中国语法及实习、中国语文专题课堂讨论、逻辑学、中国语文教学法、文学教学法。

授课教师有张涤华、卫仲璠、谢荣观等。

3.安徽师范学院时期（1954—1958）

仿照苏联模式，设立教研组（教研室前身），与语言有关的教研组有语言学、语言教学法、函授3个。

授课教师有张涤华、王健庵、张煦侯、范耕研、王盛农（教员）、杨长礼、王旭、梅运生、赵栩、曾黎云、胡治农、张晞奕（语言学教研组）；陈远志、濮之琦、李俊峰、刘善群（语言教学法教研组）。

开设课程主要有现代汉语、古汉语、中国语言教学法、逻辑学等。

4.合肥师范学院时期（1958—1970）

中文系教授语言课程的教研组有两个：语言学以及文学语言教学法教研组。

授课教师主要有：张涤华、李俊峰、张煦侯、王健庵、杨长礼、胡治农、张稀奕、汪兆兰、孟庆惠、沈士英、龚千炎、张紫文、佘明华、鲁萍、石云孙、谢芳庆、陈庆祜、袁晖、杨昭蔚、鲍善淳、丁之玉、陈安明、周景绍（以上语言学教研组）；濮之琦、陈远志、刘善群、杨德如、卫爱礼、叶平衡、李家平（以上文学语言教学法教研组）。

开设课程主要有现代汉语、古代汉语、语言学概论、语言学专题报告、毛泽东语言学概论、现代汉语语法修辞、毛泽东语言研究、语法理论、逻辑学等。

5.高考制度恢复期（1977）

汉语与写作教研组合并成立汉语写作教研组。

授课教师主要有：郑怀仁、龚千炎、胡治农、孟庆惠、鲍善淳、杨昭蔚、沈志刚、鲁萍、仇幼鹤、王齐祐、张柏青。另有函授教研组，教师有沈士英、方德乾、濮之琦。

语言类必修课程有现代汉语、古代汉语、语言学概论、逻辑学等。

6.语言研所成立（1979—1995）

安徽师范大学于1979年成立独立建制的语言研究所，从中文系汉语写作教研室抽调部分教师转入语言所，并从社会招聘了部分研究人员，主要任务是编纂《汉语大词典》，完成国家重大文化战略任务。

首任所长由张涤华先生担任，张先生逝世后，由张紫文先生接任；1986年学校获批华文教育基地，挂靠语言所，1987年开始留学生教育教学。

7.汉语教研室成立（1983）

汉语写作教研室各自独立，教研室成员有：龚千炎（主任），杨昭蔚（副主任）、胡治农、孟庆惠、鲍善淳、张柏青、朱景松、蒋同林、李先华、沈志刚、耿尊芳、詹绪左。

8.文学院汉语教研室（1995—）

1995年，原中文系、语言研究所合并成立文学院，取消语言所独立建制，人员转入文学院汉语教研室与函授教研室，部分人员并入外办留学生部（后改名国际教育学院），转入汉语教研室的有张紫文、谢芳庆、潘竟翰、朱茂汉、王葆华等；2005年，原芜湖师专中文系汉语教研室以及教学技能部教师芮道荣、温志权、徐丽娜、陆昌萍、徐莉、汪晶等随着芜湖师专的并入也转入文学院，汉语教研室人数达到历史峰值。先后担任汉语教研组（室）主任的有张涤华、龚千炎、鲍善淳、孔令达、李先华、储泰松、崔达送、熊仲儒、胡承佼、徐建。

2002年，设置对外汉语专业，并于2003年招生；2011年，成立对外汉语教研室，2013年更名为汉语国际教育教研室，专业主任（教研室主任）先后由蒋同林、崔达送、潘晓军、汪红艳担任。

2010年新闻、广告、播音主持专业从文学院分离，成立传媒学院，汉语教研室许凌虹、徐丽娜转出，汪晶转任教学秘书。

2019年6月，成立安徽语言资源与保护研究中心，是安徽省语言文字工作委员会的科研机构，挂靠在安徽师范大学文学院，依托文学院汉语语言学科建设。2021年，安徽省语委又将安徽语言资源多媒体数据库设在保护中心。

2021年9月，学校获批第二批国家语言文字推广基地，主要依托文学院汉语语言学科建设。

曾在本学科学习工作后来调离的老师有：王健庵、白兆麟、袁晖（安徽大学）、龚千炎（教育部语用所）、朱景松（苏州大学）、周国光（华南师大）、伍巍（暨南大学）、卢英顺（复旦大学）、陈冠明（烟台大学）、谭学纯（福建师大）、李向农（华中师大）、张学文（深圳市育才中学）、沈志刚、李冠华、蔡启宁（美国）、王葆华（华南师大）、胡德明（浙江师大）、熊仲儒（北京语言大学）、顾军（桂林电子科技大学）、饶宏泉（暨南大学）等。

目前，汉语教研室有15人，教研室主任徐建；汉语国际教育教研室7人，教研室主任汪红艳。整个学科计教授5人，副教授8人，讲师9人。

(二)学位点沿革

1979年，学位点建设启动，现代汉语专业是首批获准招收研究生的专业。

1981年，正式获批硕士学位授予权，安徽师大现代汉语专业成为首批硕士学位授权点之一，每三年招生一次（1979、1981、1985、1988、1991年招生）。1992年开始每年招生。

1998年，根据国务院学位委员会关于学位点调整的文件精神，现代汉语、汉语史、古文字学合并为汉语言文字学专业，本学位点获准招收汉语史方向研究生，并于1999年首次招生。

2006年，语言学及应用语言学学位点申报成功，同年中国语言文学一级学科硕士学位点获批。

2008年，申报成功汉语国际教育硕士专业学位点；2009年开始招收孔子学院奖学金生；2010年，面向国内招收汉语国际教育专业硕士，两年制。2023年改为三年制。

2010年，中国语言文学一级学科博士点获批通过，语言类设有汉语言文字学、语言学及应用语言学两个招生方向。

先后担任学位点负责人的有：张涤华、张紫文、孔令达/李先华、孔令达/储泰松、饶宏泉、徐建（汉语言文字学），孔令达、储泰松、熊仲儒、胡承佼（语言学及应用语言学），熊仲儒、潘晓军、汪红艳（汉语国际教育）。

在本学科先后担任硕士生导师的有：张涤华、龚千炎、张紫文、胡治农、陈庆祜、孔令达、周国光、蒋同林、詹绪左、李先华（1999年前），储泰松、王葆华、周元琳、崔达送、熊仲儒、朱蕾、汪红艳、胡承佼、饶宏泉、杨荣贤、何家兴、徐建、刘凡（1999年后）（以上学硕），熊仲儒、孔令达、崔达送、詹绪左、周元琳、胡承佼、饶宏泉、汪红艳、潘晓军、陆昌萍、曹鹏鹏、储丽敏、荆莉、许凌虹、俞燕（以上专硕），曹小云、李铁范（兼职）。

本学科先后获聘博士生导师的有：孔令达、储泰松、熊仲儒、詹绪左、何家兴（以上文学院），葛明贵、姚本先、宣宾（以上教科院），张德让、张孝荣（以上外国语学院），陈昌来（兼职）。

1984年，邢福义先生在华中师范学院招收的研究生萧国政、徐杰、李宇明以及挂靠华中理工学院招收的研究生蒋平、徐纬地、郎大地共6人，来本学科现代汉语语法学位点申请学位，并由安徽师范大学授予硕士学位。

抚今追昔，岁月如歌；鉴往知来，续写华章。安徽师范大学汉语语言学学科经过几代学人的积淀与发展，形成了具有鲜明特色的研究方向与学术理念，先后出版了一大批高质量的科研成果，并多次荣获安徽省社科奖；人才培养质量更是享有盛誉，据不完全统计，1980年以来本科或硕士毕业于本学科后获得语言学博士学位的有120多位，其中多数人活跃在学术界，是所在单位语言学科的骨干和中坚力量。

前辈学者为本学科打下了良好的基础，年轻学者也在扬鞭奋蹄，扎扎实实地走在传承创新的路上。为了更好地展示本学科深厚的研究传统和丰富的学术成果，我们在编辑出版《张涤华文集》《鲍善淳语文学论文集》《张柏青语言学论文集》《孟庆惠方言学文集》《杨树森逻辑学研究论集》等著作的基础上，继续推出学科老师的有关成果，以更好地响应国家战略，呼应时代需求，彰显研究价值。

安徽师范大学国家语言文字推广基地于2021年9月获批，其前身是成立于2019年的安徽师范大学汉语言文化基地。基地以安徽师范大学文学院、安徽师范大学语言研究所为基础，联合相关学院以及职能部门组建而成，而其核心是文学院汉语语言学学科。所以这套丛书定名为"国家语言文字推广基地丛书"。

目　录

徽州方言概要

歙县方言熟语选释

徽州方言概要

第一章　徽州方言简况

凡是到过徽州或者与徽州人有过接触的人都说徽州话难懂。

有的人说徽州话听起来好像是说外语。他还举例说，他在屯溪下车之后向当地小贩问："请问到黄山师专去怎么走？"她随口答道："阿（我）拜（不）希敌（识得）。"你听这不像是说"ABCD"吗？

还有一个徽州某县来屯溪的农民对我说，几年前他来到屯溪车站边的百货商店，想买样纪念品送给刚满周岁的女儿。当他看到柜台里面货架上有好几种大小不同的手摇拨浪鼓玩具时，他向柜台内正在跟别的售货员说话的姑娘喊："同志，帮屁股（皮鼓）夯（给）阿（我）摸摸（望望）。"售货姑娘莫名其妙地回过头看了看青年农民，没理他。可是要买东西的青年可急了，他想再有一会儿就要上车了，她怎么只看了我一下不给我拿货呢？青年农民就大声喊："屁股（皮鼓）夯（给）阿（我）摸摸（望望）！"这一回售货员姑娘听得清清楚楚，什么？摸屁股？她气愤地脱口而出骂道："流氓！"青年农民把骂词"流氓"听成了"六毛"，他就接着说："六毛就六毛，先摸摸（望望）嘛。"售货员姑娘听了这样的话，认为这个人一定是无赖，就坚决不理他了。

这个当年本想给女儿买生日礼物的青年农民如今向我说起这件事时，还流露着无可奈何的表情呢。

事实上，徽州各地的人语言不通的情况是早已存在的。据清·嘉靖四十五年《徽州府志》载："六邑之语不能相通"。另据我国已故著名语言学家罗常培（字莘田）先生早在民国23年《世界日报》"国学周刊"152期著文《徽州方言的几个问题》中就说："在我已经研究过的几种方言里，徽州话可算是够复杂的了。"他还说："在我没到徽州之前，我总觉得各县各乡的差别不过是声调的高低罢了，但是实际的现象，非但县与县之间是截然两个方音，就是一个县里各乡的音也有时候非分成两个系统不可。"

语言是用声音（语音）作为表现形式的。固此语音的不同才是造成语言听不懂的主要原因。如果各地方言在词汇的说法上也有很多不同，那么听不懂的情况就会更加严重。我们认为徽州话正是这样一种方言。它不仅与普通话的语音、词汇相差很大，而且徽州各地话的语音、词汇之间差别也很大。下面，我们先举几个语音方面的例子来说明这一点。

"a"这个韵母是普通话和徽州方言都有的。但是a韵母在不同话里所包括的字并不相同。例如，歙县徽城话a韵母的字在普通话里分别是a（打）、ia（佳）、ai（带）、uai（外）、ie（街）、ang（党）、iang（江）等7个韵母。两者相比，韵母相同的字很少，只有"打"类，其余6类（佳、带、外、街、党、江）字韵母都是不同的。再如，休宁海阳话韵母a的字，在普通话里则是读a（把）、ia（佳）、ai（带）、uai（外）、en（本）、eng（等）、ing（钉）、o（魄）、e（革）、ie（街）、an（甘）、ian（限）等12个韵母。两者之间只有"把"类韵母相同，其余11类（佳、带、外、本、等、钉、魄、革、街、甘、限）字的韵母都不相同。

仅从一个a韵母的字就可以看出普通话和方言（徽城话、海阳话）之间就存在这么大的差别，试问外地人又怎么可能听懂整个语音体系都不相同的这种方言呢？再将徽城话与海阳话的a韵母包括的字进行比较，也可以看出两者之间相同的只有"打把""佳""带""外""街"5类字，其他还有很多都是不同的。它们的差别这么明显，操两地方言的人难以相互交谈，也是必然的。

为了增加大家对徽州话的感性了解，下面我们请徽州各地人用方言说出自己的县名，同时再把"针"这个字的方言读音说给大家听听。

歙县[çi²¹çie²²]（如"吸谢"），"针"[tɕiɐ̃³¹]（如"京"）

绩溪[tɕieʔ³²tsʅ³¹]（如"节疵"），"针"[tɕiɑ̃³¹]（如"姜"）

屯溪[tuɛ³⁵tɕʰi³³]（如"夺期"），"针"[tɕian³³]（如"坚"）

休宁[ɕiəu³³la⁵⁵]（如"休腊"），"针"[tɕien³³]（如"坚"）

黄山 (汤口)[ɔ⁴⁴ɬɑ]（如"熬沙"），"针"[tɕie⁴⁴]（如"街"）

黟县[i²¹yɛ⁷³²]（如"医院"），"针"[tsɿ²¹]（如"资"）

祁门[tɕʰi⁵⁵mæn⁵⁵]（如"棋蛮"），"针"[tʂæn¹¹]（如"詹"）

婺源[vu⁵¹n̩ỹ¹¹]（如"雾女"），"针"[tsein⁴⁴]（如"簪"）

从徽州方言词汇上看，差别之大也是很明显的。既有一个词（物）在各地有多种说法，也有同一个词在各地所指的内容各不相同。例如"向日葵"在徽州话里就有①葵花莲（歙）②珍珠莲（歙）③松花莲（歙）④松树莲（歙）⑤朝日莲（休）⑥金桂莲（休）⑦今朝莲（休）⑧珠珠莲（休）⑨丝瓜莲（屯）⑩葵花蓬（绩）⑪葵花莲（歙）⑫转莲葵儿（祁）⑬楂葵（祁）⑭猪肉脸（屯）等14种说法。

另外，"点心""老官""滚水"这些词所指的具体内容各地也有较大的差别：绩溪、歙县、黟县把"馄饨"叫点心，休宁则把"饺子"叫点心；屯溪、休宁、祁门、黟县、婺源则把"中饭"叫点心。黟县面称父亲为"老官"，绩溪则面称丈夫为"老官"。绩溪、歙县、屯溪话"滚水"指的是开水，休宁、黟县、祁门话指的却是"热水"。

以上列举诸多实例，充分证明了笔者一开始说的话：徽州话实在"难懂"啊！

时至今日，徽州话各地的话仍然是各自独立，自成体系的。没有一个地方的话可以作为强势方言通用于徽州各地。那么，对于这样一种复杂的地域方言，应该怎样确立它在汉语方言中的地位呢？

是的，确定徽州话在汉语方言中的位置，的确不是一件容易的事。由于徽州地处山区，交通不便，这里的方言虽然早已引起国内外语言学家的重视，但因种种原因未能进行全面深入调查研究，所以长时期对它的地位难以定论。有的人说皖南的徽州方言似乎是自成一系的，就称它"皖方言"。有的人认为它接近吴方言，说它是吴语的一个分支。有的人说它受北方话的影响很大，要把它归入官话区。有的人认为徽州话既接近吴方言也接近赣方言，要正确地给它分类，尚待今后进一步的调查研究，所以主张把它作为"未明方言"看待。其地位之所以难以定夺是因为它的特点不像其他方言那么鲜明。打个比方来说，它有点像动物中的"四不像"。四不像为淡褐色，雄的有角，角像鹿，尾像驴，蹄像牛，颈像骆驼。从整体上看，它哪一种动物都不像，所以人们叫它"四不像"。正因为徽州话自身的特点不鲜明，它还兼有吴语的一些特点，赣语的部分特点，江淮话的特点，甚至还有点客家话、粤方言的特点。既然难以把它归为哪个大方言区，倒不如让其独立，定为"徽语"。这样做正体现了对于学术研究实事求是的科学态度。

根据近几年对徽州方言进行的比较系统的实地调查，中国社会科学语言研究所的专家们确定了徽州方言的地位和分布范围，并绘制地图编入《中国语言地图集》第一分册（香港朗文出版社1987年）"[B10图]安徽皖南汉语方言"分布图内。

徽州方言定名"徽语"或"徽州话"。它集中分布于新安江流域的安徽省旧徽州府，浙江省旧严州府，江西省的德兴、浮梁。具体包括今江西省的婺源、德兴、浮梁，以及安徽省的祁门、石台、黟县、休宁、屯溪、歙县、绩溪、旌德、宁国，浙江省的淳安（包括原遂安）、建德（包括原寿昌）等三省十六个县市。在这16个市县中隶属旧徽州府的歙县、绩溪、屯溪、休宁、婺源、黟县、祁门等地话应视为徽语的本土部分，其他地方话可视为徽语的延伸部分。延伸地区的徽语受相邻方言影响很大。本土徽语应是徽州方言的正宗，因此，本书把旧徽州府所辖六邑的话作为漫谈的重点，其他周边延伸区的徽语只作简要介绍。

第二章　本土徽州方言特点综述

任何一个方言都是一种具体语言的地域性变体。徽州方言就是汉语在徽州地域的人们长期使用的地方话。语言是由语音、词汇、语法三个基本要素构成的。每一种语言或方言都具有自身特点的语音、词汇、语法系统。为了便于向读者介绍徽州方言，笔者也从语音、词汇、语法三个方面入手。

一、语音的主要特点

1.徽州方言把普通话中很多不是送气声母的字，大都读成送气声母。例如："步"读为"铺"，"道"读为"套"，"坐"读为"错"，"件"读为"欠"。

普通话"步"的声母是不送气音b[p]，"铺"的声母是送气音p[pʰ]。方言"步"读如"铺"就是把不送气声母"步"也读成了送气音声母，与"铺"相同了。普通话"道"声母是不送气音d[t]，"套"声母是送气音t[tʰ]。方言"道"读如"套"就是把不送气声母的"道"也读成了送气声母，与"套"相同了。普通话"坐"声母是不送气音z[ts]，"错"声母是送气音c[tsʰ]。方言"坐"读如"错"就是把不送气声母的"坐"也读成了送气声母。普通话"件"声母是不送气音i[tɕ]，"欠"的声母是送气音q[tɕʰ]。方言"件"读如"欠"就是把不送气声母的"件"也读成了送气声母。

此外，"败、病、白、薄"等方言也读成了送气的p[pʰ]声母，"大、豆、洞、笛"方言也读成了送气的 t[tʰ]声母，"杂、昨、在、罪"方言也读成了送气的 c[tsʰ]声母，"柱、丈、近、跪"等方言也读成了 q[tɕʰ]声母。这些字普通话和方言的读音（之）所以有送气和不送气的不同，原因是这些字都是来源于古汉语全浊声母字。全浊音声母就是发音时声带颤动的声母。由于这些全古浊声母字在普通话和很多方言里已演变成清音（不颤动声带的）声母，以及它们在清音化以后表现的情况不完全相同：有的一律读成送气声母（如客家话、赣语），有的一律读成不送气声母（如湘语），有的只是一部分字读成送气声母（如普通话只有阳平字读送气声母）。而徽州方言却是属于大多数古浊音声母字今音读成送气声母一类的。例如徽城话"簿、鲍、辫""队、邓、独"，休宁话"薄、培、瓶""盗、弟、台"等字就是读不送气。因此就出现了徽州方言与普通话之间送气音多与少的差异。例如，"培、牌""堂、屯""茶、朝"等字休宁话读不送气音，歙县话却读送气音，这就可以看出两地方言在送气方面的差异来。

2.徽州方言（除祁门之外）都没有翘舌音 zh、ch、sh 声母。普通话中这类声母的字，方言大都读成舌面音 j、q、x 声母。例如："知"读如"机"，"张"读如"姜"，"砖"读如"捐"，"潮"读如"桥"，"肠"读为"强"，"唇"读为"群"，"少"读如"晓"，"收"读如"休"，"水"读如"许"。

3.徽州有很多地方把普通话读鼻音韵母的字，读成了非鼻音韵母。例如：绩溪话"班、滩、三、肝"读成[ɔ]韵母，"关、宽"读成[uɔ]韵母；歙县话"班、滩、三、肝"读成[ɜ]韵母，"关、宽"读成[uɜ]韵母，"边、天"读成[e]韵母，"坚、演"读成[ie]韵母，"砖、宣"读成[ye]韵母，"党、仓、康"读成[a]韵母，"良、墙、羊"读成[ia]韵母，"帮、忙"读成[ɔ]韵母，"端、暖""庄、光"读成[o]韵母；屯溪话"摊、三、含"读成[ɔ]韵母，"边、天""郑、生""展、染"读成[iɐ]韵母，"班、短、官""屯、村"读成[uɐ]韵母，"砖、权"读成[yɐ]韵母，"争、坑""恳、恩""停、星""敢、庵"读成[ɛ]韵母，"根、昏"读成[uɜ]韵母，"帮、党、江、关"读成[au]韵母，"良、张、羊"读成[iau]韵母；休宁话"本、分""灯、坑""兵、钉"

读成[a]韵母，"京、生""坚、烟""詹、姜"读成[ia]韵母，"根、昏"读成[ua]韵母，"滩、三、含""监、咸"读成[ɔ]韵母，"边、天、贤""全、选"读成[iɐ̃]韵母，"班、短、肝、欢"读成[uɐ̃]韵母，"砖、权"读成[yɐ̃]韵母，"帮、党、江、光"读成[au]韵母，"良、墙、羊""张、商"读成[iau]韵母；黟县话"彭、政、坑"读成[a]韵母，"贫、林、斤"读成[ei]韵母，"银、迎"读成[iei]韵母，"军、训、永"读成[yɛi]韵母，"斑、滩、三""监、咸"读成[ɔ̃]韵母，"兵、灯、京"读成[eɐ̃]韵母，"英、赢"读成[ieɐ̃]韵母，"兄"读成[yeɐ̃]韵母，"边、天""詹、然"读成[iɐ̃]韵母，"短、专、关""肝、汗"读成[uɐ̃]韵母，"捐、权"读成[yɐ̃]韵母。

这种将鼻音韵母的字读成非鼻音韵母的情况，在苏南吴语（上海、苏州等地话）、山西晋语、云南省方言中也存在。

4.普通话 en、in 和 eng、ing 韵母的字，在徽州方言里的读音大都混同。例如：

地名＼例字	真——蒸	林——菱	闷——梦
歙县	tɕiʌ̃³¹	liʌ̃⁴⁴	mʌ̃³³
绩溪	tɕiɑ³¹	niɑ⁴⁴	mɑ̃²²
屯溪	tɕian³³	lin⁴²	man³³
休宁	tɕien³³	lin⁵⁵	mɛn³³
黟县	tsɿ²¹	lɛi⁴⁴	mɑŋ³²
祁门	tʂæn¹¹	næn⁵⁵	紧——景 tɕiæn⁴²

这种 en、eng，in、ing 混同现象，在汉语方言中很普遍，也是很多人学习普通话的一大难点。

5.徽州方言把普通话中一些读 r 声母和很多无声母的字大都读成 n 或 ȵ（舌面鼻音）声母。例如：

地名＼例字	绕	认	日	肉	言	仰	语	业
歙县	niɔ³⁵	niʌ̃³³	ni³³	niu³³	ne⁴⁴	nia³⁵	ny³⁵	ne³³

例字\地名	绕	认	日	肉	言	仰	语	业
绩溪	nie²¹³	niã²²	nieʔ³⁴	nyeʔ³²	niĩ⁴⁴	nio²¹³	ny²¹³	niæʔ³²
屯溪	n̠io²⁴	n̠in²¹²	n̠ie³³	n̠iu³³	n̠iɛ̆²²	n̠iau²⁴	n̠y²⁴	n̠iɛ̆³³
休宁	n̠io²⁴	n̠in	n̠ie³⁵	n̠iəu³⁵	n̠iɛ̆⁵⁵	n̠iau²⁴	n̠y³¹	n̠iɛ̆³³
黟县	n̠iu⁵³	n̠iɛ̆ʔ³²	n̠iei²¹	n̠iɯ²¹	n̠æ̆⁴⁴	n̠iŋ⁵³	n̠yɛi⁵³	n̠iɛ̆²¹
祁门	—	—	—	—	n̠ɛ̃⁵⁵	n̠iɔ̃⁴²	n̠y⁴²	n̠iɛ̆³³
婺源	n̠iɔ²	n̠iɛin⁵¹	n̠i⁵¹	n̠ia⁵¹	n̠i¹¹	n̠iã³¹	n̠y²	n̠iɛ⁵¹

徽州方言的这种读音是接近古音读法的。古音"日、绕、认、肉"等字的声母为[n̠]，"言、仰、语、业"等字的声母为[ŋ]。这类字读成n或n̠声母的情况，在吴语、赣语以及西南官话里比较常见。

6.徽州方言存在着将j、q、x声母字混读为g、k、h声母的情况，例如：读"上街买皮鞋""回家要敲门"这两句话时，其中"街、家、敲、鞋"等普通话读j[tɕ]、q[tɕʰ]、x[ɕ]声母的字，方言都读成g[k]、k[kʰ]、h[x]声母和开口呼韵母。造成"街"与"该"、"鞋"与"孩"不分。

这是j、q、x声母与g、k、h声母不分的语音现象。类似的字还有"间讲""掐确""下咸"等。这些字在古汉语里就是读舌根音（古称"牙喉音"）声母的。如今徽州话还这样读实际上是保留古音的读法。这种方音现象在非官话方言中比较普遍。

7."买柴""太快""败坏"等普通话读ai、uai韵母的字，用徽州话说大都丢失i韵尾，读成开尾韵。例如：

例字\地名	买	柴	太	快	败	坏
歙县	ma³⁵	sa⁴⁴	tʰa³²⁴	kʰua³²⁴	pʰa³³	xua³³
绩溪	mɔ²¹³	ɕiɔ⁴⁴	tʰɔ³⁵	kʰuɔ³⁵	pʰɔ³³	vɔ³³
屯溪	ma²⁴	sa⁴²	tʰa⁴²	kʰua⁴²	pʰa²¹²	va²¹²
休宁	ma²⁴	sa⁵⁵	tʰa⁵⁵	kʰua⁵⁵	pʰa³³	va³³

例字 地名	买	柴	太	快	败	坏
黟县	ma⁵³	sɑ⁴⁴	tʰɑ³²⁴	kʰua³²⁴	pʰɑ²³²	xuɑ²³²
祁门	ma⁴²	tɕʰia³⁵	tʰa²¹³	kʰua²¹³	pʰa³³	xuɐ̌³³
婺源	mɔ³¹	sɔ¹¹	tʰɔ³⁵	kʰɔ³⁵	pʰɔ⁵	xɔ⁵¹

这种丢失韵尾的特点与吴语上海话、苏州话、温州话也很近似。

8.有一些来自古上声的字，在普通话和多数方言里已读成去声。但徽州话上声调的字较稳定，在徽州人的话语中大都仍读上声。举代表字标音如下：

例字 地名	古	水	弟≠第	柱≠住	动≠洞	舅≠旧
歙县	ku³⁵	ɕy³⁵	tʰi³⁵≠tʰi³³	tɕʰy³⁵≠tɕʰy³³	tʌ̃³⁵≠tʰʌ̃³³	tɕiu³⁵≠tɕʰiu²²
绩溪	ku²¹³	ɕy²¹³	tsʰɿ²¹³≠tsʰl²²	tɕʰy²¹³≠tɕʰy²²	tã²¹³≠tʰã²²	kɿi²¹³≠kʰɿi²²
黟县	ku⁵³	ʃu⁵³	tʰɛ̌⁵³≠tʰɐ̌³²⁴	tʃʰu⁵³≠tʃʰuʔ³²	taŋ⁵³≠taŋʔ³²	tʃʰɯ⁵³≠tʃʰɯ³²
祁门	ku⁴²	ɕy⁴²	tʰiɐ̌⁴²≠tiɐ̌²¹³	tɕʰy⁴²≠tɕʰy³³	tʰɐŋ⁴²≠tʰɐŋ³³	tɕʰie⁴²≠tɕʰie³³
屯溪	ku³¹	ɕy³¹	tʰe²⁴≠tʰe³³	tɕʰy²⁴≠tɕʰy³³	tan²⁴≠tʰam³³	tɕʰiu²⁴≠tɕʰiu³³
休宁	ku³¹	ɕy³¹	tʰe²⁴≠tʰe³³	tɕʰy²⁴≠tɕʰy³³	tæn²⁴≠tæm³³	tɕʰiu²⁴≠tɕʰiu³³
婺源	ku²	ɕy²	tʰi³⁴≠tʰi⁵¹	tɕʰy³¹≠tɕʰy⁵¹	tʰɔm³¹≠tʰɔm⁵¹	tɕʰia³¹≠tɕʰia⁵¹

①从上例中可以看出歙县、绩溪、黟县、祁门都读上声，屯溪、休宁、婺源话虽有分别，但仍读阴上和阳上，不与其他声调相混。②徽州方言上声调的字比较稳定的特点与温州话、潮州话的情况有些近似。它们虽然都分阴上、阳上两类，但不与其他声调相混。

以上8条是徽州方言中比较一致的共同性特点。以下9—14条却是表现在一部分地方的语音特点。由此可以看出徽语内部也存在着较大的非一致性。

9.歙县、屯溪、休宁城区话把普通话ou韵母字大都说成iou韵母，以致出现"篓"与"柳"不分、"收"与"休"不分、"狗"与"九"不分的情况。例如：

例字＼地名	篓≠柳	收≠休	狗≠九
歙县	liu⁴⁴	ɕiu³¹	tɕiu³⁵
屯溪	liu⁴²	ɕiu³³	tɕiu³²
休宁	liu⁵⁵	ɕiu³³	tɕiu³¹

黟县、祁门、婺源三地话也有"篓、柳""收、休""狗、九""欧、优"不分的情况，但它们的读音与普通话相差很大，不仅要辨正字类，还要读正字音。

从现代汉语方言看，只有广东方言广州话也有"篓柳""收休""狗九"不分的情况。

10."钩、口、厚""桂、亏、惠""弓、恭、恐"等普通话都是g、k、h声母拼合口呼韵母的字，徽州的屯溪、休宁、婺源、祁门城区话大都读成j[tɕ]、q[tɕʰ]、x[ɕ]声母拼齐齿呼或撮口呼韵母。方言和普通话的读音差别很大。例如：

例字＼地名	钩	口	厚	桂	亏	惠	亏恭	恐
屯溪	tɕiu³³	tɕʰiu³¹	ɕiu²⁴	tɕye⁴²	tɕʰye³³	ɕye²¹²	tɕin³³	tɕʰin³¹
休宁	tɕiəu³³	tɕʰiəu³¹	ɕiəu²¹⁴	tɕye⁵⁵	tɕʰye³³	ɕye³³	tɕin³³	tɕʰin³¹
婺源	tɕia⁴⁴	tɕʰia²	ɕia³¹	tɕy³⁵	tɕʰy⁴⁴	ɕy³¹	tɕiɔm⁴⁴	tɕʰiɔm²
祁门	tɕie¹¹	tɕʰie⁴²	ɕie⁴²	tɕyɤ̆²¹³	tɕʰyɤ̆¹¹	规tɕyɤ̆¹¹	tɕiɐŋ¹¹	tɕʰiɐŋ⁴²

这种方言读音现象在现代汉语方言里仅温州话还将"桂、规""亏、恐"等字读舌面音的情况。

11."酒"与"九"、"清"与"轻"、"想"与"响"等组字，在普通话里每组字的读音相同，而在歙县、屯溪、休宁、婺源、祁门等城区话中，这些字却分别读成不同的声母："酒、清、想"读z[ts]、c[tsʰ]、s[s]声母，"九、轻、响"读j[tɕ]、q[tɕʰ]、x[ɕ]声母。例如：

例字＼地名	酒	清	想	九	轻	响
歙县	tsiu³⁵	tsʰiʌ̃³¹	sia³⁵	tɕiu³⁵	tɕʰiʌ̃³¹	ɕia³⁵

例字 地名	酒	清	想	九	轻	响
屯溪	tsiu³¹	tsʰɛ³³	siau³¹	tɕiu³¹	tɕʰiɛ³³	ɕiau³¹
休宁	tsiəu³¹	tsʰa³³	siau³¹	tɕiəu³¹	tɕʰia³³	ɕiau³¹
婺源	tsɑ²	tsʰɔ̃⁴⁴	siɑ̃²	tɕiɑ²	tɕʰiɔ̃⁴⁴	ɕiɑ̃²
祁门	tse⁴²	tsʰæ¹¹	sia⁴²	tɕie⁴²	tɕʰiɛ̌¹¹	ɕiɔ⁴²

这两组字音的声母在古汉语中就是不同的，徽州的这些方言今天还能分辨出它们声母的不同，实际上也是保存古音的现象。今天在京剧老派演员的演唱中对这些字的声母也是要求严格区别的。他们管"酒、清、想"等字叫做"尖音"字，"九、轻、响"等字叫"团音"字，老派演唱京剧时把"尖音"字和"团音"字唱混了那可是犯忌的。

12.屯溪、休宁、黟县、祁门城区话都有以或 i、u、y 或 ɯ 为长音（韵腹），以[ə]或[ɐ]做韵尾的长元音韵母。例如：

例字	屯溪	休宁	黟县	祁门
瓜(家)	kuɐ̌³³	kuɐ̌³³	kɔɐ̌²¹	kuɐ̌¹¹(kɯɐ̌¹¹)
写	siɛ̌³¹	siɛ̌³¹	siɛ̌⁵³	siɛ̌⁴²
花	xuɐ̌³³	xuɐ̌³³	xuɐ̌²¹	xuɐ̌¹¹
田	tʰiɛ̌⁴²	tʰiɛ̌⁵⁵	tʰiɛ̌⁴⁴	tʰĩɛ̌⁵⁵
边	piɛ̌³³	piɛ̌³³	piɛ̌²¹	pĩɛ̌¹¹
饭	fuɐ̌²¹²	fuɐ̌³³	fuɐ̌ʔ³²	fũɐ̌³³
官	kuɐ̌³³	kuɐ̌³³	kuɐ̌²¹	kũɐ̌¹¹
专	tɕyɐ̌³³	tɕyɐ̌³³	tʃuɐ̌²¹	tɕỹɐ̌¹¹

长元音韵母在汉语方言中很少。目前仅发现广东方言广州话和徽州方言中有这种现象。不过两者有着明显的差别。例如：广州话的"三"读 sa:m "心"读 sam。还有：a:i、a:u、a:m、a:n、a:ŋ、a:t、a:k 等长元音韵母。徽州话却是以 i、u、y 或 ɯ 读长音的。也有区别意义的作用。例如：黄山（汤口）花 xu:ɐ̌⁵⁵≠灰 xua⁵⁵，休宁花 xuɐ̌³³≠昏 xua³³，黟县淮 xua⁵⁵≠寒 xuɐ̌⁵⁵。

13.徽州方言大都保存古汉语的入声调。其中歙县、绩溪、屯溪、黟县话的入声字，仍保存着读音短促的特点。例如，铁、法、各、急。

此外，徽州方言中还有少数地方将非入声字也读成短促声音的情况。例如歙县杞梓里话把上声字读成5短调。例如"党"tõuŋ⁵、"打"tɔ⁵、"狗"kɯ⁵。婺源话上声就是读成2短调。例如："狗"tɕiɑ²、"打"tɔ²、"党"tã²。1934年罗常培先生记音休宁城区话阴上为32短促调。如今"在年长者的发音中均于音节末尾伴有紧喉现象"（伍巍《休宁县志·方言篇》，1990年安徽教育出版社出版）。黟县话阳去字读32短促调（例如"豆"[tʰɛuʔ³²]、"饿"[ŋɑuʔ³²]、"地"[tʰɛiʔ³²]）。这种将非入声字也读成短促调的情况，在汉语方言中是少见的。

14.屯溪、休宁、黟县、祁门话都有较多的用n（儿）收尾的"儿化韵"。例如：猫ₗ、索ₗ、包ₗ。

地名 \ 例字	猫ₗ	索ₗ	包ₗ（~子）
屯溪	mən²⁴[mə⁴²]	son²⁴[soʔ⁵]	pon²⁴[po³³]
休宁	man¹³[mə⁵⁵]	son³⁵[so²¹³]	pon¹³[po³³]
黟县	min³²⁴[miŋ³²⁴]	sun³²⁴[sau³²]	pun⁴⁴[pau²¹]
祁门	mian²¹³[miɑ²¹³]	sɔn³⁵[sɔ³⁵]	pɔn¹¹[pɔ¹¹]

徽州方言的"儿化韵"是把"儿"读成n，使其紧紧附在字音的后面，构成带-n尾的鼻韵母。而普通话的"儿化"韵是将"儿"紧紧地附在字音的后面，使它读成卷舌韵母。方言将"儿"读成n，这是很接近"儿"的古音[nʑi]读法的。

15.本土徽语中保存的古音现象。

现代汉语方言都是从古代汉语发展演变来的。在演变的过程中，各个方言都会不同程度地传承沿用古汉语的一些成分。就语音方面来看，徽州方言保留的古音现象还是比较少的。

第一，徽州话还保留着一部分字的古重唇音[p pʰm]声母的读法。

音韵学家告诉我们，上古（秦汉时期）汉语没有轻唇声母，现代汉语读唇齿音f、v声母的字，在上古大都是读双唇音[p pʰm]声母的。这种古音现象在闽方言中保存得最丰富。但在徽方言中也有一些常用字在人们的口语中还保留着重唇音[p pʰm]声母的读音。例如：【藩】歙县话在藩篱、菜园藩等词中就读pɛ³¹。此字普通话已读f声母，歙县话仍读[p]声母，保留了重唇音[p]声母的古音读法。此外，"杜甫""辅导""牛肉脯""伏鸡婆"等词中的"甫、辅、脯"歙县话读[pʰu³⁵]，"伏"读[pʰu³³]，都保存了古为重唇音声母的读法。休宁话"防火""鸡鸣犬吠"中的"防""吠"分别读[pʰau⁵⁵]、[pʰi³³]，黟县话读"枫香树""蜂巢""灰粪"等词时，其中"枫蜂"读[pʰɑŋ²¹]，"粪"读[pɑŋ³²⁴]，这些词中的字声母不读f而读[p pʰ]，都是保存古为重唇声母的例子。

再如，歙县话"袜"（鞋袜）[ma³³]、"晚"（晚老子）[me³⁵]、"物"（物事）[me³³]、"网"（鱼网）[mɔ³⁵]、"忘"（忘记）[mɔ³³]、"望"（望望看）[mɔ³³]、"蚊"（蚊虫）[mʌ̃⁴⁴]、"问"（问政山）[mʌ̃³³]、"鳖"（一条鳖），以及黟县话"尾"（尾巴）[meɐ̆⁵³]，这些字方言仍读m声母。这也是保存重唇音m声母读法的古音现象。

第二，徽州话还保留着一部分字古为舌头音[t 、tʰ]声母的读法。

音韵学家说：古无舌上音，古人多舌音。就是说上古语音没有舌上音[tʂ tʂʰ ʂ]声母。现代汉语读[tʂ tʂʰ]声母的字，在上古大都是读舌头音[t tʰ]声母的。这些字在徽州话里虽然大都演变成[tɕ tɕʰ]声母，但仍有一些字保留着[t tʰ]声母的读音。例如"昼"歙县话在"上昼""下昼"等词中读[tiu³²⁴]（如"斗"斗争），不读[tɕiu³²⁴]，仍保持古为舌头音[t]声母的读法。歙县黄村人把该村"郑"氏宗祠说得像是"听"家祠堂。把词中"郑"说成[tʰiʌ̃³³]不读[tɕʰiʌ̃³³]，这也是保留古为舌头音读法的例子。"中秋节"黄山汤口话把"中"读成"登"[təŋ³¹]，这也是保留"中"上古音读[t]声母的典型例子。

再如，歙县话"竹"（竹鞭）、"竺"（天竺国）、"筑"（建筑）等字都读[tuʔ²¹]，仍保留着这些字上古音[t]声母的读法。

歙县民谚把夏日时间长，冬日时间短说成："夏日日陶陶，冬日日子促"。黄生在《字诂》27页说："吾乡谓长曰陶，如日长曰好陶天。"如今歙县雄村话仍然是把"长"说成[tʰɔ⁵⁵]的。很可能就是"长"字的古音读法。

第三，徽州话仍保留着一部分字古为牙喉音[k kʰ x]声母的读法。这类字在语音特点的第6条中已经涉及。如"家街交间讲""掐敲""下鞋咸项"等普通话读[tɕ tɕʰɕ]声母，徽州话读[k kʰ x]声母的字，就属于这种情况。现在补充一些比较少见的例字：歙县话"今"：今朝[kʌ³¹]，"鸠"：布鸠[kiu³¹]，绩溪话"韭"：韭菜[kɪi²¹³]，"救、究"[kɪi³⁵]、"丘、邱"[kʰɪi³¹]、"求、球"[kʰɪi⁴⁴]、"臼、舅"[kʰɪi²¹³]、"旧、去"[kʰɪi³⁵]等字，古汉语就是读k、kʰ或其他舌根音声母的，今音仍这样读，显然也是古音的遗存现象。

第四，婺源话仍保存一部分字古为-m韵尾的读音。

古代汉语收-m韵母的字，在徽州婺源话里还有一部分字仍读m韵尾。例如："凡、范、犯"[fum]，"耽、胆、担"[tum]，"贪、谈、探"[tʰum]，"南、男、览"[lum]，"参、蚕、暂"[tsʰum]，"丰、冯、奉"[fɔm]，"东、董、冬"[tɔm]，"通、同、动"[tʰɔm]，"龙、笼、拢"[lɔm]，"中、终、众"[tsɔm]，"匆、葱、充"[tsʰɔm]，"公、工、贡"[kɔm]，"红、鸿、洪"[xɔm]，"弓、宫、巩"[tɕiɔm]，"穷、恐、共"[tɕʰiɔm]，"农、浓、脓"[nɪɔm]，"凶、胸"[ɕiɔm]，"雍、戎、用"[iɔm]。这些字普通话早就分别演变为-n韵尾和-ŋ韵尾了。

第五，保存古音读法的一些散字。

【嗅】₍歙₎[xuʌ³²⁴]　方言把用鼻闻气味说成"嗅"（音"哄"）。例如，来嗅嗅看嗯支花香不香？同样意思普通话口语说"闻"。书面语说"嗅"xiù（音"秀"），古汉语嗅有两种读音：其一，《集韵》晓母、宥韵、去声，许救切，以鼻就臭也，其二，《集韵》晓母、送韵、去声，香仲切，鼻审气也。普通话的"嗅"继承了"许救切"xiù的读音，徽语却承袭了"香仲切"[xuʌ³²⁴]的读音。古文用例《韩非子·外储说左下》："食之则甘，嗅之则香。"

【产】₍歙₎[sɛ³⁵]　"做产妇"这个词中的"产"歙县话读[sɛ³⁵]音散，不读[tsʰɛ³⁵]。这是保留"产"字古音读法又一例证。它的中古音义是：《广韵》上声产韵，产、所简切，生也。如，《晋书·羊祜传》：有私牛于官舍产犊。

【松】_(歙)[tsʰ ɐ̃⁴⁴]　在"松树"这个词里"松"歙县话读[tsʰ ɐ̃⁴⁴]（音从），不读[s ɐ̃³¹]，这正是"松"字的古音读法。它的中古音义是：《广韵》平声钟韵，松、祥容切，木名。"祥详翔"歙县读[tsʰia⁴⁴]，与"松"[tsʰ]声母相同，也是古音。

【蹲】_(歙)[ts ɐ̃³⁵]　"蹲下去"这句话里的"蹲"歙县话读[ts ɐ̃³⁵]（音总），不读[t ɐ̃³¹]，这也是保存古音读法的例子。它的中古音义是：《集韵》上声混韵，蹲、祖本切，聚也；《说文》踞也。

【春】_(歙)[ts ɐ̃³¹]　舂米、舂困、舂石子，这些词里的"舂"歙县话读[ts ɐ̃³¹]，不读[tsʰ ɐ̃³¹]。古音"舂"就有两种读音，其一为《集韵》平声钟韵，舂、书容切；《说文》捣粟也。其二为诸容切，荆山别名。显然徽州方言中"舂"的读音是以"诸容"切为本的。

【上】_(歙)[çia³⁵]　上山、上楼，这些词语中的"上"表示动作由低向高，歙县话读上声[çia³⁵]。这种读音是符合中古音义的：《广韵》上声养韵，上、时掌切，登也，升也。例如，杜甫《兵车行》"哭声直上千云霄。"

另外上头、板壁上、楼上，这些词语里表示方位在高处的"上"歙县话读[çia²²]（阳去），这也是符合古音读法的：《广韵》去声漾韵，上、时亮切，《说文》高也。《荀子·劝学》："西方有木焉……生于高山之上。"

【下】_(歙)[xa³⁵]　下山、下楼、下去，这些表示由高趋向低处的"下"歙县话读上声[xa³⁵]，这种读法的古音义为：《广韵》上声马韵，下、胡雅切，贱也，去也，降也。例如，《左传·庄公十年》："下视其辙（哲）。"

另外，下头、楼底下、床后下、下落不明，这些词里表示在低处的"下"歙县话读[xa²²]（阳去），这种读法也是符合古音义的：《广韵》去声祃韵，下、胡驾切；《说文》底也。例如，《史记·孙膑传》："庞涓死于树之下。"

【瓦】[ŋa³⁵]、【外】[ŋa²²]　歙县话"屋瓦"词中"瓦"读[ŋa³⁵]，"外公""外婆"两词中的"外"读[ŋa²²]，这种读法也是保留古音的现象。"瓦"上古音读：疑母、歌韵、上声调，中古音义为《广韵》上声马韵，瓦、五寡切。《说文》瓦，土器已烧之总名。"外"上古音读：疑母、月韵、入声调，中古音为《广韵》去声泰韵，外、五会切，表也。显然歙县话"瓦" [ŋa³⁵]、"外"[ŋa²²]都是保留上古音的读法。

【扭】（歙）[tɕiu³⁵]　拧，扭哩紧紧哩。毛巾又叫"扭布"。"扭"读如"九"，来源于《集韵》有韵，陟柳切；手转也。普通话读[niu²¹⁴]（如"纽"），来源于《集韵》有韵，女九切。词义相同。

另外，歙县话"盛筐"（器物名）的"筐"读[tɕʰia³¹]，"王村"（村名）、"汪王庙"（历史人物汪华庙名）和"大王头"（孩子王）等词中的"王"读[ia⁴⁴]。这些读音都是符合古音演变规律的："筐"古溪母阳韵平声，《广韵》去王切，《集韵》《韵会》曲王切，《说文》饭器，《篇海》盛物竹器也。"王"古云母阳韵平声。

二、词汇的主要特点

（一）自然、地理、时间词的特点

1.各地说法比较一致，但与普通话差别较大的词：发风_{起风}、鬼头风_{旋风}、沰雨①_{淋雨}、闭灶_{闷热}、开坼_{开裂}、山埈②_{山巅山梁}、山培③_{山坡}、阴培_{背阳坡}、阳培_{向阳坡}、山脚扊_{山脚下}、山坞④_{山涧凹地}、山坑_{出溪出口处的开阔平地}、草皮坦_{草坪}、日西坦_{晒谷的平地}、石达⑤_{大面积露地表的山石}、水涵⑥_{半山上的聚水潭}、凼凼_{小水坑}、塳塳⑦_{小土坑}、源⑧_{丛山间与溪流相当之水系}、水圳_{流经田头、村间的水沟}、田塍_{田埂}、田畈_{大片水田}、堨⑨_{灌溉用，筑坝引水的设施}、树笼_{树林、森林}。

解释：①沰雨：方言把淋雨说成"沰雨"，"衣裳沰得透潮"；沰：较浓的液体，一沰面糊，一沰粥。本字见《集韵》铎韵，当各切，滴也。这个词吴语也常用。沰也作涸。②山埈：埈为方言造字，读"杠"音。徽州话里经常用，既表山脊、山梁的意思，又常作地名用。为牯牛埈、呈村埈。本字似为"冈"，但声调不合。③山培：是山坡的意思，"培"是同音借用字，其义与"坡"不符。歙县另造方言字"壞"，为阴壞_{背阳的山坡}，阳壞

_{向阳的山坡。}④山坞：方言把山谷中的村子叫山坞。"坞"普通话读 wù（音悟），歙县话读"午"与普通话不同，故又造方言字"圩"。其实"坞"在古汉语里有两个读音，普通话继承了《集韵》"乌故切"的读音，歙县话传承的是《广韵》"安古切"的读音。⑤石垯："垯"是方言造字，本字应该是埭。此字《广韵》代韵，徒耐切，以土堰水边。又地名石埭，《寰宇记》贵池之源有两石横亘溪上如埭。⑥水溂："溂"是方言造字，读 le^{33}，意思是半山腰的水潭。歙县话把头向下跌跤为"一头～下去"，山上的水头向下流，注入谭中为"水溂"。⑦垱垱：这也是方言造字，"党"表音，意思是小土坑，与普通话"凼"近义。⑧源：发于丛山中似溪之流。如婺源、大源、岩源、龙丛源。⑨堨：歙县话读[xue^{33}]，绩溪读[xɔʔ^{32}]，意思是筑坝引流，注入田畈的设施。歙县有乡镇名"富堨"。本字见《集韵》曷韵，阿葛切；壅堨，以土障水也。《魏志》刘馥治吴塘诸堨以溉稻田。（《康熙字典》丑集中土部）歙县读音与《集韵》反切（音遏）相差很大。

2. 词语中个别成分与普通话说法不同：今日 _(休)、今朝 _(歙)——今天，明日 _(休)、明朝 _(歙)——明天，后日 _(休)、后朝 _(歙)——后天，外后日 _(休)、外后朝 _(歙)——大后天①；落雨_{下雨}、落雪_{下雪}、落龙雹_{下冰雹}②；上昼_{上午}、当昼_{中午}、下昼_{下午}③；天光④ _(休) _{天亮早晨}。昨日、昨朝_{昨天}，前日、前朝_{前天}，大前日、大前朝_{大前天}。

解释：①"今日""今朝"等时间词在徽州方言中使用的情况也有些差别，绩溪、歙县多说"今朝"，其他地方多说"今日"。这两组词虽然同义，但"今日"的用法更为古老，早在甲骨文就有"今日不雨"的记载。②"落雨"与"下雨"等词中的"落"与"下"虽然同义，但"落"_{落雨、落雪、落龙雹}是物体下降，使用的是本义，"下"_{本义为方位低，下雨、下雪等}是物体降落，使用的是引申义，故"落"的用法应该比"下"古老。③"上昼"与"上午"等词之别为"昼"与"午"不同。"昼"本义是白天，将白天分三个时段叫"上昼""当昼""下昼"；"午"本义是中午12时，12时的前半天叫"上午"、12时的后半天叫"下午"，正好在12时即为"中午"。两组词之别是对时段的划分标准不同造成的。但"上昼、下昼"等词比

"上午、下午"更古老。④"天光"是时间词，但使用中常借代为"早饭"，所以休宁、黟县等地有"吃天光"的说法。

3.各地说法差异较大的词语：

打闪——打闪电(歙)、打月闪音扁(绩)、打闪闪(休)、扯热闪音扁(歙)、打扯(祁)、演闪展(歙)、扯火线(婺)。打雷——打雷鸣(婺)、打天雷(歙)、打霹雳音叭啦(歙、屯)。

白天——日朝(歙)、日里(祁)、日家(婺、歙)、日间(休、黟)、日下(绩)；夜晚——夜家(婺、歙)、夜间(休)、夜光(屯)、夜下(绩)、夜里(祁)。

傍晚、黄昏——快夜边(歙)、挨夜儿边(屯、休)、挨夜根(绩)、挨夜晚(祁)、落昏(黟)、断暗(婺)。

(二)动、植物的名称的特点

1.方言说法比较一致但与普通话差别比较明显的词：谷①稻子、禾②(休) 农作物的苗、稼③谷穗、包芦玉米、稷高粱、藻④浮萍、落苏茄子、碧豆(屯、休、黟)蚕豆、菜栽⑤菜秧、花栽花秧、树栽树秧苗、莍⑥刺、芒、木虱臭虫、不⑦植物的根部、黄鼬⑧黄鼠狼、闪⑨犬、目鹰(歙)老鹰、鹅鸢(黟)老鹰、米鼠儿(休)麻雀、米桔儿(黟)麻雀、飞鹊(休)喜鹊、癫疙宝⑩(歙)蟾蜍、蚊虫蚊子、虫蜘(黟)苍蝇、猴狲猴子、窠⑪穴、巢、窝等。

解释：①谷本作穀，原义是庄稼和粮食的总称。《诗经·豳风·七月》："其始播百谷。"现代徽语与吴、湘、赣、粤方言一样把稻谷叫做"谷"。②禾：本义是"穀子"，后来作庄稼的代称。如，聂夷中《田家》诗："六月禾未秀，官家已修仓。"③稼：歙县城区读[sɛʔ²¹]，本字见《集韵》陌韵，色窄切，禾穗。④藻：歙县徽城读[pʰiɔ⁴⁴]，本字见《集韵》宵韵，毗霄切，萍也。⑤菜栽：把花秧、菜秧、树苗叫做"花栽""菜栽""桃栽"的说法是从古汉语中沿袭来的。例如，杜甫《速八明府实处觅桃栽诗》："奉乞桃栽一百根。"元稹《花栽绝句》："买得山花一两栽。"⑥莍：歙县徽城话读[tsʰiɛ⁴⁴]，如枣树莍、鱼莍，莍灌（带刺的灌木）。本字见《玉篇》楚革切，《说文》莿也。⑦不：歙县城区读[teʔ²¹]，树桩叫树不脑，大白菜根叫菜不，玉米茬叫包芦不。本字见《玉篇》当骨切；《说文》伐木余也。⑧

黄鼪：歙县城区读[o⁴⁴ siã³²⁴]，这是沿袭使用古汉语的说法。如，《集韵》劲韵，息正切，鼠属。《尔雅释兽》注：江东呼鼬鼠鼪，能啖鼠，俗呼鼠狼。⑨闪：歙县城区读[lo³²⁴]，从呼唤犬声方言造字。徽地男子名用此字很多。引意为"会看守门户（守家保财），且少病命大"。⑩"癞疙宝"：又说"癞瘩宝"，歙县话既指蟾蜍，又戏称那种无所事事、游手好闲和找茬儿造事的人。⑪窠：歙县徽城话[kʰo³¹]，它的词义很多：窝，鸡窠、被窠；穴，蚂蚁窠；巢，蜂窠、鸟窠；灌木丛生地，树林窠、茱窠。

2.各地话对于家禽、家畜名称中公母语素的顺序与普通话的说法相反。例如：鸡公公鸡、鸡母母鸡、鸡婆产卵母鸡、卵孵母鸡；猪公公猪、猪屄(音斗)种公猪、猪婆生仔母猪、猪嫲(婺)母猪、猪娘(祁)生仔母猪；狗婆生仔母狗、咪娘(歙)生仔母猫；水牯公水牛、水牢母水牛、黄水牯公黄牛、黄牛婆母黄牛。

解释：方言用"婆""娘""母"等人称词素对待"鸡""猪""狗""牛"等动物，这说明徽州地域人对动物态度是平等钟爱的，也可以看出这些动物在人们经济生活中的重要作用。与徽州方言说法相当的方言有南部吴语、湘语、赣语、粤语和客家话。

3.各地说法差别较大的词。例如：蝙蝠——偷油燕(歙)、盐老鼠(祁)、偷油老鼠(歙)、天行老鼠(绩)、老鼠脯翼(婺)、老鼠扁翼(黟)、老鼧布翼(屯)、老鼧飞翼儿(休)、老鼧飞飞儿(休)①。

蚯蚓——红蚁(歙)、咸昏(屯)、河蚁(绩)、红很(休)、地龙(休)、扛缺儿(祁)、虫嘴(黟)、兔(婺)②。

甘薯——山芋(歙)、饭芋(绩)、红薯(祁、屯)、番薯(婺)、红茗(休)、蕃茗(黟)③。

辣椒——辣茄儿(歙)、辣茄(绩)、辣椒(休)、辣角儿(黟)、辣荚儿(祁)。

马铃薯——芋头(婺)、洋芋(绩)、洋芋头(歙)、洋山芋(歙)、马铃芋④。

杜鹃花——映山红(歙、绩)、野山红(屯)、满山红(休)、草剑花(黟)、春鸟花(婺)⑤。

蝌蚪——蛤蟆扣(绩)、蛤蟆[ku³³ȵy³¹](绩)、蛤蟆蚴蚴(歙)、蛤蟆子(屯)、蛤蟆囝儿(屯)、蛤蟆儿囝儿(休)、蛤蟆孙儿(黟)、蛤蟆收(祁)、坑蟆豚(婺)⑥。

解释：①歙县民间传说蝙蝠是因为老鼠偷喝了油而变成的，所以才叫

"偷油燕、偷油鼠"。祁门话把"蝙蝠"叫做"盐老鼠"，相传是老鼠偷吃盐变成的。其他地方的叫法反映了蝙蝠的特征是生了翅膀的老鼠（"脯翼""扁翼""布翼""飞翼"皆为翅膀）。绩溪的叫法尤为鲜明，"天行老鼠"即能够在天空飞行的老鼠。②造成"蚯蚓"名称的差异，是因为造词的着眼点不同："红蚁、红很、河蚁"似以突出形体特征为主的，"地龙"是突出作用、生活习性为主的。其他叫法含义不够明白，难以推定。③各地对"甘薯"叫法的不同，首先是采用了不同的根词素：薯、苕、芋。其次是采用了不同的修饰性词素，从不同的方面对根词素进行修饰限制：有的是突出物体色彩（红薯、红苕），有的着眼于来源（番薯、番苕），有的突出作用（饭芋），有的说明生长地（山芋）。④方言中对"马铃薯"的叫法大都加上"洋"字，它明显地告诉人们此物为舶来品种。⑤辣椒名称的差异，主要是采用了不同的表现形体特征的词素：茄儿、荚儿、角儿。⑥对于"蝌蚪"的叫法大都习惯从其形体着眼，然而最值得称赞的是徽州方言把它叫"～子"（蛤蟆子₍屯₎）、"～孙"（蛤蟆孙儿₍黟₎），指明了它与蛤蟆的关系。

(三)村舍、衣食、用品名称的特点

1.各地说法比较一致，但与普通话差别较大的词。例如：水口①₍村头风景区₎、廊桥②₍桥上有长廊的建筑₎、堂前₍堂屋₎、明堂₍对着天井的正房₎、天井₍宅院中长方形露天空间₎、锅灶下₍厨房₎、马头墙③₍防风火的房屋山墙₎、阁梯₍楼梯₎、阁桥₍楼间的桥₎、槛阂④₍窗子₎、猪椏₍猪舍₎、牛栏₍牛舍₎、箬笠₍斗笠₎、手袜₍手套₎、鞋袜₍袜子₎、灰面₍面粉₎、馃⑤₍饼类食品₎、饭甑₍蒸米的桶₎、簟⑥₍竹席₎、笐竿₍晒衣竿₎、担杆₍挑担撑具₎、盛筐⑦₍筛状密底竹晒具₎、篓⑧₍竹编盛具₎、火桶₍木制取暖具₎、火熥、火燃⑨₍手提取暖具₎、柴刀、针钻、锥子、肥珠₍旧称肥皂₎、纸鹞～纸鸢₍黟₎₍风筝₎、纸菩萨₍人物画儿₎、物事⑩₍东西₎、醙子⑪₍休₎₍盐也₎。

解释：①水口：徽州村落中主要构成要素，多建造在村庄的村头（众水入口）附近。水口除种竹植树外，还铺路、建桥、筑亭、设庙宇，使天然的山川形态与人工建筑结合成一个自然和谐的有机整体。它具有预兆兴旺发达、繁荣昌盛的象征意义，起到增强村民的团结意识。②廊桥：又叫

"廊桥屋"，桥上建有遮阴避雨的长廊。廊屋内两侧有带"美人靠"的长凳，供行人憩息。例如，拱北廊桥、高阳廊桥、北岸廊桥等都是具有鲜明建筑特点的历史名桥。③马头墙：又叫"防火墙"。徽派民居均为砖木结构的楼房。为了适应防火需要山墙都是建造得高出屋顶。这高出屋顶的部分叫做"防火墙"。由于防火墙的造型大都为近似圆翘长空的马头，所以俗称"马头墙"。马头墙既可防火又可防风，所以也叫"风火墙"。④槛阆：徽州民居的窗一般开在屋山墙的上部，窗高且小，老式多为单门开关的。方言里也有说"槛"的。"槛"《集韵》户黤切；《说文》栊也，房室之疏也。栊即窗棂，疏为房室通风、通光的孔洞，故"槛"本义就是带有窗棂的窗。"阆"《说文》楼上户也，徒盍切。"户"为单扇门，如，夜不闭户。因此"槛阆"就是窗位很高（楼上）的用单扇门开关的窗子。"槛"（户黤切）为匣母，"匣"母字在徽州方言读[kʰ]（溪母）声母的情况很多，例如"槛舰"歙县同读[kʰɛ³⁵]，"蟹"读[kʰa³⁵]等。"槛阆"读[kʰɛ³⁵tʰaʔ²¹]是符合音韵规律的。有的地方读[kʰɛ³⁵tʰa³³]，那就应该是"槛闼"二字（"闼"《说文》门也，他达切）。⑤粿：徽州话"粿"是人们最常吃的食品。这种食品古已有之。例如《集韵》果韵、粿，古火切，饼也。它是在平底锅内用石头压制用炭火煎烤制成的。俗称"石头粿"。从原料上分，有米粉粿，玉米粉粿（俗称"包芦粿"）和油面粿三类。无馅的叫瞎粿，有馅的根据馅儿定名，菜粿、肉粿、豆沙粿、豆豉粿等。不过春上人们都喜欢吃香椿嫩芽做的香椿粿。做这种粿，先将椿芽洗净晾干，切碎拌猪肉丁和炒熟的黄豆粉，将这种馅儿包在面皮中，用石头压成圆形饼，在涂了香油的平底锅中焙熟即成"香椿粿"。相传乾隆皇帝下江南，从歙县渔梁坝上岸在凉亭歇息时，令随从买了两个来吃。皇帝连声称赞"好吃！好吃！"不仅多付了钱，还送给卖粿老人一枚"福"字小印。叫老人在粿上印上记号。印章边刻着"乾隆御制"四字。老人在粿上盖了"福"字以后，生意更加兴隆。"福"字香椿粿也成了名品。⑥簟：歙县话有困簟、晒簟等词。《玉篇》簟，徒点切，竹席也。歙县话读[te³⁵]，音义与古汉语相同。⑦盛筐："筐"歙县话读[tɕʰia³¹]。徽州方言里的筐与普通话的形体差别很大。普通话的筐是深边盛具或挑具，然而徽州的筐则是浅边似筛形的晾晒具。⑧篓：歙县话读[liu³⁵]，但方言篓的形状与差别很大。普通话的篓多为小口、大肚、圆形的盛具，而方言区的篓却是大小不等的方形盛具。⑨火熥（绩）、火燶（歙）：它是徽州人冬季取暖的手提式火篮。竹编的篮子内放陶钵或铁皮打制的钵，钵内用草木灰掩盖炭火。一钵炭火可供半日取暖之需。"熥"绩溪话读[tʰã³¹]，《集韵》东韵，他东切，以火暖物。"燶"歙县读[tsʰʌ̃³¹]，《广韵》东韵，仓红切，燶也；《玉篇》煜也。⑩物事：把东西物品叫"物事"的方言不多，从全国各代表点方言来看，仅有苏州、温州和建瓯话是这么叫的。⑪醝子：把盐叫"醝子"的说法是很少见的。徽州话的这个词显然是承袭了由古代北方汉语带来的语言成分。本字见《唐韵》醝，昨何切；《说文》咸也。《礼曲礼》盐曰咸醝。又如"满船都载相公醝"（史嵩诗）。

2.各地说法差别较大的词语。例如：

手帕——手捏（歙）、绢布（歙）、扭布扭音九（歙）、手袱儿（休）、手巾袱儿（休）、腰袱儿（休）、招袱儿（休）、招片儿（休）。

烫饭——泡饭（婺）、炸饭（歙）炸音为沙、笑饭（祁）、饭茶（黟）①。

砚台——月瓦（歙）、砚瓦（绩）、墨瓦（休）②。

吃早饭——吃粥（歙）、吃天光（休）、吃点心（祁）、吃朝饭③。

吃中饭——吃当头（歙）、吃当昼（休）、吃点心（黟）、吃昼饭（绩、祁、婺）④。

吃晚饭——吃夜饭（歙）、吃乌昏（休）、吃落昏（黟）⑤。

解释：①用开水泡大米饭是徽州各地人经常吃的一种饭。"炸"本字叫"煠"，歙县话有两种读音：用油炸的"炸"字读tsʰa³³，用开水泡的"炸"说sa³³。后一读音的古音义见《广韵》洽韵，土洽切，汤煠。"汤"即热水也。现在普通话还说"把菠菜炸一下"。②"砚台"在徽州为什么都叫"砚瓦"呢？这说明早期的"砚"虽然是石质的，但普遍使用的还多为陶质的。"瓦"《说文》土器已烧之总名。③④⑤歙县把吃早饭叫做"吃粥"，因当地习惯早点多为"粥"。这既说明当地人们的生活艰苦，也说明他们很节约。祁门话把吃早饭叫"吃早点"，这大概是城里人的习惯说法，因为市民的早饭是买两根油条、一块糍粑和一杯清茶就把早餐打发了。黟县话把“吃中饭”叫“吃点心”，这反映了山区农民的吃饭习惯。因为他们早饭后上山干活，一去就是忙碌一天，直到黄昏才下山返家吃夜饭。中餐就吃些带上山的干粮，所以也叫“吃点心”。实际上是少许吃些“填填心”罢了。此外，造成各地说法不同的原因是：有的是以时间替代不同时段的饭食，如吃天光、吃当头、吃当昼、吃乌昏、吃落昏。有的是以能吃的内容代替不同时段的饭食，如吃粥、吃点心。

（四）人品、称谓词的特点

1.各地说法比较一致但与普通话差别较大的词。

例如：老妪①女人、老婆、老太婆、后生豭②小伙子、妮家女孩儿、姑娘、小娒③小孩子、囝④（休）男孩子、囡⑤（休）女孩子、新人⑥新娘子、新妇⑦儿媳、做产妇⑧坐月子，产音散、担身体个（唉）孕妇、爷⑨对父辈的称呼：阿爷、伯爷、叔爷、姑爷、舅爷、孤单汉鳏夫、老囡儿（休）老处女、做农个（休）农民、做手艺个（休）匠人、火头师父厨师。

解释：①老妪，歙县读[y^{324}]称妻子、老年妇女或指称中年妇女的常用词。这是沿用古汉语词的典型例子：《史记·滑稽列传》：“即使史卒共抱大巫老妪投河中。”也为妇女的通称，如《南史·邓郁传》：“从少年老妪三十……年皆可十七、八许。”在其他现代方言中很少这样用。②后生豭：“豭”歙县读[$p^hɔ^{22}$]。“后生”这个词歙县也单说，它也是很古老的。例如《诗·商颂·殷武》：“寿考且宁，以保我后生。”这里的“后生”就是子孙、后代的意思。“豭”本是半大的正处于能吃长身架的猪，读音为《集韵》觉韵，弼觉切，《说文》小豚也。方言是用“豭”来比喻半大的处于长身体很能吃的男孩子。③小娒：绩溪、歙县对小孩儿的昵称词。“娒”歙县话读[$mɛ^{324}$]、绩溪话读[$mæ^{35}$]。“娒”字是借用温州话里的用字。温州话的用法与绩、歙话相同。④⑤这两个词多用在屯溪、休宁、黟县、祁门、婺源话里。用囝[$ȵiɛn^{13}$]（休）表示男孩儿，用囡[len^{13}]（休）表示女孩儿的方言很少见。闽方言也有囝这个词，但它是小孩子的意思，男女孩通用。⑥“新人”这个词虽然早在古乐府中已出现，但指“新娘”的词义在关汉卿的作品中可以见到，如《玉镜台》第三折："滴滴金杯双劝酒，声声慢唱贺新郎。请新人出厅行礼。"这个词今温州、广州、福州话也在使用。⑦"新妇"古时称儿媳为新妇。洪迈《夷坚甲志·张屠父》："新妇来，我乃阿翁也。"今吴语、湘语、赣语、闽语也在使用这个古语词。⑧做产妇是指坐月子的妇女。词中"产"歙县话读[sɛ³⁵]（音"散"）不读[tsʰɛ³⁵]（音"铲"）。这种读法正是保留古音的现象。为《广韵》产韵，所简切，生也。⑨爷的本义就是"父亲"，为古乐府《木兰诗》："军书十二卷，卷卷有爷名。"徽州话把父亲和父辈的称呼为"爷"或"～爷"，这也是沿用古词语的例证。

2.叫法特殊的亲属称谓词。例如：

呼祖父——朝、朝朝、老朝 (屯)、阿朝 (休)、老奉 (歙)、老官 (黟)、老儿 (祁)；指称多用"朝奉"。

呼祖母——老姨 (歙)、娅[ia⁵³] (黟)、妪儿[yn³¹] (祁)、婄婄[vu⁵⁵ɑ] (祁)、阿婄[apə²¹²] (休)、老妇儿 [ləˇ⁵³vun³²⁴] (黟)、妇 [Vu²²] (绩)、婆婆 [pɑ³¹pɑ³¹] (婺)、嗯奶 (n奶) (歙)。

呼父亲——相 (歙)、阿爷 (休)、耆 (休)、官人 (黟)。

指称丈夫——老官 (绩)、官客 (歙)。

指称妻子——堂家 (歙)、堂客、老妪。

呼兄——大郎 (休)、兄汉儿 (黟)。

呼弟——弟郎 (休)、弟汉儿 (黟)、老弟官 (绩)。

呼妹——令妹 (休)。

指称儿子——小官 (绩)。

指称女婿——女婿官。

从这些称呼词中可以看出以下问题：

①宗族中等级制度森严：既有"朝""朝奉"，又有掌管事务大权的"相"；既有"老官""官人"，也有"小官"。②崇尚男尊女卑：男人皆为"朝""奉""相""官""郎"或"～汉"；女人则称"老妇""老妪""婆婆""堂客"。③沿用古代称谓词：老官、客、官人、大郎、令妹等。

（五）人体、生理词语的特点

1.各地说法一致但与普通话差别较大的词。例如：面嘴脸、面颊腮（歙）、面嘴颊（休）腮、眼乌珠（歙）眼珠、头颈、顺手、反手、手板、脚板、口谗（水）口涎、鼻吐（歙）鼻涕、鼻唾（休）鼻涕、好勚①（歙）劳累、歇力（歙）休息、舂困②（歙）打瞌睡、发寒热发烧。

解释：

①好勚：歙县话“勚”读i^{22}，表示劳累的意思，如，勚都勚死的，与古汉语用法相同。例如《集韵》祭韵，以制切，《说文》劳也。古代用例《诗·小雅·雨无正》：“莫知我勚。”此处“勚”即疲劳也。②舂困：打瞌睡时“头”反复下垂，它用“舂米”比喻很形象。“舂”歙县话读[tsʌ̃^{31}]，《集韵》钟韵，诸容切；《说文》捣粟也。

2.“脚”系词语与普通话的说法差别较大。例如：脚膀（休）大腿、脚（祁）小腿、脚肚腿肚、脚膝头（歙）、脚板脚掌、脚拇头脚趾。

“脚”在上古是指小腿的。例如《韩非子·难言》：“孙子膑脚于魏。”“膑”古代剔去膝盖骨的一种刑法。后来脚才有了“足”的意思。从徽州话脚系词来看，“脚”的词义范围很大：它不仅包括古代小腿（脚（祁）、脚膝头、脚杆、脚肚）的词义。而且还包括了大腿（脚膀）和现代脚为“足”（脚板、脚拇头）的意义。

3.各地说法差别较大的词。例如：

额头——额前头（歙）、头额儿（休）、头额角（绩）、花额（绩）、额角头（休）（祁）、脑门壳（黟）、额（婺）、头脑壳前儿（屯）。

嘴唇——嘴腮皮（歙）、嘴奖皮（休）、嘴唇皮（绩）、嘴迈皮（黟）、嘴皮（祁）、嘴钳皮（屯）、嘴眼皮（婺）。

舌头——口舌（歙）、嘴舌（歙）、舌条（祁）、舌儿（休）本字为舙《广韵》麻韵，宅加切，含舌貌。休宁读[tɕɪæn^{33}]。

4.具有方言特色的常用动词。例如：张（绩）看、覰（休、祁），音欺，看也、䀹[ts^{h}ɛn^{24}]①（休）看、担②（歙）拿、捫③（歙）端，~饭碗、扒（歙）拾取、音爬，~起来、擐④（歙）提、挎，~篮、园⑤（歙）放置，收藏，~起来、

拥⑥（歙）折叠、 嬉⑦（歙）玩、 斫柴欧柴、 捼⑧（歙）~茶、 挳散发、 搓推操、 捻担、拧、 供供养、~猪、

掴掌击、搧、 舂⑨（歙）捣、�、扔、砸、搗、搖、跌、 隐熄灭、~塌哩、 剧平削、 創剁、~肉、 刿斜切、斜砍、 赳⑩蜷缩~团、

刷拌液体、 抴挤入、~队、 揞掩盖：~火、 掀移取：~不着、 嗅鼻子闻、 听⑪（休）鼻子闻、 燉熬、炼、（猪油）、 唇重压、

揿擦、 跌⑫身子前趴、 着穿、 擽⑬扑打、 分喂（猪食）、 [隍]站立、靠立、 倚⑭站立、 搧捧、搋、 敊展开、

迈舒、张开、 刷剺破、 鬻沸溢、 渧⑮叮叮~（歙）、 搦捂着、 吵死吵架、 莳田插秧、 跌塌丢失、 佗⑯音驮、背负重物、

帮衬帮助、 诮驳拿别人取乐、开玩笑、 打赤躯躬⑰赤膊、 焙火烤火、 眼膘眼衣裳、 佮佮伙、 躝⑱（歙）跨、躝过去、

趄（休）跨越、 跀（休）蹦跳、跃起、 欨（休）吸粥、吮奶、 誂（歙）挑拨、引逗、 促掐捉弄人。

解释：

①睒：休宁把看说成"睒"[tsʰɛn²⁴]。如睒电影、睒医生。《广韵》轸韵，直引切；《说文》目转也。②担：徽州话把拿全都说成"担"，歙县读[tɛ³¹]。如，担着，不要丢塌。③抲：方言把持重物说"抲"，歙县读[ka³¹]。《广韵》唐韵。古郎切，举也。例如：抲饭碗。抲着石头上山，真是痴鬼！④擐：方言把提挎竹篮的动作说成"擐"，歙县读[kʰuɛ³³]；把篮子的把手叫"篮擐"，这里的"擐"读[kʰuɛ³²⁴]。这个字作名词时读后者，作动词读前者。例为：嗯个篮没有擐[kʰuɛ³²⁴]何的擐[kʰuɛ³³]来？（这个篮子没有把手怎么挎呢？）《集韵》谏韵。胡惯切；《说文》贯也。古文例《三国演义》第三回："擐甲持戈，立于阁下。""擐"即挎也。作名词的"篮擐"为什么读324弯曲调呢？这是歙县话名词"儿化"出现的变调现象。那么"胡惯切"为什么会读[kʰ]声母呢？"胡"为古匣母字，古匣母在徽州方言中读[kʰ]声母的情况很多。例为，同为匣母的"槛舰"歙县读[kʰɛ³⁵]，"蟹"歙县读[kʰa³⁵]，"環"读[kʰuɛ⁴⁴]，"糊"作为涂抹的意思时歙县读[kʰu⁴⁴]。⑤囥：歙县话读[kʰa³²⁴]，如"帮嗯个物事囥起来"。这个动词在吴语、闽语中都用。⑥拥：歙县话读[ue⁷²¹]，擗断说"拥"。如，一根筷拥得断，十根筷拥不动。《集韵》月韵，鱼厥切；《说文》折也。古文例《太玄·羡》："车轴折，其衡拥。"这儿的"拥"即折断的意思。⑦嬉：徽州各地话把玩耍都是说"嬉"的。《广韵》之韵，许其切，美也，一曰游也。古文例，陆游《园中作》："花前自笑童心在，更伴群儿竹马嬉。"⑧捼：方言把手工制茶叫做

捹茶。"捹"歙县话说[lo⁴⁴]，本字见《说文》推也，一曰两手相切摩也。奴禾切。⑨春：在方言里很常用，它有很多涵义。除了前面说过"春米""春困"之外，还有"春石子"（扔也），"春破头"（砸也），"春哩印一拳头"（揍也），"春背"（捶也），"从阁梯上春下来"（跌也）等含义。⑩趋：歙县话把物体蜷缩现象说成"趋"：印只脚"～起来哩"。读[tɕʰiu⁴⁴]，此字见《集韵》尤韵，渠尤切，足不伸也。⑪听：普通话是耳朵的功能。然而休宁话"来听听个只花香不香"中的"听"却是鼻子闻的功能。安徽省太湖县江塘一带也有这种用法，在汉语代表点方言中仅见于温州话。徽州多数地方说"嗅"[xuã³²⁴]，本字见《集韵》送韵，香仲切，鼻审气也。⑫趴：歙县话读[pʰu³³]，整个身子向前趴下：佢趴在桌子上在那吶困觉。佢趴在草地上晒头孔。趴《集韵》屋韵，房六切；《类篇》屈手足伏地。"趴"与"房"上古音读並母。方言中读[pʰ]声母是保留上古音的读法。⑬擽：歙县话读[kʰuɛ³⁵]，是拍打或驱赶的意义。例如："隑起来，擽擽灰，不要哭！"再如，民歌《一把花扇》"一把花扇两面红，送给姐姐擽蚊虫。擽的蚊虫嗡嗡叫，碰到虼蚤蹦蹦跳。"本字见《集韵》缓韵，苦缓切，捉也。⑭隑：站立、靠立，歙县话把站立说成"隑"[kʰɛ³⁵]，同样意思休宁话说"徛"[tɕi²⁴]。罚站歙县人说"罚隑"，休宁人说"罚徛"。把东西"靠立"在那儿，方言都用"隑"：歙县话说[kʰɛ³³]，休宁说[kuə²⁴]。"徛"见于《集韵》纸韵，巨绮切，立也。"隑"见于《玉篇》阜部，巨慨切，企立也；另见于《集韵》代韵，巨代切；《方言》倚也。⑮渧：歙县话读[ti³²⁴]，液体一滴滴的下落，说"叮叮渧"。本字见《集韵》霁韵，丁计切，泣貌、一曰滴水。《埤苍》渧，漺漉也。⑯佗：歙县读[tʰo⁴⁴]，在古汉语里也是背负的意思，方言里多误写为"驮"字。例如《说文》佗，徒何切，负荷也。同样的意思普通话都用"背"或"扛"。徽州话仍在使用"佗"：①佗姆看戏两不误。②佢佗哩一百多斤谷上街。方言还把"挨打"说成"佗打"。⑰打赤䓯舻：歙县话说[ta³⁵tɕʰiʔ²¹kuʔ²¹i²²]，光背说成"赤䓯舻"，把光背不雅观说成"赤䓯舻洁洁"，打赤膊说成"打赤䓯舻"。"䓯舻"是一个连绵词，它在古汉语里就是赤裸的意思。例如《集韵》麦韵，䓯、古获切，輞䵢，裸也。"䵢"字见《集韵》锡韵，狼狄切，輞䵢，裸也。徽州话至今仍在沿用这个古汉语的连绵词。

5.表示"给予"的动词，各县说法差别很大。例如：积钱给儿孙，不如积德给儿孙。歙县话：积钱嘿[xe³¹]儿孙不如积德嘿子孙。绩溪话：积钱恨[xã³⁵]儿孙，不如积德恨子孙。休宁话：积钱俤[te⁵⁵]儿孙，不如积德俤子孙。黟县话：积钱畀[pɛi²¹]儿孙，不如积德畀子孙。祁门话：积钱分[fã¹¹]儿孙，不如积德分子孙。婆源话，积钱乞[tɕʰi⁵¹]儿孙，不如积德乞子孙。

解释：歙县[xe³¹]（嘿）、绩溪[xã³⁵]（恨）和休宁[te⁵⁵]（俤），按照它们的读音很难求得本字。但黟县的"畀"、祁门的"分"、婆源的"乞"都是本字，音义与古汉语相同。例如："畀"《集韵》至韵，必至切；《说文》相付与之。"分"《集韵》文韵，方文切，一曰与也。"乞"《集韵》未韵，丘既切，与也。此外，各地话表示"给予"的动词都有介词的作用。在语法特点部分再做介绍。这里只说"分"在徽州话大都具有动词"喂"的意思。例如：我去分猪食着。（我去喂猪食啦。）

6.用委婉的说法表示词语的特指意义。例为：狐臭——戴香袋，病了——不熨帖(婆)、不适着(休)。请医生诊病——看先生(歙)、朕先生(休)。熬药——煎茶，吃中药——吃水茶，服中成药——吃果子。小孩出麻疹——做新人①，出天花——爬大岭②，天花痊愈了——谢娘娘③。月经来了——身上来、身上洗、怀孕了——害高兴。水肿病——黄胖、胖病④。死亡——走哩、老了、过身了、过着、百年着、升天哩。

咒骂人死——灯消火灭；咒骂坏男人——屌朝天。

解释：

①小孩出荨麻疹为什么说"做新人"呢？因为小孩出荨麻疹时会发低烧，见光流泪，甚至有些干咳。为了防止引起感冒、肺炎等疾病，一定要防风、避免着凉，甚至还要适当避光。为此就要将病孩儿关在房里，关门封窗、防风遮光。外出时要戴蒙面布罩。窗前或门前还挂上红绸带儿，以警告近邻孩童勿受感染。这些防范做法犹如迎娶新娘子，故当地以"做新人"（"人"读"迎"）喻指小孩出麻疹。②为什么把出天花说成"爬大

岭"呢？"出天花"在过去可是个不得了的传染病呀！发烧多日不能吃不能喝不说，轻者变成麻子，重者就要送命。得了这种病就像闯鬼门关一样，是很难过去的，也像在旅途中要翻越高山大岭一样，会遇到很多险阻的。生活在山区的人们就是用他们体会最深的翻高山越峻岭来比喻出天花的孩子正在爬越生命的大岭！③为什么把孩子的天花痊愈了说成"谢娘娘"呢？旧社会是很愚昧的。那时的人们认为"天花"是花娘娘（神）向人间播散的花。娘娘从而可以收取一些得了天花的童男童女。那些得了"天花"又幸运痊愈的孩子，是因为花娘娘不想收取这个孩子。所以家中长辈遇人就说"谢娘娘"即"感谢花娘娘的恩典！"。④为什么把"水肿病"说成"黄胖""胖病"呢？因为水肿病大多是肝炎后期出现的"腹水"现象。历史上，这两种病在皖南山区都是常见而且难以治愈的。每当病人出现腹水现象，也就是病入膏肓了，家人及亲友们在悲伤中也要抓紧为其准备后事。当不知情者吃惊地问：这是为谁在忙事啊？回答时大都避讳地说：哎！某人胖着。或者说：某人胖病重着。这样说既真实地反映了难以说出疾病的全名，又能委婉地表达了病入膏肓的现状。

正因为"胖"的词义被这里的人们赋予了"腹水病"的含义，所以当地人把正常的肥胖都说成"壮"。例如"那个人哎身子滚滚壮。"（那个人的身体很强壮。）例如"佢家哎小姆长的好点壮啊！"（他的孩子长的真胖啊！）外地人如果不知此情夸赞小孩长得胖时，带领孩子的家长（尤其是老人家）要么不理睬你，要么就一边随口吐："呸！呸！呸！"，一边用足涂抹地面，意思是说"这不是真的""这是人家不知情才这么说的"（实际上是在告诉神灵、病魔不要相信这话）。如果家长认为你说这话是恶意的，就会让你为孩子烧香敬佛，祈求平安。为了尊重各地的民俗习惯，切记在夸赞人家的孩子的时候，一定要说"壮"，不要说"胖"。甚至夸赞别人家的家畜喂养得肥胖，也得说"养得滚滚壮"才好。不过，当今已有很大的变化，因为"腹水"病基本杜绝，加之年轻人思想已经解放，有些人也忘记了过去或不了解过去，所以不会再产生不愉快的联想。

（六）具有地方特色的形容词

鬤(休)[le³³]物细长　　姚(歙)[tiɔ³⁵]身材修长　　笡①(歙)[tsʰe³²⁴]歪斜

巉②(歙)[tsʰɛ⁴⁴]陡峭　　醒(绩)长、高　　抠(祁)吝啬　　啬(歙)小气

嚚[ŋ̃]（歙）嚚劲（执拗）、嚚鬼（骂执拗的人）　　晏(歙)晚、迟　　小毛(歙)小气

吃小米③(歙)吝啬　　猪痧④神经　　暵燥⑤干燥　　稀马泥泞　　污糟肮脏

邋遢肮脏不整洁　　侊侎⑥(休)衣着不整，手脸不洁　　下八⑦差次　　推班差次

标致女人漂亮　　像样男人漂亮　　气魄量(屯)男人漂亮　　尿孬、怕、无志气

跌鼓⑧丢脸、出丑又作跌股　　潅(歙)因水分多而瘫软　　懵懂(歙)糊涂　　花色鬼(歙)调皮捣蛋

流怀(歙)性格怪拗，不听劝说　　痴而带踯⑨(歙)又愚笨又顽皮　　疤里疤椤(歙)木料的疤痕太多

话里话多(歙)好多话　　倍勤～勤紧勤劳　　做人家节俭　　陪小心道歉

怕肉麻怕丑、害羞　　轻骨头骄傲　　伤阴骘⑩(歙)可怜

解释：①笡：歙读[tsʰe³²⁴]，物体倾斜的意思。例如，"板壁笡塌哩。"本字见《广韵》祃韵，迁谢切，斜逆也。②巉：歙县读[tsʰe⁴⁴]，山崖陡峭的意思。本字见《广韵》街韵，锄街切，险也。李白《蜀道难》诗中就有这个词的用法："畏途巉岩不可攀。""巉"在普通话里已很少用，同样的意思普通话常说"陡峭""险峻""悬崖峭壁"等。徽州话中"巉"仍然常用，有丁丁巉、笔巉等描写山岩陡峭的词。③吃小米：徽州话里对"小气"的说法很多，除了常见的"抠""啬""筋"（黟）[tʃɛi²¹]之外，还有"小毛""吃小米"等。前者从字义中就可以理解，后者从字面上是很难弄懂词义的。这样的词才是地道的方言词，是人们在长期的语言活动中约定俗成的。由于时间已经久远人们只晓得这样用，却很难讲为什么这么说。"小毛"大概与一毛不拔的意思有关联；"吃小米"可能与尖嘴的禽类有关。是不是用禽类的嘴"尖"喻指小气？何况禽类总是争食的。④猪痧：徽州话将精神不正常者叫"猪痧鬼"，把神经疾病以及形容某人精神失常的现象都叫"猪痧"。因此它可作名词，也可作形容词。方言还有写"朱砂"的，这是因为此病因服朱砂药过量造成的。写成"猪痧"较多，这大概认为是猪变成凶恶的病魔（痧即煞，凶恶的神也）造成的。⑤暵燥：歙县把晒得很干

说成"啡燥"[fe³³sɔ³²⁴]。"啡"《集韵》未韵，父沸切，干也。"燥"《说文》干也，从火喿声，苏到切。可以看出，方言说的"啡燥"与普通话的"干燥"词义很一致。⑥佽依：徽州话表述肮脏、不整洁的同义词很多。这里就出现了"污糟、邋遢、佽依"三个。它们之间的细小差别是什么呢？我以为"污糟"的着重点是肮脏；"邋遢"的词义既肮脏又不整洁，着重于成人的衣着行为；"佽依"着重于孩童的手脸肮脏和衣服不干净。这些词的使用地域也有不同："污糟"还见于粤方言，"邋遢"还见于吴、湘方言，"佽依"只见于徽州方言。⑦下八、推班：这两个在徽州话里是同义的，都是质量差次、人品较低的意思。歙县"下八"读[xa³⁵pa⁷²¹]，"推班"读[tʰɛ³¹pɛ³¹]。后者在吴方言里也是常用词。但是"下八"只见于徽州话。据徽州一舒姓老者介绍，此条词源于道教之说："上八仙"为高、为佳，那么不好的质差的当然属于"下八"之类了。当地还有"下八货"之说。从这些词在徽州方言中普遍常用的情况看，就可以看出道教在这一地域的影响之大了。⑧跌鼓（或跌股）：这个词是出丑、丢脸的意思。在徽州话里有两种写法。两种写法反映这个词的两个来源。"跌股"是"跌坐在地上"的意思。不是有人说过这样的笑话吗？说的是，有一个谢姓秀才，雨中在街上行走时，不小心滑倒了，引起了街旁众人哗笑，秀才随口作诗道："春雨贵如油，下得满街流；滑倒谢学士，笑傻一群牛。""跌股"这个词的发明大概属于这位谢秀才吧！但是写作"跌鼓"的人说，这是戏剧演出人员创造的词。意思是，戏剧正在演出高潮时，敲鼓者（也就是场上演出的指挥人）或过分激动，或鼓架捆得不够牢，忽然"鼓"从架上跌落在地上。这时演唱者、击鼓者都无法继续进行，整场演出就因"跌鼓"而终止。"倒场"对戏剧演出者来说，可算是最倒霉、最丢人的事了！两种说法都有道理，到底怎样认定呢？这大概要从以下三个条件审定：一是哪种写法容易被人们理解？二是哪种写法比较简化易写？三是哪种写法使用的频率高？一句话，在实践中由"约定俗成"而定。⑨痴而带蹛：这是徽州方言中土产的成语。"痴"是徽州话形容呆笨的常用词，为痴鬼、痴都痴死的。蹛是形容孩子顽皮好动、不听话的常用词，如蹛都蹛死的。因此这条成语的意思就是既愚笨又顽皮的孩子。由于歙县话"带"[ta³²⁴]和跋[fe³²⁴]连在一起说，"带"音324调变为35调跟"打"[ta³⁵]的读音一样，结果连有些当地人也不知道"打跋"是怎么回事了。"跋"字见《集韵》未韵，方未切，行疾貌；《说文》跳也。⑩伤阴骘：歙县话读[ɕia³¹iʌ³¹tɕiʔ²¹]，凡是见到伤心、可怜，值得怜悯的情景常说"伤阴骘"。"骘"字见《集韵》质韵，职日切；《说文》牡马也，一曰升也，定也。"阴骘"是阴德的意思。伤阴骘也就是伤阴德。伤阴骘与佛教用语"造孽"（作孽）近义。古文例《古经·洪范》："惟天阴骘下民。"意思是上天默默地安定下民。又宋洪迈《夷坚志》："如阴骘可凭，为后人利多矣。"徽州话把值得怜悯的情景谓之"伤阴骘"，认为他（她）前世做了缺德的事，故遭报应。

（七）有不少方言词语是用修辞的方法构成的，具有很强的形象性

1. 前加修饰成分的词语。例如：灯笼柿柿子、三尾鱼金鱼、打滚虫又打滚蛆、子孓、长脚蜂马蜂、狐狸蜂马蜂、蟑油虫蟑螂、鸭脚树白果树、乌昏夜(黟)夜晚、菠菱菜(休)菠菜、飞飞蝶(休)、四脚蛇蜥蜴、围腰裙围裙、斗鸡眼对眼、雪梨斑雀斑、癞皮蛤蟆癞蛤蟆、鸡子糕。

2. 采用替代比喻的方法构成的词语。例如：天狗吃日日食、天狗吃月月食、月亮生毛月晕、擤红擤白痢疾、打半日疟疾、草鞋箔螳螂、棉线麻花、丝瓜蒲油条、仙人头聋人、包袱水饺、舂米打瞌睡。羊角豆角儿。

3. 突显形体特征的词语。例如：蛇鱼黄鳝、月瓦砚台、葫芦鳖(祁)鹅卵石、朝日莲(休)向日葵、猢狲头膝头、癞疙宝癞蛤蟆(歙)、乌烂鱼蝌蚪、布翼儿、帙翼儿(休)、臂翼(黟)、蒲翼(婺)蝴蝶、木虱臭虫、红蚁蚯蚓、蛇龙(黟)蜥蜴、猪衫领猪胰子、海沙盐。

（八）方言词与普通话用字相同，但词义却有不同

1. 以下词的含义是普通话不具备的："学生"方言还包括学徒，"虫"方言还包括蚕，"螺蛳"方言还包括蜗牛，"阶级"方言还包括台阶，"河滩"还包括河中有水的地方，"跌"还包括丢失的意思，"壮"还包括肥胖的意思，"做"还包括建造（做屋）、耕种（做田）的意思，"可以"还包

括小孩能干、听话的意思，"相信"还包括爱好、喜欢的意思，"古典"方言包括故事（讲古典），"古董"方言还包括小孩顽皮捣蛋的意思，"长"方言还包括个子高的意思。

2.以下词的含义比普通话少："绳"方言一般只指较细的绳索，"沙糖"只指一种土制的红糖，"闻"大多只用于耳听（不表鼻嗅），"放"不包括存放、放置的意思，"小"方言不包括物体小的意思，"站"方言不包括站立的意思，"没有"没有"未"_(未买)的意思，"下"没有降落的意思。

3.方言词与普通话的完全不同。例如：

例词	方言词义	普通话词义
炕 (歙)	木床榻	用坯砌成的暖炕
口舌	舌头	言语纠纷，难于交涉，如：费口舌
鼻孔 (歙)	鼻子	鼻子的孔
香油	菜籽油	芝麻油
朝奉	称祖父	旧称店员
麦子	麦种	小麦
鸭子	鸭卵	鸭
山羊	野生黄羊	一种肉用羊，家养的
甜菜 (休)	菠菜	一种可制糖的植物
穷骨头	小腿前部颜面骨	鄙称穷困无志气的人
走 (绩)	跑	行
硬	太浓、太稠	硬度大、态度强

(九)本土徽语中的古语词

徽语中至今还使用着相当多的古词语。其中也包括沿用古汉语词义的词，比如"走"在古汉语里是"跑"的意思。《释名》说"疾趋曰走"。例如《孟了·梁惠王》："弃甲曳兵而走"以及成语"走马观花"中的"走"都是"跑"的意思。这种用法在绩溪和歙县南乡话仍在沿用。"慢慢走，不要跑！"这句话他们却说成"慢慢行，不要走喂！"类似的例子很多，除了在前面结合词语的特点介绍了一些之外，这里再集中谈谈这个问题。

[索]（歙）[sɔ²¹]　歙县话通常用来指粗大的绳子，细的叫绳。这种用法与古汉语相同。例如，《广韵》入声铎韵，索、苏各切；《小尔雅·广器》："大者谓之索，小者谓之绳。"另，司马迁《报任安书》：关木索，被棰楚受辱。"

[面]（歙）[me³³]　古代汉语"面"表示整个面部，"脸"只指颊或妇女在目下颊上搽烟脂的地方。例如。《说文》面，颜前也，象人面形。"脸"《集韵》上声琰韵，颊也，《韵会》：目下颊上也。古代著作中也是这样使用的。如《战国策·赵策四》："老妇必唾其面。"这里的"面"即指整个面部。白居易《昭君怨》诗："眉销残黛脸销红。"诗句中的"脸"即指"颊部"。然而在长期的使用中，普通话已用"脸"取代了"面"的词义，成为"面"的代用词。徽州方言如今仍沿用着"面"的本义，未被脸字代替。如脸叫："面"，"面吼"、"面嘴"，洗脸叫"洗面"或"洗面嘴"，脸盆叫"洗面盆"，颊部叫"面颊腮"。

[箸]（歙）[tɕʰy³³]　火筷子叫"火箸"。"箸"表示筷子的意思也是与古汉语词义一致的。《说文》箸，饭敧也，陟虑切。古文用例《史记·十二诸侯年表》："纣为象箸，而箕子唏。"文中"箸"即筷子。

[跳]（歙）[tʰio⁴⁴]　跛子，跳脚唉，跳脚佬。此字的古音义是《集韵》平声萧韵，跳、田聊切；《说文》蹶也，一曰跃也。古文例证《荀子·非相》："禹跳汤偏。"此"跳"即跛足的意思。

[奔]（休）[pæn³³]　它的古汉语音义是：《广韵》平声魂韵，奔、博昆切；《说文》走也。"走"就是跑的意思，如"东奔西走"、"奔走相告"等。休宁方言仍用"奔"表示跑。如，慢慢行，不要奔喂！

[跳]（绩）　绩溪话把走说成"跳"。这种说法也是符合古汉语用法的。例如，《集韵》啸韵，徒吊切，跳、行貌。这说明"跳"在古汉语里是多义词，在现代没读中只有"跳跃"的意思了。

[杪]（歙）[mio³⁵]　竹、木的末梢：竹杪、树杪。这个词的古音义与徽语用法相同。例如，《说文》杪、亡沼切，木标末也。古文例如，孙觌《西

山超亭》诗："孤亭坐林杪，俯见飞鸟背。"

[搦] (歙) [lɔ³³]　按住，搦着。如："把小姆搦在床上一顿打。""搦"在古汉语中的音义与歙县话相同。例如，《玉篇》搦，女卓切，《说文》按也。古文例证，左思《魏都赋》："搦秦起赵"。此"搦"即按压之意。

[摑] (歙) [kuɛʔ²¹]　掌击面：摑巴掌。如："佢家老子摑哩佢两巴掌。"古汉语中"摑"的音义与徽州话相同。例如，摑，《集韵》入声麦韵，古获切，打也。古文例证，卢仝《示添丁》诗："父怜母惜摑不得。

[刳] (歙) [kʰua³¹]　斜着割：刳菜，刳肉。歙县话的用法与古汉语相当。例如，《说文》刳，判也，苦孤切。古文例《周易·系辞下》："刳木为舟。"

[掗] (歙) [ŋa³²⁴]　未经允许，强行去做：掗队插队、掗饭强行加饭、掗吃。"掗"的古代义也与歙县话相同。例如《字汇》掗，衣驾切，强与人物也。古文例证《十国春秋·南唐卢绛传》："又持榷货，掗贾于山中。"这里的"掗"就是强迫人收受不愿意要的东西。

[噍] (歙) [tsʰiɔ³³]　咀嚼，慢慢噍。吃，噍一顿；胡说，瞎噍，瞎讲乱噍。"噍"的古音义与歙县话用法相同。噍，如：《广韵》平声宵韵，才笑切，嚼也；《说文》啮也。古文例证：《论衡·道虚》："口齿以噍食。"此为咬、嚼之意。《荀子·荣辱》："呥呥而噍，乡乡而饱。"此"噍"即咀嚼的意思。

[㩐] (歙) [sʌ̃³⁵]　推、搡谓之"㩐"。佢㩐哩卬一下，跌塌哩。㩐的古音义是：《集韵》上声董韵，送、损动切，推也。古文用例《醒世恒言·两县令竟义婚孤女》："你一推，我一㩐，㩐他出了大门。"例中"㩐"即"推"也，与歙县话用法一样。

[皵] (歙) [tsʰiɔ²¹]　指甲边缘裂出的肉刺：皵皮哩。②木板裂出一小片也谓：皵皮哩。"皵"的古音义：《广韵》入声药韵，皵、七雀切，皮皱。《尔雅》措皵，谓木皮甲错。古文用例：《尔雅·释木》："槐小叶曰榎；大而皵，楸；小而皵，榎。"郭璞注："老而皮粗皵者为楸，小而皮粗皵者为榎。""皵"的词义即为树皮皱裂也，用法同歙县话相同。

[剚]_(歙)[tsๅ³²⁴]　蜇刺，蜜蜂剚哩叩一下，痛死哩。像刀刺，叩唉肚痛死哩，像刀剚一样！"剚"的古音义同歙县话用法相同。例如，《集韵》去声志韵，剚、侧吏切，插刀也。古文例证：陈旅《题胡氏杀虎图》诗："仓皇下车持虎足，呼儿授刀剚其腹。"

[斫]_(歙)[tsɔ⁷²¹]　砍，斫柴。佢上山斫柴去哩。"斫"的古音义也同歙县话一致。例如，《集韵》入声药韵，斫、竹各切；《说文》击也；《玉篇》刀斫。古文用例，杜甫《短歌行赠王郎司直》："王郎酒酣拔剑斫地歌莫哀。"例中"斫"即砍的意思。

[乌]_(歙)[u³¹]　方言习惯将光线暗、手脸不洁等都用"乌"来描述。例如，漆漆乌、乌缁缁、乌溜溜、天乌下来哩。这样的情况普通话是说成"黑"的。歙县话的用法也是符合古汉语音义的，例如《广韵》乌，哀都切，《说文》孝鸟也。古文用例《三国志·魏书邓艾传》："身披乌衣，手执耜，以率将士。"

[啬]_(歙)[se⁷²¹]　歙县话形容吝啬除了说"吃小米"之外，还说"啬都啬死的"。"啬"在普通话里不单用，只有"吝啬"的说法。而歙县话仍可单用。如：啬肌坑、啬都啬死的。此用法与古汉语相同。如《广韵》啬，入声职韵，所力切，爱惜也、贪也、悭也。古文如《战国策·韩策一》："仲啬于财。"

[着]_(歙)[tɕia⁷²¹]　穿，着衣裳。同样的意思普通话只说"穿"，"着"已不单用。只有书面语中有"穿着讲究""着装整齐""吃着不尽"等。歙县话承袭了古汉语的用法。"着"的中古音义：《广韵》着，入声药韵，直略切，服衣于身。古文用例《木兰诗》："脱我战时袍，着我旧时衣。"

[浴]_(歙)[iu²²]　洗澡说"洗浴"，涮洗说"浴一下"。普通话"浴"已不单用，只能当书面词语的词根。如，日光浴、浴场、浴血奋战等。然而歙县话的用法却表现出了与古汉语的一致性。"浴"的中古音义：《广韵》入声烛韵，余蜀切，洗浴；《说文》洒身也。古文如《楚辞·渔父》："新浴者必振衣。"又《论衡·讥日》："浴去身垢。"

[煞]_(歙)[saʔ²¹]　绩歙片和严州片方言使用很普遍。它用在动词后，表

示极度：想煞、痒煞、我只脚冻煞。这个词的这种用法，不见于普通话。可是它与古汉语的用法却很一致。它的中古音义是《集韵》入声黠韵，山戛切，《说文》戮也。古文如，柳水《迎春乐》："别后相思煞。"

[冢] (歙) [tsʌ³⁵]　方言把埋了很多坟墓的山叫"冢山"，把富人捐献的荒山让贫穷人家做坟墓或做公共墓地的山都叫义冢山。"冢"普通话只见于书面语，口语中只说"坟"或"坟墓"。方言的这种用法与古汉语相同。"冢"的中古音义是《广韵》上声肿韵，知陇切，《说文》高坟也。古文用例《史记·高祖本记》："项羽烧秦宫室，掘始皇帝冢。"又杜甫《永怀古迹五首》："独留青冢向黄昏。"

[杵] (歙) [tɕʰy³⁵]　方言把特制的用于挑担或捶打的木棒叫做"大杵""打杵"。"杵"这个词除了见于成语"铁杵成针"或"磨杵成针"之外，普通话已很少用。由于生产条件、生产方式的原因，这个词在徽语里仍在使用，保留着古汉语的音义。《说文》杵，昌与切，春杵也。古文用例，杜甫《暂住白帝复还东屯诗》："落杵光辉白，除芒籽粒红。"又张籍《筑城词》："筑城处，千人万人齐把杵。"

[晏] (歙) [ŋe³²⁴]　迟、晚：来晏了。"晏"这个词除了作为姓之外，普通话已很少用。"迟"和"晚"已代替"晏"的说法。方言"晏"的用法完全承袭了古汉语的音义。《广韵》去声诔韵，乌涧切，晚也。古文例，《墨子·尚贤中》："蚤朝晏退。"注：蚤通早。

[踱] (休) [tʰau³⁵]　休宁话有"踱步""踱路""慢慢踱"之说。这种"慢慢地走"的意思，普通话大都说"散步""走走"，口语中已很少见"踱"的说法。它在古代汉语的用法却与休宁话一致。例如，《红楼梦》第九十九回："贾政踱出暖阁，站班喝道的衙役只有一个。"此"踱"即慢慢走的意思。

[俵] (歙) [pʰiɔ³²⁴]　分给、散发：俵纸烟、俵小糖，老人做寿一家俵一碗面。"俵"的古音义是：《集韵》去声笑韵，俵、彼庙切，分与也。《玉篇》俵、波庙切，俵散也。古文用例：《聊斋志异·种梨》："方悟适所俵散，皆己物也。"用法与歙县话完全相同。

[铫] (歙) [tʰiɔ³³]　歙县把烧水、烧煮的锅子叫铫，如"水铫""有柄铫""锅铫""两摄铫"（两边有把儿）。铫的古音义是《集韵》去声啸韵，铫、徒吊切；《说文》温器也。古文例证：苏轼《试院煎茶》诗："且学公家作茗引，砖炉石铫行相随。"

[酽] (歙) [ne³³]　歙县话把茶泡得很浓说"茶酽"。"酽"在古汉语里就是"液汁浓"的意思。例如：《广韵》酽，鱼列切，酒醋味厚。古文用例：曹唐《小游仙诗》："酒酽春浓琼草齐，真公饮散醉如泥。"

[誂] (歙) [tʰiɔ³⁵]　挑拨、引逗：誂事，誂佢人吵死。方言的用法与古汉语相同：《集韵》誂，徒了切，《说文》相呼诱也。古文用例，《国策·秦策一》："楚人有两妻者，人誂其长者，长者詈之；誂其少者，少者许之。"

[奓] (休)　休宁话有呼父为"奓""阿奓"的。这种称呼在宣州吴语和江淮话里常用。休宁话的这样叫法有可能是受这些方言的影响。奓字见于《广韵》麻韵，正奢切；吴人呼父。这里需要说明的是，奓读[ta³³]实在是保存了上古读音。因为反切上字"正"上古是读t声母的，反切下字"奢"上古读ɑ韵母（鱼韵甲声），所以音义与古汉语用法完全一致。

[甑] (歙) [tsʌ³²⁴]　桶状蒸饭具：饭甑；地名饭甑山。方言音义与古汉语相同：《集韵》甑，子孕切；《说文》甗也。古文用例：陆游《秋获歌》："长碓捣珠照大地，大甑炊玉连村香。""甑"古代即为蒸食炊具。

[筅] (歙) [xa⁴⁴]　晾晒衣服用的竹竿、竹筅、筅竿。方言音义与古汉语相符。《集韵》筅，寒刚切，乐器有弦，一曰竹名；又《集韵》下浪切，竹竿也。

[鮠] (歙) [ŋaʔ²¹]　一种像鲇鱼状的黄色无鳞鱼，背鳍、侧鳍生有坚硬的刺，方言叫"黄鮠"或"黄鮠菜"。本字见《集韵》黠韵，乙黠切，鮚鮠，鱼名。又《本草纲目·鳞部四》"黄颡鱼"释名"鮚鮠。"

　　徽州方言中还有不少词，口语里常用却写不出字来。例如：歙县话的三个人称代词：[a³¹]（我）、[n³⁵]（你）、[ti⁴⁴]（他）到底怎么写？屯溪、休宁人常用的视觉动词[tsʰæn²⁴]（看）、[tɕʰi³³]（看）又是怎么写的？我们本着古今音义对应的原则，对这些字进行了考证。事实说明，这些写不出字的词，有很多就是古代汉语的词，只是仍保存在徽州方言中，不见于普通话罢了。例如：

[䶕]（歙）[Pa^{31}]　上齿突出唇外：䶕牙齿、䶕牙佬、龇牙䶕齿。本字见《集韵》麻韵，邦加切，牙齿出也。

[羓]（歙）[pa^{31}]　腌渍晾晒而成的肉脯：猪肉羓、牛肉羓。本字见《集韵》麻韵，邦加切，腊属。

[揙]（歙）[pe^{31}]　发怒摔掼物品叫“揙物事”，又成语“揙家打舍”，本字见《集韵》先韵，卑眠切，击也，搏也。

[𪕹]（休）[pa^{213}]　方言把老鼠叫“老𪕹”，把蝙蝠叫“老𪕹飞翼”。本字见《玉篇》布各切，鼠也。

[趵]（休）[po^{55}]　蹦跳，跃起：佢趵个老高。球没气着趵不来起。本字见《集韵》效韵，巴校切，跳跃也。

[鎃]（休）[p^{h}e^{213}]　方言把用板斧削砍木叫“鎃”。本字见《集韵》锡韵，匹历切，《方言》裁也，梁益之间，裁木为器曰“鎃”。

[螕]（歙）[p^{h}i^{31}]　寄生在畜类身上的虱子：狗螕、牛螕。本字见《说文》螕，牛虫也，边兮切。《本草纲目》：牛虱一名牛螕。《通俗文》：狗虱曰狗螕。

[刯]（歙）[p^{h}i^{324}]　切、削：刯肉。本字见《集韵》霁韵，匹计切，割也。《玉篇》：削也。

[䰛]（歙）[p^{h}u^{31}]　粥或其他汁液因沸而溢：粥䰛出来哩。本字见《说文》薄没切，吹釜溢也。

[㺐]（歙）[ts^{h}a^{ʔ21}]　歙县话把水獭叫做“水㺐”“水猱㺐猫”。“㺐”读如“擦”。“㺐”见于《集韵》辖韵，初辖切，水兽名。并非方言把“獭”读错了。

[瘭]（歙）[p^{h}iɔ^{324}]　风疹块或红肿包块：生瘭哩。印身上生哩许多瘭，痒死的。本字见《集韵》笑韵，匹妙切，瘭疽病疡脓溃也。《千金方》：肉中忽生点大者如豆，细者如黍粟，甚者如梅李。有根，痛伤应心，久则四方

肿泡曰瘭疽。

[埲] _(歙) [pɑ̃⁴⁴] 灰尘飞扬貌，灰埲埲。本字见《广韵》董韵，蒲蠓切，塕埲尘起。

[蝱] _(歙) [mɑ̃⁴⁴] 日间黑色叮食人畜血的小飞虫叫蝱蝱。本字见《说文》武庚切，啮人飞虫。

[屚] _(歙) [tu²²¹] 末尾、末端：末屚、屚底。本字见《集韵》屋韵，都木切，《博雅》臂也，俗作"启"。

[姚] _(歙) [tʰio³⁵] 形容身材修长：长姚姚。本字见《集韵》篆韵，土了切，身长貌。

[敨] _(歙) [tʰiu³⁵] 展开、打开、舒展：敨开，敨气；帮衣裳部敨开再眼。本字见《集韵》厚韵，他口切，展也。

[瞳] _(歙) [tx⁴⁴] 受创溃烂：瞳竹根头出好笋。本字见《集韵》东韵，徒东切，创溃也。

[泞] _(歙) [niʌ²²] 滞留在器皿上的糊状物：锅泞、碗泞、马桶泞。本字见《广韵》径韵，乃定切，泥泞也。

[哴] _(歙) [la²²] 晾晒，哴衣裳。本字见《集韵》宕韵，郎宕切，暴也。

[卵] _(歙) [lɛ³⁵] 动物的蛋，虫卵；像卵似的圆状物：鹅卵石、面卵_{面疙瘩}、手骨卵；身上长的肉瘤子叫肉卵。本字见《集韵》缓韵，鲁管切。《说文》凡物无乳者卵生。歙县把男性生殖器另叫"卵"[lo³⁵]，如："呵卵脬"。

[脲] _(歙) [1u²²¹] 很肥：肥脲脲。本字见《集韵》烛韵，龙玉切，脂也。

[跀] _(歙) [lɑ̃³¹] 形容小孩行走较快和不稳状：小姆学走路，一下跋跀过来，一下跋跀过去。也可比喻小动物行走快而不稳。本字见《玉扁》吕恭切，小儿行貌。又《集韵》钟韵，跀蹱，小儿行貌。

[挄] _(歙) [tsʰa³²⁴] 擦也：担钢种锅挄一下。本字见《集韵》养韵，楚两切，磨涤也。

[捯] _(歙) [tsʰa²²] 屙、拉：捯屎、捯尿，肚里捯。本字见《集韵》怪韵，仕坏切，拉也。又《方言》倒损。

[椑] _(歙) [tse³¹] 树结疤：树疤椑，疤里疤椑。本字见《集韵》皆韵，

桩皆切，枯木根。

[劗] (歙) [tsɛ³¹]　剁肉说"劗肉"。本字见《集韵》盐韵，之廉切，削也。

[齏] (歙) [tsi³¹]　咸菜叫腌齏菜；霉干菜叫"干齏菜"。本字见《集韵》齐韵，戋西切，凡醯酱所和细切，一曰捣辛物为之。

[枩] (歙) [tsʰɿ³²⁴]　做事认真，循规蹈矩，一板一眼：一板一枩。本字见《康熙字典》木部·七赐切，音次，楣枩。

[坼] (歙) [tsʰɛ⁷²¹]　田地干裂：开坼、田坼。本字见《说文》丑格切，裂也。《淮南子·本经训》："天旱地坼。"

[皵] (歙) [tsʰɛ⁷²¹]　皮肤皴裂：手上开皵哩。本字见《集韵》陌韵，耻格切，皴也。

[潊] (歙) [sa⁴⁴]　口涎，口潊水、流口潊。本字见《集韵》咸韵切，濡水落貌。

[爛] (歙) [tʰa⁷²¹]　在锅中把面糊摊抹成薄饼：爛瞎馃。本字见《广韵》盍韵，徒盍切，爛也，又堕也。

[咄] (岩、许) [tə⁷²¹]　呵斥、责骂：咄人。本字见《集韵》没韵，当没切，呵也。《玉篇》叱也。

[攊] (歙) [la²²]　用线绞除妇女面部汗毛：攊面。本字见《集韵》曷韵，攊、郎达切，把攊弃。

[瓨] (休) [pa³³]　休宁话把一种口小腹大的陶制盛器叫做"瓨"。如：酒瓨，油瓨瓨。本字见《集韵》映韵，蒲孟切，瓴属。

[疕] (歙) [pʰi³⁵]　歙县话把秃疮痂叫"癞痢疕"，把杉木边皮叫"杉树疕"，锈蚀的洋铁片叫"铁疕"，形容物很薄说"疕疕薄"。本字见《集韵》纸韵，普耳切，头疡也，一曰痂。

[柿] (休) [pʰe⁵⁵]　木片或刨花：木柿，刨柿花、木柿柴。本字见《说文》芳吠切，削木札朴也。休宁柿读[pʰ]声母是保留古重唇音读法的例子。

[躙] (休) [lɔ³³]　休宁话把跨过去说成"躙过去"。本字见《集韵》寒韵，郎干切，逾也。

[趋] (休) [ma²¹³]　跨过去说"趋过去"。本字见《广韵》陌韵，莫白

切，越。

[瞀] _(徽) [mɔ²²] 看，瞀一下。本字见《集韵》号韵，莫报切，俯目细视谓之瞀。

[觇] _(休) [tɕʰi³³] 稍微地一看，向里面窥视曰"觇"。本字见《广韵》脂韵，渠脂切，视也。

[刐] _(休) [1i²¹³] 割，划破曰"刐"。本字见《集韵》锡韵，狼狄切，割也。

[谘] _(休) [tə³³] 休宁话把什么说"谘"，"何物"说"谘物"。本字见《广韵》豪韵，土刀切；《尔雅释诂》疑也。

[鐉] _(休) [siɛ⁵⁵] 阉割雄鸡的睾丸叫"鐉鸡"；被阉的雄鸡也叫鐉鸡。本字见《正字通．金部》鐉音线，今俗雄鸡去势谓之鐉。

[騞] _(休) [tuɛ³³] 休宁话阉割雄畜的睾丸叫"騞"。例如：騞猪、騞牛。本字见《广韵》魂韵，都昆切，《字林》畜去势。

[毅] _(休) [to²¹³] 休宁话把用力戳捣说成"毅"。本字见《集韵》沃韵，都毒切；《说文》椎击物也。

[罃] _(徽) [ku³⁵] 口较小、肚腹大的像罐状的器皿：油罃、糖罃、盐罃、茶叶罃。古汉语早有此词。如《说文》盛、公户切，器也。

[幞儿] _(休) [fun³⁵] 休宁话把手帕叫"洋幞儿"。此外还有枕幞儿、豆腐幞儿。本字见《广韵》烛韵，房玉切，帕也；又"幞头"周武帝所制，裁幅巾出四脚以幞头，乃名焉。亦曰头巾。

[諵] _(徽) [tsʰɔ²¹] 行为鬼祟，暗算中伤他人：鬼鬼諵諵。本字见于《集韵》洽韵，諵，测洽切，諵言。

[攜] _(徽) [tɕiʌ³⁵] 将水擦拭干：帮桌上水攜干塌。本字见《集韵》攜韵，攜、居觐切，《说文》拭也。

[抮] _(徽) [tɕiʌ³⁵] 扭、拧，抮毛巾。把毛巾抮干塌。本字见手《集韵》轸韵，抮、止忍切；引庆也。

[顭] _(休) [tsæn³³] 头下垂曰"顭"。本字见《玉篇》页部，诸甚切，低头貌。

[欼] (休) [tsi²¹³]　往嘴里吸粥为"欼"。本字见《广韵》术韵，子聿切，饮也。《玉篇》吮也。

[担] (休) [tsɔ³¹]　从水中捞取东西为"担"。本字见《集韵》马韵，子野切，取也。又《扬子方言》南楚之间凡取物沟泥中谓之担。

[怵] (歙) [tɕʰiu⁴⁴]　小孩的脾气坏、性格怪拗：怵都怵死的，流怵宝，流怵带怪。本字见《广韵》尤韵，去秋切，戾也。

[潅] (歙) [tɕʰiɔ⁷²¹]　因水分较多而变软：面和的太潅哩。糖饼潅下来啦。本字见《集韵》觉韵，克角切，《说文》灌也，一曰渍也。

[熦] (歙) [tɕʰiɔ⁷²¹]　煎炼猪油：熦油，本字见《集韵》觉韵，克角切，曝也；《玉篇》火部、口角切，火干物。

[霮] (休) [sæn³³]　休宁方言把毛毛雨叫做"濛霮雨"。本字见《说文》职戎切，小雨也。方言已把"霮"的声母由ts弱化为S。

[伧侗] (休) [læn²⁴ tæn²³]　休宁形容衣着不整洁或小孩的手脸很脏谓：伐练，伐侗鬼。本字见《广韵》董韵，力董切，伐侗未成器也。"侗"见于《广韵》东韵，都笼切，伧侗行劣貌。

[竷] (歙) [kʌ³⁵]　方言用盆、碗碟盖物说：竷起来。形容天阴得很重，像是乌云盖住一样说"阴竷竷"。本字见《集韵》送韵，古送切；《方言》又云覆头也。又《集韵》感韵，古送切，盖也。（注："感"上古音读侵韵上声）

[佮] (歙) [kɔ⁷²¹]　合在一起：佮药，佮伙，搭佮。"佮"见于《广韵》合韵，古沓切，并佮聚。

[隑] (歙) [kʰɛ³⁵~kʰɛ²²]　歙县话"隑"有两种读音：站立意读[kʰɛ³⁵]，隑到嗯呐！罚隑。倚靠意读[kʰɛ²²]，隑到板壁那呐喂。这个词在古汉语也是两种读音两种意思。本字见《玉篇》阜部，巨慨切，企立也。另见《集韵》代韵，巨代切；《方言》倚也。

[徛] (休) [tɕi²⁴]　站立、竖立休宁话说"徛"。如，坐着吃比徛着吃好点儿。本字见《集韵》纸韵，巨徛切，立也。

[卬] (歙) [a³¹]　歙县徽城老派话第一人称"我"说卬[a³¹]，第一称多数式

“我们”说印人[a^{31}iʌ^{44}]。新派话受官话影响大多读成上声[a^{35}]。老派话中的“印”同古汉语中的音义完全一致。例如《广韵》平声唐韵，印、五刚切，我也。古文用例《诗·邶风·匏有苦叶》：“人涉印否。”

[尔]（歙）[n̩^{35}]　方言把“你”“你们”都读成[n^{35}]、[n^{35}]人。词中的[n̩^{35}]就是尔，不是你。“尔”古音拟为[ᶜȵʑe]，由于弱化音变读成了[n̩^{35}]（或ȵ）。类似的例子如“儿”：惜儿不如惜粮。龙生龙，凤生凤，老鼠生儿会打洞。在这些谚语里的“儿”也读[n̩^{44}]。因此证明方言中的[n̩^{35}]就是“尔”。本字见《广韵》纸韵，儿氏切，汝也。古文如《庄子·盗跖》：“尔作言造语，妄称文武。”

[倮]（屯）[kə^{55}]　方言把“他”“他们”大都读[kʰə^{55}]、[kʰə^{55}]人。词中的[kʰə^{55}]是“倮”。本字见《集韵》鱼韵，求于切，吴人呼彼称，通作渠。《三国志·吴志·赵达传》：“女婿昨来，必是渠所窃。”今吴方言多简化为“佢”。歙县城区话“倮”（佢）读[ti^{44}]是一种发音部位前化的音变现象，实际上仍是“倮”。

[㕁]（歙）[kʰa^{ʔ21}]　按压说“㕁”。佢㕁着印唉头颈后都㕁死的。本字见《集韵》合韵，渴合切，擪也。（注：擪，按也。）

[揞]（歙）[ŋʌ̃^{324}]　方言在炭火上面加盖一层炭灰，使炭火延长烊化时间叫“揞火”。用被子裹起来说“揞起被来困觉”。本字见《集韵》勘韵，乌绀切，掩也。（注，“勘揞”上古为“侵”韵。）

[嚚]（歙）[ŋʌ̃^{44}]　愚笨执拗，嚚劲，愚笨而执拗的人：嚚鬼。本字见《玉篇》㗊部，彦陈切，愚也。古文例柳宗元《贞符》“妖淫嚚昏好怪之徒。”

[𤺌]（休）[iɐ̆^{24}]　疮痂叫“厌/皮子”。结痂：结𤺌子，本字见《集韵》琰韵，於琰切，疡痂也。

[𧿹]（休）[iɐ̆^{24}]　螺蛳的钙质吸盘叫螺蛳𧿹。鱼鳞叫鱼𧿹子。本字见《集韵》琰韵，於琰切，蟹腹下甲。

[稖]（歙）[ie^{324}]　稻谷的秕子：谷稖。用风车把谷稖吹塌。本字见《集韵》琰韵，於琰切，禾稻不实也。

[靥]（歙）[ie^{21}]　酒窝儿叫“酒靥”，太阳穴叫“太阳靥”，面部的麻子叫

"麻豆腐";物面下凹说"厴下去"。本字见《广韵》叶韵,厴、于叶切,面上厴子。

[盅] (歙) [iu²²]　小酒杯:酒盅。印人那哪把小酒杯叫"酒盅"。本字见《集韵》宥韵,尤救切;《说文》小瓯也。

[搲] (歙) [ua³⁵]　够取物:搲不着。篮放得老老高搲都搲不着。本字见《集韵》马韵,乌瓦切,吴俗谓手爬物曰搲。

[砑] (休) [ia³³]　方言把地面凹陷不平说"砑下去着"。本字见《集韵》麻韵,於加切,土不平谓之砑。

[頽] (休) [u²¹³]　淹死说"頽死"。本字见《广韵》没韵,乌没切,内头水中。

三、语法的主要特点

(一)名词

1.名词的特殊词尾。

徽州话中有不少名称词的词尾是普通话里很少见到的。例如:佬、鬼、啦、唉、仂、个。

"佬"读[lɔ³⁵],歙县、绩溪、屯溪话常用。大都用在对人称呼词的后面,略带贬义。例如:驼背佬、急佬口吃者、龅牙佬上齿外露者、孤寡佬单身汉、山里佬、杀猪佬、江北佬、种田佬、看山佬看管山林者。

"鬼"读[kue³⁵],多见于歙县、绩溪、屯溪话。用于对人称呼词的后面,带有贬义。例如:邋遢鬼、猪痧鬼疯子、小米鬼吝啬者、促掐鬼好捉弄人者、舂米鬼好打瞌睡者、吵死鬼好吵闹的孩子、花色鬼调皮捣蛋的孩子、诮驳鬼好开玩笑,好取笑人者、阴司鬼阴险者、痴鬼傻瓜、摒尿鬼尿床精、懵懂鬼胡涂蛋。

"啦"读[la],见于祁门话。用于物品名称词的后面。含有较少的意思。例如:桃啦、杏啦、茄啦、猪啦、狗啦、鸡啦、虾啦、筛啦、瓢啦。此外,也见于对弟、妹、侄子等下辈的称呼词的后面。例如:弟啦、妹啦、侄啦。

"唉"读[ε³³]，见于歙县话，无褒贬含义。例如：聋唉、缺嘴唉、哑巴唉、跳脚唉_{跛足者}、麻瘩唉_{麻子}、送信唉、讨饭唉、看相唉、掌厨唉、问腾唉_{巫婆}、做长年唉、做生意唉、牵新人唉_{伴娘}。

"仂"读[le]，见于绩溪、屯溪、休宁、婺源。例如：我仂、尔仂、佢仂；红仂、玲仂、军仂；聋仂、哑仂、缺嘴仂；讨饭仂、抬轿仂，男仂、女仂；吹喇叭仂、做手艺仂、买杂货仂。

"个"读[ka]，见于祁门、黟县话。例如：男个、女个、送信个、有喜个、做生意个、做农个、掌厨个、做媒个。

"唉、仂、个"等词尾的含义都属中性，无明显褒贬含义。

"汉"读[xuĕ³²⁴]，见于黟县话。用于不同亲缘关系，不同社会职业和地位的男人。例如：兄汉～相汉_{哥哥}、弟汉_{弟弟}、带米汉_{妻之兄弟}、种田汉_{农民}、管事汉_{管家}、客汉_{外地人}、户汉_{本地人}、讨饭汉_{乞丐}、光汉_{光棍}。

"根"读[kã³¹]，见于绩溪话，表示大致的方位和时间。例如：家根_{村子附近}、塘根_{水塘边}、床根_{床边上}、台盘根_{桌子周围}、脚膝头根_{膝盖附近}、昼饭根_{中午前后}、夜根_{傍晚时分}、上昼根_{午前的时间}、下昼根_{午后的一段时间}。

此外，还有一些带"头"尾的词是普通话没有的。它也可以表示出具体的方位和时间。例如：上横头_{上位}、下门头_{下位}、后门头_{后门口}、锅舂头_{炉灶边}、茅司头_{厕所边}、渡船头_{渡口处}、角落头_{拐角处}、屁股头_{后面}、早起头_{清早时}。

方言里还有一种数量加"头"尾，可以表示出不那么多意思的结构形式，也是普通话没有的。例如：一下头、一张头、五块头、一碗头、一斤头、两间头、一根头、一只头。

2.采用重叠形式构成的物品名称很丰富，可以分以下三种：

第一，"瓶瓶"式。这种形式的名称表示的大都是小物品、小生物。例如：瓶瓶_{小瓶儿}、沫沫_{泡沫儿}、影影_{影子}、埪埪_{小土坑儿}、哨哨_{小哨儿}、咯咯_{鸡蛋}、蟋蟋_{蟋蟀}、蛛蛛_{蜘蛛}、蟢蟢_{蟢珠}、蠓蠓_{黑色吸食人畜血的小飞虫}、虾虾_虾、蟹蟹_{螃蟹，读kʰa³⁵kʰa³⁵}、闪闪_{小狗，读lo³²⁴lo³²⁴}、织织_{蟋蟀，读tɕie?³²tɕie?³²}、蜓蜓_{蜻蜓}、蚪蚪_{蝌蚪}、八八_{八哥儿鸟儿}、鼻鼻_{鼻涕，读pʰ₁²²pʰ₁²²}、指指儿_{手指，读tɕi³¹tɕi²⁴}。

第二，"壁壁虎"式。荠荠菜（荠菜）、甜甜菜（菠菜）、嗦嗦糖（棒儿糖）、冻冻气（冻疮）、镗镗锣（小铜锣）、姑姑姆（布娃娃）、宝宝贝（爱称孩子或心爱之物）、壁壁虎（壁虎）、咕咕鸟（斑鸠）、蜘蜘摇（蜘了）、金金鱼（金鱼）、蟢蟢蛛（蟢蛛）、巴巴鸟（麻雀，俗称男童根）、流流馋（口水）、捏捏娘（文静而腼腆的男孩）、腒腒纹（指纹）、绵绵雨（连绵小雨）、温温水（微温的水）、阴阴天（微阴的天气）。

说明："第二"部分的名词，其中有的重叠成分是由复合词的前一个修饰、限制语素充当的。例如：壁虎→壁壁虎、蟢蛛→蟢蟢蛛、荠菜→荠荠菜等，重叠能够突出特征。还有一些词的重叠成分本来就是复合词的修饰性语素，例如：金鱼→金金鱼、甜菜→甜甜菜、温水→温温水等，重叠能够增强词的生动性和形象性。

第三，"蚕蛾蛾"式。这种重叠式的名词大都可以表现出物品细小的特点。例如：鱼泡泡（鱼膘）、蚕蛾蛾（蚕蛾）、蛇连连（蜥蜴）、麻灶灶（灶间像蟋蟀状的昆虫）、桑檬檬（桑葚）、茉莪莪（野蔷薇的嫩茎）、酸檬檬（野草莓）、茉灌灌（带刺的灌木）。

另外，还有一些重叠成分可以增强物品的形象性。例如：碗屎屎（碗底，"屎屎"是碗屁股）、麻点点（斑斑点点）、肉卵卵（瘤状疙瘩）、知摇摇（蝉，表其鸣声）、老呷呷（乌鸦，"呷呷"表叫声）、蛤蟆蚴蚴（蝌蚪）。

3.有一些名词的构造方式跟普通话不同，有两种情况，分述如下：

第一，方言是双音复合词，普通话则是单音词。例如：面嘴（脸）、石碱（碱）、天星（星）、天雷（雷）、咸盐（盐）、墨砚（砚）、屋瓦（瓦）、背脊（背）、灰面（面）。

第二，方言是双音复合词，普通话则是"子"尾词。例如：夹钳（钳子）、摘镊（镊子）、推刨（刨子）、舞钻（钻子）、裹粽（粽子）、肚肠（肠子）、鼻孔（鼻子）、交椅（椅子）、絮被（被子）、槛窗（窗子）、阁梯（梯子）、布帐（帐子）、屋柱（柱子）、风炉（炉子）、衫袖（袖子）、衫领（领子）、艾蒿（蒿子）、鞋袜（袜子）、头颈（颈子）。

说明：方言里这些词的附加语素对中心语素可以起到修饰限制的作用，新的词义更加准确、鲜明。例如：夹→钳、推→刨、裹→粽、墨→砚、风→炉、衫→袖。

4.方言里还有一些普通话没有的重叠式的时间词和方位词。例如常见的重叠式时间词：大大前日（已过的第四天）、外外后朝（未来的第四天）、大大前年（已过的第四年）、外外后年（未来的第四年）。这些词前加重叠成分"大大""外外"可以将中心时间词（日或年）的意义起到递增的作用，扩大了时间的外延。

常见的重叠式方言词有：前前头_{顶前面}、后后头_{顶后面}、末末屡_{最后面}；上上头_{歙最上面}、高高头_{最上面}、当当顶_{最上面}、下下头_{最下面}；里里头_{最里面}、外外头_{最外面}；边边头、边边舷_{最边上}，中中间_{正中间}、当当中_歙。

这种重叠式方言词大多见于歙县和绩溪话。重叠成分可以使方位达到顶级的地方。它既丰富了方位词，又使意义表达更加精确。

事实证明，徽州话的这种重叠词语，在意思的表达上是有很大优越性的。

（二）动词

1.动词的重叠形式及功能。

第一，单音动词重叠以及重叠后加"看"，具有"尝试"意思。例如：

（普）你来闻闻这朵花香不香？

（歙）尔来嗅嗅嗯（ŋ）朵花香不香？

（休）尔来听听嗯（ŋ）朵花香不香？

（黟）尔来听喷喷妮（nɛi^{31}）朵花香不香？

（普）你猜猜，这是什么？

（歙）尔猜猜看，嗯是么唉？

（休）尔猜猜睐，嗯是滔物？

（黟）尔猜猜看，妮是什么？

第二，单音节词重叠后可以连带补语。多用于祈使句，具有强调、命令的作用。例如：

（普）你看清楚嘛。

（歙）尔看看清楚惋。

（休）尔睐睐清楚惋。

（黟）尔看看清楚惋。

（普）手洗干净了再吃饭。

（歙）手洗洗干净再吃饭。

（休）手洗洗干净再吃饭。

（黟）手洗洗干净再吃饭。

再如：听听明白、烘烘干、摆摆整齐、压压紧。

第三，绩溪话有一些双音节动词的前一个语素可以重叠，说成"劳劳动"的重叠形式。例如：劳劳动身体好。学学习有好处。锻锻炼碗，不要老蹲在家子。我做尔商商量好吧？

这种说法跟普通话的"劳动劳动""学习学习""锻炼锻炼""商量商量"的意思相当。可以表现出悠闲的心情、和缓的语气。

第四，在绩溪、歙县、屯溪、休宁话里还有单音动词两叠和四叠的重叠形式。这种重叠形式跟普通话里的"看着看着"的形式相当，也是表示动作的持续状态。例如：

（绩）看看就困着了。看看看看就困着了。

（屯）眹眹就困着着。眹眹眹眹就困着着。

（休）我人边走边讲，讲讲就到着。我人边走边讲，讲讲讲讲就到着。

2.趋向动词"下来""的去""出来"的特殊用法。

"下来"在有些动词后面，表示的却是分离的意思。例如：（歙）担槛阒开下来。（把窗子打开。）（歙）担纽解下来。（把扣子解开。）（歙）担锅盖掀下来。（把锅盖掀开。）

"的去"在动词的后面，表示出动作延续不停，含有"不耐烦"的语气。例如：（绩）尔嗯个样子搞的去，我明朝就走。（你这样闹下去，我明天就走。）（屯）雨个式儿落的去，着吓要涨水。（雨这样下下去，恐怕要涨水。）（歙）一丌会就听保一个人讲的去。（·开会就听他一个人讲个没完。）

"出来"在屯溪话里，还有"起来"的意思。例如：（屯）佢刚下儿眠出来。（他刚刚睡起来。）（屯）天慢慢儿冷出来着。（天渐渐冷起来了。）（屯）帮大家个意见集中出来。（把大家的意见集中起来。）

3.动词时态的标志。

第一，完成态。表示动作的完成，普通话是在动词后面加时态助词"了"。徽州话与"了"相当的时态助词有四种形式：绩溪、黟县、祁门的"了"，歙县的"哩"，屯溪、休宁、祁门的"着"，婺源的"之"。例如：

（绩）我买了一只碗。　　上半日我看了一本书。

（歙）我买哩一只碗。　　上半日印看哩一本书。

（屯）我仍买着一只碗。　　上半日我仍眯着一本书。

（休）我买着一只碗。　　上半日我眯着一本书。

（祁）我买了/着一只碗。　　上昼我看了/着一本书。

（婺）我买之一只碗。　　上昼我看之一本书。

此外，方言里还有一种表完成时态的形式是在动词后面加"塌哩"（歙县）、"脱了"（绩溪）、"塌着"（屯、休）。例如：（歙）手表跌塌哩。桥倒塌哩。碗打破塌哩。（绩）手表跌脱了。桥倒脱了。碗打破脱了。（休、屯）手表跌塌着。桥倒塌着。碗打破塌着。

第二，进行态。徽州话里的进行时态，是将"在嗯搭""在那搭"等方位结构，加在动词的前面表示的。至于使用远指或近指代词，是受距离说话人的远近而定的。例如：

（普）他正在吃饭。/他正在洗澡。

（绩）佢在嗯搭/那搭吃饭。　　佢在嗯搭/那搭洗浴。

（歙）佢在嗯呐/那呐吃饭。　　佢在嗯呐/那呐洗浴。

（屯）佢是个仍/么仍吃饭。　　佢是个仍/么仍洗浴。

（休）佢是个仍/么仍吃饭。　　佢是个仍/么仍洗浴。

（黟）佢是那吃饭。　　佢是那洗浴。

（婺）佢个罗吃饭。　　佢个罗洗浴。

这些句子中的"在那呐"或"是么仍"等结构，重心不是在什么地方进行，而是"正在"进行。例如：歙县民歌《十送郎》中，"五送郎，送到阁桥头。双手搭栏杆，眼泪在那流；撩起罗裙揩眼泪，放下罗裙凑地拖"。其中"在那"就是"正在进行"的意思。

第三，持继态。徽州话表示持继态是将介词"到"或"个"等加方位指代词的结构，置于动词之后体现的。与上述的进行态将介词加方位指代词结构，置于动词前面正好相反。例如：

（普）坐着吃比站着吃好些。

（绩）坐到嗯搭吃比陷到嗯搭吃好些。

（歙）坐到嗯呐吃比陷到嗯呐吃好些。

（屯）坐仍个仍吃比徛仍个仍吃好点儿。

（黟）坐得妮吃比陷得妮吃好。

例句中的代词"嗯搭""嗯呐"等意义都是很虚的，并不指具体位置。

（三）形容词

1. 丰富多样的词义加强形式。主要介绍以下三种："雪雪白"式、"轻儿轻儿轻儿"式、"鲜当溜红"式。

第一，雪雪白式。这类形容词在歙县、绩溪话里很丰富。它是重叠"雪白"前一个成分构成的。重叠后，它可以使形容词的意义加强到最强级的程度。例如，雪雪白即非常白，其程度超过正常级的"白"和较强级的"雪白"。再如：

猫猫软 非常柔软	铁铁硬 非常坚硬
曝曝燥 非常干燥	透透湿 非常潮湿
死死重 非常沉重	屁屁轻 非常轻
滚滚壮 非常强壮、肥胖	希希瘦 非常清瘦
澈澈清 非常清澈	羹羹浑 非常浑沌
雪雪亮 光线非常明亮	漆漆乌 光线非常黑暗
锃锃光 器物非常光亮	墨墨黑 器物非常黑
冰冰冷 非常凉	滚滚灼 非常烫
蜜蜜甜 非常甜	歪歪苦 非常苦
白白淡 非常淡而无味	生生咸 太咸了，无法进嘴
整整齐 非常整洁、干净	邋邋遢 非常脏且不整洁

标标致 长相非常漂亮　　　实实丑 长相很难看

嗝嗝滚 非常开的水　　　嘣嘣脆 非常焦脆

第二，轻儿轻儿轻儿。这种单音形容词三叠加强词义的形式，大多见于婺县话。它使"轻儿""轻儿轻儿"的词义逐步加强，达到最强的程度。例如：

轻儿轻儿轻儿 非常轻地　　　　　慢儿慢儿慢儿 非常缓慢地

悠儿悠儿悠儿 非常精心、小心地　　细儿细儿细儿 非常仔细地

涓儿涓儿涓儿 非常细微地流　　　　快儿快儿快儿 非常迅速地

第三，鲜当溜红。这种形式多见于绩溪话。它是在"鲜红"的基础上嵌入"当"→鲜当红，再嵌入"溜"后，扩展为"鲜当溜红"的。词义也由初级"鲜红"、中级"鲜当红"、高级"鲜当溜红"逐步加强。形容词中嵌入的成分并不相同，往往会因性状而变。例如：

墨乌、墨吱乌、墨吱溜乌 非常黑、非常暗

雪白、雪答白、雪答斯白 非常白

焦干、焦乌干、焦乌溜干 非常干

笔直、笔当直、笔当溜直 非常直

绝细、绝乌细、绝乌溜细 非常细

猫软、猫乌软、猫乌溜软 非常柔软

屁轻、屁当轻、屁当溜轻 非常轻

滚壮、滚丁壮、滚丁溜壮 非常健壮、肥胖

喷松、喷乌松、喷乌溜松 非常酥松

白淡、白乌淡、白乌溜淡 非常清淡

2.常用的词义生动形式。主要介绍"痴呆呆""痴不呆呆"两种。它们从不同的方面描述事物的特征，增强词义的形象性。

第一，痴呆呆。这个词是形容人呆傻的样子，与普通话的"傻呼呼"相当。重叠部分"呆呆"对前面的"痴"起到补充描述的作用。

"肥脿脿"形容动物肥得像一个圆形物一样了。"毛浓浓"形容动物毛多绒厚的样子。"紧抠抠"形容日子过得很窘迫，必须精打细算才能生活

下去。"瞎仰仰"形容盲人仰首摸索行动的样子。这种描述形式绩溪、歙县话很丰富。例如：

长婷婷/矮屎屎　　密缉缉/稀拉拉

直傲傲/弯弓弓　　饱敏敏/饿噜噜

干爽爽/湿漉漉　　胖脲脲/瘦希希

齐整整/乱糟糟　　摇动动/稳掇掇

紧绷绷/松吱吱　　白洁洁 (屯)/黑秋秋 (屯)

肉胧胧/瘦瘠瘠　　亮锃锃/乌缁缁

软猫猫/硬戳戳　　壮脲脲/虚泡泡

还有一些词是由双音节或多音节附带重叠成分构成的。例如：猪痧答答疯疯癫癫状、春米额额打瞌睡、精神不支状、咬牙龂龂切齿痛恨状、直壁峭峭悬崖峭壁状、轻骨头式式骄傲自大、看不起人的样子、赤䐴䏚洁洁光背赤膊、不文雅的样子。

第二，痴不呆呆。这类词都是在"痴呆呆"中间嵌入"不"构成的。它减弱了原来的词义，附加了"有那么一点儿"的意味。例如：

酸不龂龂有点儿酸味儿　　　　洋不淘淘磨磨蹭蹭、吊不啷当的样子

痴不呆呆有点傻乎乎的样子　　尿不滴滴软弱无能、装孬的样子

憋不径径有点儿装模作样的味道　猛不嘿嘿有点冒冒失失的样子

老不式式有点老资老味的样子　　懵不式式 (屯) 有点儿糊里糊涂的样子

此外，还有傻不实实 (绩)、痴不虚虚 (屯)、呆不虚虚 (屯)、洋不嬉嬉 (屯)、阴不奸奸 (屯)不阴不阳，有点儿阴险的样子。

(四)副词

1.形式多样的表示加强程度的副词。

主要介绍常用的：老老、滥滥，忒忒、实实，顶老、顶顶等。

"老老""滥滥"歙县、绩溪话常用。"老老"习惯用在"高、大、长、深、粗、阔、远、重、厚、早"等正向意义的形容词前面；"滥滥"习惯用在"矮、小、短、浅、近、狭"等负向意义的形容词前面。例如：

老老长/滥滥短　老老高/滥滥矮

老老深/滥滥浅　老老阔/滥滥狭

老老远/滥滥近　老老大/滥滥小

"忒忒""实实"大都出现在屯溪话里。"忒忒"常用在"重、厚、浓"等正向形容词前面。例如：忒忒重、忒忒厚、忒忒浓。"实实"常用在"烂、破、烊、辣"形容词前面。例如：实实烂、实实破、实实烊、实实辣；歙县话还有"实实丑"的说法。

"顶老""顶顶"绩溪话最丰富。通常也是用在"高、大、阔、重、远"等正向性形容词前面，程度随之逐步加强。例如：

顶老高→顶顶老高　顶老重→顶顶老重

顶老远→顶顶老远　顶老阔→顶顶老阔

"顶顶"还可以用在双音节形容词前面：顶顶蹩脚、顶顶便宜、顶顶污糟。

此外，绩溪话在这些正向性形容词前面。还可以附加逐步加强的副词"老蛮""老蛮斯"，在这些负向性形容词前面附加逐步减弱的副词"滥咕""滥咕叮"。例如：

老蛮高→老蛮斯高　老蛮阔→老蛮斯阔

老蛮重→老蛮斯重　老蛮远→老蛮斯远

滥咕低→滥咕叮低　滥咕狭→滥咕叮狭

滥咕稀→滥咕叮稀　滥咕小→滥咕叮小

徽州话里"好点"也是加强程度的副词。例如，好点屁轻，好点墨暗，好点笔直。"好点"与普通话的副词"很"相当。例如：

（绩）佢奔仍好点快。　　他跑得很快。

（绩）嗯个物事好点重。　　这个东西很重。

（绩）那个女好点标致。　　那个女人很漂亮。

2.其他形式的特殊副词。

第一，"不曾"。这是徽州方言里常用的否定副词，与普通话的"没有"（未）相当。"不曾"在各地读音差别很大：绩溪话读[pəʔ³²sã³⁵]，歙县读[puʔ²¹sʌ̃³⁵]，屯溪读[pu²san⁵⁵]，婺县读[pɑɯ³²sɛi³²⁴]，祁门读[tsʰæ³⁵]，（"不

曾"的合音），婺源读[pɤ³⁵]（"不曾"的合音）。例如：我不曾吃。我还没有
吃。包芦不曾老。玉米没有成熟。佢不曾来。他没有来。

第二，"再"或"再是"。这两个词也是徽州话中常用在句首表达强调
语气的副词，具有一种焦急、无奈的意味儿。与普通话的"这一回""这
下子"的用法相当。例如：

（歙）再是不得了喽！尔家小闪闪帮人家唉头舂破喽！血流唉许许多。
不得了啦！你家的孩子把人家的头砸破了！流了很多血。

（歙）再是要死喽！刚买唉电视机叫尔搞坏塌哩！ 这一回你要倒霉了！刚买
的电视机被你弄坏了。

（屯）再（是）没有人要着。 这一回不会有人要了。

（屯）再（是）甚样搞？ 这下子可怎么办？

（五）代词

1.说法特殊的人称代词。

"我、你、他"各地大都说"我、尔、佢"。只有歙县说"卬"[a³¹]
（我），祁门说"洒"[ʂuɐ⁴²]，婺源"我"说"刷"[so⁵¹]。

"我们、你们、他们"各地大都说"我人、尔人、佢人"。只有歙县把
"我们"说"卬人"，黟县说"我侬、尔侬、佢侬"（"侬"读[nɑŋ⁴⁴]），祁
门说"洒大家、尔大家、佢大家"，婺源说"刷肮、尔肮、佢肮"（"肮"
是同音字，读[ɑ⁰]）。例句：

①嗯个是我唉，那个是尔唉，哪个是佢唉，不要囤在一堆。这个是我的，
那个是你的，那一个是他的，不要放在一块儿。

②卬人那呐帮太阳叫日头孔，佢人那呐叫热头。 我们那儿把太阳叫日头孔，
他们那儿叫热头。

③尔人那呐帮月亮叫月光，是不是？

说明：①关于歙县的"卬"，以及"尔""佢"的用字的来源问题。歙
县老辈话"我"说[a³¹]，按照这个读音它应是"卬"，《广韵》唐韵，五刚
切，我也。年轻人中有的说[a³⁵]，这是第三声，可能是受到普通话说第三

声或其他地方说第三声影响造成的。"你"方言都读[n̩]，应写"尔"，因为它是《广韵》纸韵，儿氏切，汝也。徽州话"儿"有时仍读[n̩⁴⁴]，如"龙生龙，凤生凤，老鼠生儿[n̩]会打洞"。此谚中的"儿"在民间都是说[n̩⁴⁴]的。"儿"与"尔"古音除声调不一样，其他都相同，因为方言是把"你"说"尔"的。"㑚"各地读音虽然不同，但都是这个字。此字《集韵》鱼韵，求鱼切，吴人呼彼称，通作"渠"。现代吴方言仍用这个词，但已简化写作"佢"。各地读音的变化是：黟县[kʰaɯ⁴⁴]→屯溪、休宁[kʰə⁴⁴]→绩溪[Kɹi⁴⁴]

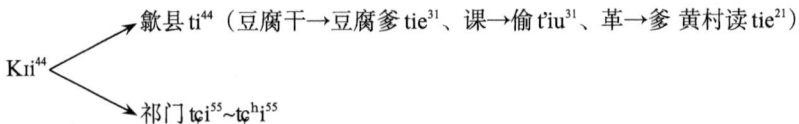

Kɹi⁴⁴
→歙县 ti⁴⁴（豆腐干→豆腐爹 tie³¹、课→偷 tʰiu³¹、革→爹 黄村读 tie²¹）
→祁门 tɕi⁵⁵~tɕʰi⁵⁵

②黟县"侬"读[naŋ⁴⁴]，福州、潮州和温州话"人"也读[naŋ⁵³]。因此黟县话的"侬"可能是保留了古越语"人"的读音。

③祁门话"我"说"洒"音，婺源说"刷"音，与《水浒》中的"洒家"，在声音上相近。有没有内部的关连呢？

2.方位代词有近、中、远三种说法。

普通话和很多汉语方言的方位指示代词，只有近指（这里）、远指（那里）两种。经调查，证明徽州方言的方位指示代词有"近指""中指""远指"三种。举歙县、绩溪、黟县话例子如下：

方言点	近指（这里）	中指（那里₁）	远指（那里₂）
歙县	嗯呐 n̩³¹na⁰	那呐 na³³na⁰	哪呐 na³⁵na⁰
绩溪	嗯搭 n̩³¹tɔ⁰	那搭 nɔ²²tɔ⁰	面搭 mẽi²²tɔ⁰
黟县	呐哝 nɛi²¹naŋ⁰	那哝 nɔ²²naŋ⁰	那叭ₙ nɔ³²⁴pɔn³⁵

这些方言的"远指"（那里₂），通常是在同"中指"（那里₁）对举使用时出现。日常口语使用"中指"（那里₁）的机会较多。

例句① 不在嗯呐，也不在那呐，到底囥在么唉落地？ ※不在这儿，也不在那儿，到底是放在什么地方？

② 朆搭尔讲吧，不是在那呐，是在哪呐。 ※我跟你说吧，不是在那儿（一处），是在那儿（二处）呢!

(六)虚词

1.用法跟普通话"的""地"相当的结构助词。

"的"歙县说"唉"，绩溪说"仈"，屯溪、休宁说"仈"或"个"，其他地方都说"个"。例如：

（绩）看书仈看书，看报仈看报，写字仈写字。

（歙）看书唉看书，看报唉看报，写字唉写字。

（屯）眹书个眹书，眹报个眹报，写字个写字。

（休）眹书仈眹书，眹报仈眹报，写字仈写字。

（黟、祁、婺）看书个看书，看报个看报，写字个写字。

与"地"相当的祁门说"个"，屯溪说"仈"，其他地方大都也说"地"。例如：

（祁）好好ⱼ个走，不要跑! 慢慢个吃，不要着急!

（屯）慢慢仈吃，不要慌!

2.与普通话"了"用法相当的是：歙县助词"了"说"哩"，语气词"了"说"咾"，屯溪、休宁、祁门都说"着"，婺源都说"之"。例如：

（歙）朆吃哩饭咾。 我吃了饭了。

（歙）朆买哩一只笔。 我买了一支笔。

（休）我买着一只笔。 我吃着。我吃了。

（婺）我买之一支笔。 我吃之。

（歙）天阴咾，要落雨咾。 天阴了，要下雨了。

（休）天阴着，要落雨着。

（婺）天阴之，要落雨之。

3.与普通话表示存在的动词和介词"在"用法相当的词，徽州话大都用"是"。例如：

（屯、休、黟、祁）佢不是家里。 他不在家。

（屯、黟）佢是城里工作。　　　　他在城里工作。

4.与普通话"把"用法相当的方言词是：歙县用"帮"、"担"[te³¹]。休宁、屯溪用"偙"[te⁵⁵]、"帮"，黟县用"畀"[pe³¹]，祁门用"分"[fã¹¹]，婺源用"帮"。例如：

（歙）请尔帮门关起来。　请尔担槛闼关起来。

（黟）请尔畀门关起来。　请尔畀钱囥好。

（祁）请尔分门关上。　请尔分钱摆好。

（屯、休）请尔偙老鼠洞堼出来。　请你把老鼠洞堵起来。

（婺）请尔帮门关起来。　请尔帮钱放好。

5.与普通话"被"用法相当的方言词是：歙县说"嘿"[xe³³]，绩溪说"哼"[xã⁵³]，屯溪、休宁说"偙"，祁门说"分"，黟县说"畀"，婺源说"乞"[tɕʰi⁵¹]。例如：

（歙）碗嘿佢打破了。　　鱼嘿猫吃塌哩。

（绩）碗哼佢打破了。　　鱼哼猫吃脱。

（屯、休）碗偙佢打破着。　鱼偙猫吃塌着。

（黟）碗畀佢打破了。　　鱼畀猫吃了。

（祁）碗分佢打失着。　　鱼分猫ₙ吃失着。

（婺）碗乞佢打碎之。　　鱼乞猫吃之。

6.与普通话"用""拿"用法相当的方言词是"担"。例如：担毛笔写字没有钢笔写字快。

7.与普通话介词"对、跟、同、和"用法相当的方言词是：歙县说"搭"、屯溪、休宁说"佮"[kəˀ⁵]，绩溪说"得"[təˀ³²]，婺源说"刚"[kã⁴⁴]等。例如：

（歙）卬搭尔讲，不搭佢讲。　我跟你说，不跟他说。

（绩）我得尔讲，不得佢讲。

（屯、休）我佮尔讲，不佮佢讲。

（婺）我刚尔讲，不刚佢讲。

8.与普通话连词"和、跟、同"用法相当的方言词是：绩溪、歙县说

"搭"，屯溪、休宁说"伲"，婺源说"刚"。例如：（歙）印搭伲都是徽州人。（休）我伲伲都是休宁人。（婺）我刚伲都是婺源人。

补充例句：公园唉花开唟，有红唉，有黄唉，还有白唉，真好看！

（绩）公园仍花开了，有红仍，有黄仍，还有白仍，真好点漂亮！

（休）公园个花开着，有红个，有黄个，还有白个，真好映！

（休）风来着，雨来着，和尚佗着鼓来着，嫂嫂担着火来着。

（祁）担鸡屎分猪，担猪屎分鱼，真合算！

（婺）佢乞／端我买之一本书，我乞／端佢回之一封信。

（七）几种特殊语序

1.徽州方言表示动作行为追加、重复的"添"和"凑"，跟普通话的副词"再"的作用相当。但是它们在句子里的位置不同：普通话的"再"紧靠动词前做状语，方言的"添"或"凑"却出现在句末。例如：

（歙）嘿[xe³³]印五块洋添。 再给我五块钱。

（歙）吃碗饭添。 再吃一碗饭。

（歙）嬉一日添。 再玩一天。

（歙）请尔想一下ㄦ添。 请你再想一想。

（祁）尔坐一下添。　　　尔再坐一下凑。 你再坐一会儿。

（婺）尔再吃一碗添。　　尔再吃一碗凑。 你再吃一碗饭。

大概是受普通话的影响，如今徽州话在动词前也可以加"再"，构成"再……添（或凑）"格式。但意思没有变化。

补充例句：

"一送郎，送到枕头边。拍拍枕头睡睡添。二送郎，送到床面前。拍拍床梃坐坐添。三送郎，送到槛阃边。开开槛阃看看天；有风有雨快快落，留我郎哥歇夜添。"（选自歙县民歌《十送郎》）

2.徽州话表示动作行为提前，习惯用"起"或"着"表示。它们的作用跟普通话的"先"相当。但是普通话的"先"只出现在动词的前面，方言的"起"或"着"只位于句末。例如：

（歙）尔吃起，卬等一下吃。尔吃着，卬等一下吃。_{你先吃，我等一会儿吃。}

（歙）尔吃点茶起，歇一下再讲。尔吃点茶着，歇一下再讲。_{你先喝点茶，歇一会儿再说。}

大概是受普通话的影响，如今徽州话在动词前面也可以加"先"，构成"先……起/着"格式，但意思没有变化，例如：

（歙）先吃点酒起，等一下儿再吃饭。先吃点酒着，等一下儿再吃饭。_{先喝点酒，等一会儿再吃饭。}

（歙）尔人先走起，卬一下儿就来。尔人先走着，卬一下就来。_{你们先走，我一会就来。}

3.程度副词"很"，普通话是出现在谓语前面作状语。例如，这位老人很健康。但是徽州话的"很"却可以放在主谓语之后，表示出程度过分的意味儿。例如：（歙）菜咸很了。_{菜太咸了。}（歙）嗯件衣裳花很了，卬着不得。_{这件衣服太花了，我不能花。}（屯）尔回来的也晏很着。_{你回来的太迟了。}（屯）囡仂家容很着不好。_{小孩子太惯了不好。}

4.关于宾语和可能补语的顺序问题。

徽州话对于"我说得过他"和"我说不过他"这类句子的宾语和补语顺序，在说话上与普通话有明显的不同：普通话是"得过"或"不过"在宾语"他"之前，徽州话却习惯置于宾语"他"之后。例如：（休）我打佢得过。_{我打得过他。}我打佢不过。_{我打不过他。}

徽州话对于"我打得过他"还有"我打得佢过"的说法。再如：（歙）尔讲佢不过，卬也讲佢不过。_{你说不过他，我也说不过他。}尔要是讲佢得过，我就能讲佢得过。_{你要是说得过他，我就能说得过他。}

（屯）我弄佢不清。_{我弄不清他。}我捉佢不着。_{我抓不到他。}我讲佢不过。_{我讲不过他。}

5.绩溪、歙县话把"他去过上海"这类话，通常可以说成"佢上海去过。"动词"去过"在句中的位置与普通话不同。普通话的"去过"在宾语"上海"之前，方言的"去过"在宾语之后。例如：

（歙）佢飞机坐过。_{他坐过飞机。}卬蛇鱼吃过。_{我吃过鳝鱼。}尔上海去过，卬不曾去过。_{你去过上海，我没有去过。}

大概是受普通话的影响，现在有人也可以把"去过"移到宾语前面说，但是还习惯的在宾语后面附上"过"。这样说似乎加强了肯定的语气。例如：佢去过上海过，我不曾去过。他去过上海，我没有去过。佢坐过飞机过。他坐过飞机。我吃过蛇鱼过，尔吃过不曾？我吃过鳝鱼，你吃过没有？

（八）关于"一"和"的"省略用法

徽州话在领属关系的结构中，数量是"一"时，物名词前既可以省略"一"，又可省略助词"的"。但是在物名词前必须冠以适当的物量词。例如：（歙）印支笔不好写。我的这支笔不好写。印只手疼煞。我的手疼的要命。小王块手表跌塌哩。小王的手表丢了。（屯）我只脚麻痹着。我的脚麻木了。佢仍双皮鞋花塌一百多。他的那一双皮鞋花掉一百多块钱。尔件毛绳衣裳还勿曾打好么？你的这件毛衣还没有打好啊？

（九）特殊的句式

1.屯溪、祁门等地把"给我一本书"通常说成"俤本书俤我"。

方言的说法不仅将"一本书"移到"我"的前面，而且在"我"前还增加了一个动词"俤"。构成"动＋量·物名＋动＋名词（或代词）"的句式。例如：

（屯）借支笔俤我。借我一支笔。

（屯）送把小车俤孙囡。送给孙女一辆童车。

（绩）尔借十块钱哼我仍。你借给我10块钱。

（黟）佢界一本书界我。他给我一本书。

（祁）佢分一本书分我。他给我一本书。

2."来""去"句。徽州话用"来""去"这两个动词在句子中可以直接连接方位词或处所名词。例如：（歙）尔去哪里？你到哪里去？印去城里。我到城里去。尔去城里做什么唉？你到城里去做什么？印去县医院看医生。我到县医院去看病。尔快点来城里畹。你快点到城里来呀。

可以看出，这些句子普通话分别说成：①主语＋到（方位词或处所名词）去；②主语＋到（方位词＋处所名词）来，两种句式的。

3.正反问句。徽州话有两种不同于普通话的正反问：

第一，"主谓语＋不"式，问"做不做"。例如：尔去不？_{你去不去?} 尔人吃酒不？_{你们喝不喝酒?} 今朝开会不？_{今天开不开会?}

第二，"主谓语＋不曾"式，问"做没做"。例如：尔去不曾？_{你去没去?} 尔吃酒不曾？_{你喝酒没喝酒?} 今朝开会不曾？_{今天开会没开会?}

4.特殊的肯定句和否定句。

第一，用 ts' 或 $ \eta^{31} $ 表示肯定。例如：

问：尔去开会不？_{你去不去开会?}

答1：$ ts^h $。去。

答2：$ \eta^{31} $。去。

问：尔吃饭不曾？_{你吃没吃饭?}

答1：$ ts^h $。吃了。

答2：$ \eta^{31} $。吃了。

第二，用 $ pf^h $ 或 $ m^{242} $ 表示否定。例如：

问：尔去开会不？_{你去不去开会?}

答1：$ pf^h $。不去。

答2：$ m^{242} $。不去。

问：尔吃饭不曾？_{你吃没吃饭?}

答1：$ pf^h $。没有吃。

答2：$ m^{242} $。没有吃。

第三章 周边徽州方言特点综述

延伸区的徽州话是徽州六邑之外地区人们所说的徽州方言。说这种方言的人，有的就是早期徽州的移民，有的是长期与徽州移民交往密切的当地人。他们在长期的共同社会生活中，在相邻的方言影响下，形成了与本土徽州话"同中有异"的边缘区徽州方言。

一、西部边缘徽州方言的特点

徽州话的西部延伸区受赣语的影响较大。它包括江西的浮梁、德兴以及祁门县的大部分地方。专家们把这里的地方话叫做"祁德片"徽语。

（一）语音的主要特点

1.读成送气音声母的字比普通话多。例如，"白、地、共、坐、柱、杂"等普通话不是送气声母的字，在祁门、浮梁、德兴话都读成送气音声母。

	白	地	共	坐	柱	杂
祁门	p^ha^{33}	t^hi^{33}	$t\varphi^hieŋ^{33}$	$ts^{hɯ}ɐ^{42}$	$t\varphi^hy^{42}$	$ts^{hɯ}ɐ^{33}$
浮梁	p^ha^{22}	t^he^{22}	$t\varphi^hioŋ^{22}$	ts^ho^{22}	$t\varphi^hy^{22}$	so^{22}
德兴	p^ha^{55}	$t^hɛ^{24}$	$t\varphi^hiɐŋ^{24}$	ts^hu^{24}	$t\varphi^hy^{24}$	ts^ho^{55}

2.n和l声母的字不能分辨，读音相同。例如：恼＝老，怒＝路，难＝兰。

3.普通话读翘舌音声母的字，方言大都读为舌面音 tɕ、tɕʰ、ɕ 声母。例如"知、厂"浮梁、德兴话读 tɕ-、tɕʰ-，"砖、春、受"各地都读成 tɕ-、tɕʰ-、ɕ-的声母。

4."热""肉""鱼""业""女""年"等字，各地大都读成 ȵ 声母。

5."瓦眼硬"和"鸭恶~ₓ袄"方言都读成舌根鼻音 ŋ 声母。

6."家、敲、鞋"各地都读成 k、kʰ、x 声母，"经、轻、兄"浮梁、德兴也读成 k、kʰ、x 声母。例如：

	家	敲	鞋	经	轻	兄
祁门	kᵘɐ¹¹	kʰɔ¹¹	xa⁵⁵	tɕ-	tɕʰ-	ɕ-
浮梁	ko⁴⁴	kʰau⁴⁴	xa³⁵	kɛi⁴⁴	kʰɛi⁴⁴	xuɛi⁴⁴
德兴	ko⁵⁵	kʰau⁵⁵	xa³¹	kæ⁵⁵	kʰæ⁵⁵	xuæ⁵⁵

7.浮梁、德兴话将很多读鼻音尾韵母的字都读成元音韵母。例如：浮梁话将"贪三咸、丹山关"读成 o 韵母，"尖点剑，线典肩"读成 i 韵母，"宣砖县"读成 yi 韵母；德兴话将"满官碗"读成 u 韵母，"忙唐讲"读成 au 韵母，"光王"读成 uau 韵母，浮梁话将"良枪"读成 a 韵母，"张羊"读成 ia 韵母。今浮梁、德兴话将"冰冷"读成 ɛi、æ 韵母，将"兄"读成 uɛi、uæ 韵母。

8.读 ou、au 韵母的字在浮梁、德兴话里都有不同程度的混同情况。例如，浮梁：豆＝道[tʰau]，漏＝闹[lau]，沟＝高[kau]；德兴：沟＝骄[tɕiau]，口＝巧[tɕʰiau]，豆＝调~ₐₐ[tʰiau]。另外，德兴话还有 aŋ 与 au 韵母混同的情况。例如，帮＝包[pau]，党＝岛[tau]，钢＝高[kau]。

9.各地都是6个声调，与本土徽语唯一不同的是，将"坐近稻赵父"等字，一律读成阳去，与"大树败饭帽"同声调。

（1）以上特点中：有翘舌音 tʂ、tʂʰ、ʂ 声母，大量的 eng、ing 韵母（曾梗摄字）在浮梁、德兴话是读成 ɛi、æ 等元音韵母，古全浊上字一律读成阳去，此三条是本片徽州话的自身特点。

（2）其他特点与本土徽州话都有较强的一致性。

（二）词汇的主要特点

1.方言是单音词，普通话都是附～子缀的双音词和双音复合词。例如：

禾稻子(苗儿)，谷稻子(实)，桃(德)桃子，桔(德)桔子，豹豹子，狮狮子，桌桌子，柜柜子，包包子，笛笛子，嫂嫂子，颈(德)颈子，面面条，饭米饭，脚蹄爪，燥干燥，狭狭窄，痴痴呆，抠吝啬，囡女孩，囥收藏，唏喊叫，木愚笨，懵(德)糊涂，尖小气，俏畅销。

2.方言是双音复合词，普通话却是单音词或附～子缀双音词。例如：

天星星，大蒜蒜，冰冻冰，胡壳蚌，虾子虾，团鱼鳖，面嘴脸，推板(德)差,孬；夹钳钳子，剪刀剪子，粟米谷子，落丝茄子，猴狲猴子，蚊虫蚊子，脚爪爪子，糖蜂蜂子，屋柱柱子，槛窗窗子，圻缝缝子，墙院院子，脑梳梳子，山袜袜子，手袖袖子，馅心馅子，头颈脖子，毛栗栗子，褂领领子，巷弄巷子。

3.独具特色的方言词语：打霍闪(德)、打雷鸣(德)、田圳田间水沟、水塈滚水坝、天头(德)天气、羡前年(浮)大前年、羡前日(浮)大前天、宴后日(德)大后天、昼时(德)中午、玛瑙金(德)鹅卵石；青藻(浮)青苔、禾(浮)稻秧、碧豆(祁)蚕豆、铳子豆(浮)豌豆儿、胡椒豆(德)豌豆、辣夹儿(祁)辣椒；鹰老鼠鸟(浮)蝙蝠、飞翼老鼠(德)蝙蝠、猪郎(德)种公猪、猪豚(德)小猪、鸡豚(德)小鸡、蛤蟆豚(德)蝌蚪、牯表示公畜,不限于牛：牯牛、羊牯、猪牯、狗牯、猫牯、猫面鹰(祁)、油灶(德)蟑螂、糖蜂(浮)蜜蜂、土令(德)蚯蚓、咕咕咕(祁)布谷鸟、高贵(德)蜻蜓、铜铃(浮)蝉、明火虫儿(浮)萤火虫、脚(浮)蹄,猪蹄,牛蹄、屋场(德)院子、抵指(德)顶针儿、脑梳(德)梳子、屋梯(德)楼梯、筛盘(祁)大筛状晒具、横笛(祁)笛子、禾斛(德)打稻具、单袄(德)夹袄、山袜(祁)袜子/水袜(浮)袜子、褂领(德)领子、扁食(祁)饺子、清汤(德)馄饨、笑饭(祁)泡饭、绞蒜(祁)麻花儿、朝饭(德)早饭、馅心泥(浮)馅子、挤粉(德)粉丝、男客(德)男人、女客(德)女人、男崽儿(浮)男孩、女崽儿(浮)女孩儿、脿子(祁)胖子、外儿(祁)外祖母、外老儿(祁)外祖父、哥佬(德)背称兄、舅佬(浮)指称大小男子、脑壳(德)头、猫伲头(浮)膝头、膝头母(德)膝头、戳眼(德)讨厌、戏(浮)玩儿、瞅(德)看、跁(浮)蹲、炙火(祁)烤火、驳嘴(德)吵架、话事儿(浮)说、分人家(德)出嫁、骚(德)好、木(德)呆缓、精剥(德)小气、皮眼鬼(德)调皮鬼。

4.表示禽畜雌雄的语素习惯置于种称语素的后面。例如：水牯公水牛、黄牯公黄牛、水牸母水牛、黄牸黄牛、羊牯公羊、羊母母羊、猪牯种公猪、猪斗种公猪、猪毛生崽母猪、猪嬷母猪、猪母母猪、狗牯公狗、狗嬷母狗、猫牯公猫、猫母母猫、鸡公公鸡、鸡母母鸡。

5.方言与普通话的词在书写形式上相同，但词义不同。有两种情况：

其一，方言词的意思是普通话所没有的。例如："齐整"方言有长得漂亮，"可以"方言有聪明、能干的意思，"停当"方言有乖、听话的意思，"壮"方言还有肥、胖的意思，"细"方言还有表述物体小的意思，"长"还可以说人的个子高，"硬"还可以说浓度大（粥硬），"涝"方言还有浓度小（粥涝）的意思，"尖"方言还有吝啬、小气的意思。

其二，方言词义与普通话词义完全不同。如：

例词	方言词义	普通话词义
像样	漂亮	够一定水平、标准
遭孽	可怜	受到罪孽
糊涂	模糊	不明事理，认识不清
甜菜	菠菜	形似萝卜，汁可制糖
谷	稻子	粟
火炮	鞭炮	军事用炮的总称
鼻孔	整个鼻子	鼻腔外面的通气孔
屋	整所房舍	房舍的一部分
房	房舍的一部分	整所房屋
豌豆	黄豆(祁)、蚕豆(浮)	豌豆
月光	月亮	月光

6.有一些词是用拟声、比喻和委婉等手法构成的。富有形象性和较好的表达效果。例如：布谷鸟叫"咕咕咕""各家插禾"，蝉叫"咕飞曰司""布子曰司"；蝙蝠叫"鹰老鼠""飞翼老鼠"，蜥蜴叫"观音带儿"，虾子叫"虾弓"，单身汉叫"光棍"，开水烫饭叫"笑饭"，油条叫"丝瓜蒲"，油炸麻花儿叫"绞蒜"，卵石叫"葫芦鳖"，蝴蝶叫"柏叶儿"，手推独轮车叫"鸡公车"，猪舌叫"猪赚"；生病了说"不好过""不舒服""不熨帖"，买中药说"点药""撮药"，服中药说"吃水茶"；逝世说"走着""亡着""过了""老了"。棺材叫做"千岁屋""寿木"。

7.对那些曾是舶来品的叫法，至今还是保留着"洋""蕃""胡"等区别性语素。例如：洋泥_{水泥}、洋钉_{钉子}、洋油_{石油}、洋火_{火柴}、洋碱_{肥皂}、洋芋头_{马铃薯}、洋茄_{西红柿}、洋落菜_{西红柿}、番薯_{红薯}、胡椒豆_{豌豆}。

8.还保存着一些古词或古词义。例如：动物的公母大都以"牯"表示公的，以"雌"表示母的，以"日"表示天的时间，"着"_{穿、～衣裳}，"话"_{说、话事，何样话}，"何"_{谁，何个；什么，何地；怎么，何样}，烤火说"炙火"，站立说"倚"，收藏、存放说"园"，砍柴说"斫柴"，蹲下来说"跍"，锅说"镬"，逃跑用"猖走"，鼻审气习惯用"嗅"，做梦说"眠梦"，小伙子叫"后生家"。

（三）语法的主要特点

1.名词的"儿"缀、"啦"缀和"个"缀。

祁门的"儿"缀形式是n紧紧跟在前一个音节的后面，构成一个带-n尾的"儿化词"。它与休宁、黟县话的-n尾形式相同。

浮梁话的"儿"缀有ɚ和伲[ȵi]两种形式。

其一，ɚ紧跟在前一个音节后面，使其韵腹加上卷舌动作，并具有卷舌音（儿）的声音色彩。例如：雹子_儿[pʰau²²tsɚ³¹]、黄瓜_儿[uaŋ³⁵kɑɚ⁴⁴]、桌_儿[tʂaɚ⁻¹³]。

其二，"伲"读轻声随在字音之后。例如：燕伲、糖蜂伲、相片伲。

祁门话的"啦"读轻声，出现在名词的后面。例如：弟啦、妹啦、狗啦、蜂啦、桃啦、茄啦、筛啦、瓠啦。含有小的意思。

"个"是祁门话中读轻声[kɐ]的后缀。它与普通话"的"字结构中的"的"作用相当，可以理解成名词性的"个"字结构。例如：做农个、掌厨个、做手艺个、倚柜台个、做戏个、带小囝个。

2.动词的进行态。祁门话是在动词后面加"着"，浮梁、德兴话是在动词后面加"到"表示动作的进行时态的。例如：撑着伞、撑到伞，担着书、担到书，吃着饭、看着电视，吃到饭、看到电视；尔绮到吃，我坐到吃。

3.德兴话有"形＋得恶""形＋得凶"的词义加强形式。例如：甜得恶、咸得恶、辣得恶；甜得凶、咸得凶、辣得凶。两种后补成分"得恶""得凶"同义，紧跟"形"后表示出"非常""很"等极强的程度。

4."凑"出现在句末，表示动作行为再一次重复。"凑"与本土徽方言"添"的用法和作用相同。在德兴、浮梁话里通常是用来"凑"的。例如：

尔吃一碗凑。　尔话一道凑。你再说一次。

尔戏一下凑。　尔想一下凑。

5."起"的用法与本土徽州话形相同，也是习惯出现在句子中动词之后，表示动作行为先行一步的意思。例如：

买票起，后上车。

尔去起，我等一下去。

尔话起，我等一下再话。

用了"起"之后，在动词的前面还可以加"先"，意思没有什么变化。

6."我打得过他"和"我打不过他"这类句子中宾语和补语的位置。这两句话在这些方言里宾语、补语的位置比较灵活。既可以与普通说法相同，又可以将补语、宾语的顺序调过来说。例如：

我打佢得过。　我打佢不过。

我话佢得赢。我说得过他。　我话佢不赢。我说不过他。

此外，"他到过上海"还可以说"佢到上海过"，"喊他一声"也可以说"吼一声佢"。

7.双宾语句中宾语的顺序和结构方式有不同。例如："给我一本书"普通话是间接宾语（我）在前，直接宾语"书"在后。然而这类句子在本片方言的说法都不一致。例如：浮梁说"佗一本书我"，德兴说"搭本书我"。

此外，祁门、德兴还可以说成："动＋直接宾语＋动＋间接宾语"的句式。例如：佗一本书佗我 (浮)，拿一本书给我 (德)。

8.德兴话比较句的特殊说法　普通话的比较句习惯用介词"比"引入比较实体。例如：哥哥比弟弟高，弟弟比哥哥胖。可是德兴话可以不用介词"比"，直接用比较结果说明问题。例如：哥哥高过弟弟，弟弟胖过哥哥。

浒乃屋_{那些房子}好过犁乃屋_{这些房子}。

这类句子通常是以"高过""好过""大过""胖过"等优者在前，劣者在后的顺序进行比较。

本片在词汇上反映出地域的特征有：（1）以"牯"为之代表雄性畜类，以"嫲"或"毛"为主表示雌性畜类；（2）特殊词：打霍闪_{打闪}、当昼_{中午}、月光_{月亮}、北瓜_{南瓜}、甜菜_{菠菜}、挤粉、洋碱_{肥皂}、脑壳、外老_{外祖父}、舅佬、哥佬、男客_{丈夫}、女客_{妻子}、男崽儿、女崽儿、眠梦、嗅_闻、话事_{话说}、踮、走棋、拐子_{跛足者}、娘_{母亲}、伯爷_{伯父}。

在语法上以下特点具有边缘徽州话特征：（1）表进行态用"到"（与"着"相当）：坐到喫好，倚到喫不好。（2）"形＋得恶"与"形＋得凶"表示极强程度；（3）用"凑"出现在句尾，表示动作为再次追加；（4）比较句不用"比"词，以结果表示之：哥哥高过弟弟，弟弟胖过哥哥。

上述内容可以看到赣语对徽州方言的影响。

二、北部边缘徽州方言的特点

徽州话的北部延伸区受江淮官话和宣州吴语的影响很大。它是以旌德话为主的从西向东的北部边缘区。包括祁门的安凌区（城安、赤岭一带）、石埭的占大区、黟县的美溪乡柯村乡、宁国的胡乐一带。内部的一致性较小。

（一）语音的主要特点

1."步、大、共""在、柱、近"等字大都读送气音声母。例如："步、大、共"_(旌) [pʰu⁵⁵]、[tʰu⁵⁵]、[kʰuəŋ⁵⁵]，_(柯) [pʰu²²]、[tʰo²²]、[kʰoŋ²²]，_(占) [pʰu²⁴]、[tʰo²⁴]、[kʰoŋ²⁴]；"在 柱 近"_(旌) [tsʰɛ²¹³]、[tsʰʮ²¹³]、[tɕʰiŋ⁵⁵]，_(柯) [tsʰɛ³⁵]、[tɕʰy³⁵]、[tɕʰin³⁵]；_(占) [tsʰɛ²⁴]、[tɕʰy²⁴]、[tɕʰin²⁴]。

2.f与x（xu~）声母的字，大都存在分辨不清的情况。例如：斧＝虎 _(旌、柯)、房＝皇 _(旌、柯、占)。

3.n和l声母的字，方言读音大都混同。例如：怒＝路、南＝蓝、农＝龙。

4."猪、船、顺"等普通话读卷舌音声母拼合口呼韵母的字，方言大都读舌面音拼撮口呼韵母。例如：猪＝居，船＝权，顺＝训。

其他，"周、丈、深""桌、茶、生"等字，各地读音声母依然很不一致：柯村一律读舌尖音 ts、tsʰ、s声母；占大全读卷舌音 tʂ、tʂʰ、ʂ、声母；旌德前三个字读舌面音 tɕ、tɕʰ、ɕ声母，后三个字读 ts、tsʰ、s声母。

5."热、绕""年、女""艺、业"三组字，旌德和柯村大都读 ȵ声母，占大话一律读成零声母。后者读音与本土徽州话差距较大。

6."家、敲、鞋"等字方言大都读成舌根音声母。[kɔ³⁵]、[kɔ³⁵]、[xa⁴²] _(旌)，[kɒ³¹]、[kʰɔ³¹]、[xa⁴⁴] _(柯)，[kɔ³¹]、[kʰɔ³¹]、[xa³³] _(占)。

同时"咬、眼""袄、矮"等字，各地都读成 ŋ声母。例如：[ŋɔ²¹³]、[ŋæ²¹³]，[ŋɔ²¹³]、[ŋa²¹³] _(旌)，[ŋɔ³⁵]、[ŋɔ̃³⁵]，[ŋɔ³⁵]、[ŋa³⁵] _(柯)，[ŋɒ³⁵]、[ŋɔ³⁵]，[ŋɒ³⁵]、[ŋa³⁵] _(占)。

7.没有收-i、-u尾的复合韵母，"该碑""保狗"等字在各地都读成开尾韵母。例如：[kɛ³⁵]、[pɿ²¹³] _(旌)，[pɔ²¹³]、[kɿ²¹³] _(旌)，[kɛ³¹]、[pe³¹] _(柯)、[pɔ³⁵]、[kie³⁵] _(柯)，[ke³¹]、[pi³¹] _(占)、[pɒ³⁵]、[tɕiθ³⁵] _(占)。

8."蓝、兰""帮、邦""钢、光""生、坑"等字大都读元音韵母或鼻化韵母。例如："蓝、兰"[le⁴²] _(旌)、[nɔ̃⁴⁴] _(柯)、[nɔ̃³³] _(占)，"帮、邦"[po³⁵] _(旌)、[pɔ̃³¹] _(柯)、[pɔ̃³¹] _(占)，"钢、光"[kɔ³⁵] _(旌)、[kɔ̃³¹]/[kuɔ̃³¹] _(柯)、[kɔ̃³¹]/[kuɔ̃³¹] _(占)，"生、坑"[se³⁵]/[kʰe³⁵] _(旌)、[se³¹]/[kʰe³¹] _(柯)、[sã³¹]/[kʰã³¹] _(占)。

9."急、骨""麦、药"等入声字，方言大都丢失入声的塞音韵尾，读成舒声韵尾。例如：[tsʅ⁵⁵]、[ku⁵⁵]，[me⁵⁵]、[ia⁵⁵] _(旌)、[tɕi²¹³]、[kue²¹³]，[ma²²]、[io²²] _(柯)、[tɕi⁴²]、[kuə⁴²]，[ma³¹]、[iɔ³¹] _(占)。

10.方言把"豆、篓、狗"等字的韵母读的大都与"柳、九、舅"等字的韵母相同。例如：篓＝柳，狗＝九 _(柯、占)，厚＝舅 _(柯、占)。

11.普通话读en、in、与eŋ、iŋ韵母字，方言大都混同。例如：针真＝蒸征，深身＝升声，音因＝鹰英。

12.旌德话有四个声调，其他均为六个声调。"坐、火、簟"等字旌德读上声，柯村、占大话都读阳去声调。

(二)词汇的主要特点

1.方言与普通话词在音节的构成有些不同。分两种情况。其一，方言都是单音词，普通话却都是~子缀词和双音复合。例如：台桌子、缸坛子、瓶瓶子、索绳子、竹竹子、枣枣子、橘橘子、袜袜子、弄巷子、屋房子；饭米饭、面面条、藻浮萍、笭笭筐、巧便宜、寻寻找、狭狭窄、尖小气、直直爽。

其二，方言是双音复合词，普通话却是单音词或~子缀词。例如：石碱碱、蜜糖蜜、下八差、咸盐盐、篾笭笭、龙梯梯子、衫袖袖子、引锥锥子、剪刀剪子、梳头梳子、猴狲猴子、板椅椅子、盖被被子。

2.表示家禽畜雌雄的语素，方言习惯摆在种称说法的后面，跟普通话的用法相反。例如：鸡公公鸡、鸡母母鸡、鸡婆产卵或孵小鸡的鸡、猪婆生崽母猪、猪嬷母猪、猪斗(柯)公猪、猪郎(占)种公猪、黄牛婆生崽母牛。

3.有些曾是舶来品的名称，在群众口语中至今还保留着区别性语素成分。一般来说早期的大都冠以"胡""番"，晚期的大都用"洋"。例如：辣胡椒辣椒、番薯红薯；洋油煤油、洋火火柴、洋铁铁锹、洋镐铁镐、洋柿子西红柿等。

4.有些词是用修辞手法构成的，具有较强的形象性。例如：菩萨头瞳人、羊角豆角儿、杨叶蝴蝶、猴头毛芋头、鸭脚树白果树、天星蜻蜓、火焰虫萤火虫、旗花葵花、鸡眯眼夜盲、骨牌凳方凳、索面挂面、泥豆腐腐乳、墨瓦砚、龙梯梯子。以及委婉词语把"买中药"说成抓中药、捡中药，棺材说成寿材、老屋、寿屋等。

5.方言词和普通话词在书写形式上相同，但词义却有差别。例如："强"方言还有漂亮的意思，"壮"方言还有"肥""胖"的意思，"佗"既有背负的意思，还有拿、抱的意思，"尖"还有小气、吝啬的意思，还有呆傻的意思，这些词的这些意思都是普通话不具备的。另外，"梳头"普通话梳理头发的动作，方言都是梳理头发的工具；"老屋"普通话是年代久远的房屋，方言却是"棺材"；"公公"普通话是媳妇背称丈夫父亲为公公，方言却是孙辈呼祖父为公公；"婆婆"普通话是媳妇背称丈夫母亲，方言却是孙辈呼祖母；"洗嘴"普通话是清洁口腔，方言却是刷牙齿。

6.本片方言还有不少具有地方特色的词。例如：日头孔（旌），日头公（柯）、亮闪头（旌）打闪、蒙山喷（旌）毛毛雨、再前朝（旌）大前天、晏后日（柯）大后天、扬尘灰（占）灰尘、王猪（旌）种公猪、描脚偾（旌）麻雀儿、姑姑插禾布谷鸟、猪栏、牛栏、王眼的（旌）蚂蚁、母狗胆螳螂、旗花葵花、满菜雪里红、藻浮萍、碧豆（柯）歪豆、碧瓜（柯）南瓜、鸡窠、蜂窠、河舷、床舷、箸笠、户枕门枕儿、物什东西、饭甑、榔槌、打杵、新妇、跳脚跛子、鼻宫鼻子、爬痒、走棋、佗、擤、竹簟、园、矿、隑（旌）、倚（柯）、捐（柯）、嬉、收拾、忤逆（旌）、畀（旌）、下八差、次、泡皮好吹嘘、爱表现者、猴煞馋、想吃、狼犺物体过大。

（三）语法的主要特点

1.名词的后缀成分：~的、~偾、~佬、~子、~n。其中~子缀多出现在占大、柯村话。出现的这么多的"子"尾词大概是受江淮话影响的原因。~佬缀是旌德话多见的成分，与本土徽州话的用法一致。~n尾多见于占大话，用法与休黟片徽州话相同。

这里着重介绍旌德话具有特色的~的、~偾。

~的读轻声 ti，可分三类：①与普通话"儿"缀用法相当。如：叶的、豆角的、包肚的、顶针箍的、指拇头的、膝螺波的；②与普通话"子"缀用法相当。如：汗褂的、馋围的、茄的、桃的、瞎的、聋的、邪的疯子；③此类"的"缀词，普通话大都是无缀的词。如：舌条的、鸡的、鹅的、狗的、王眼的蚂蚁、酒酿的、舞钻的。

~偾缀读轻声 ni。"偾"是旌德话"儿"的白读音。常见的"偾"缀词：燕偾、兔偾、姑偾姑姑、毛尕偾、小米偾孩子、八八偾八哥儿、蟢蟢偾、描脚偾麻雀、尔偾、伊扎偾这会儿、一下偾一会儿。带有亲昵的感性色彩。

2.动词的时态标记。

"哈"和"阿勒"是旌德话表示完成时态的标记成分。"哈"读轻声

xa。用在动词、形容词后面，表示动作变化或已经完成。例如：

讲哈一遍，又讲哈一遍。

吃哈饼子，套哈颈子。

灯亮哈一夜。

鞋大哈一分。

"阿勒"读轻声 ale。用在句末表示发生了变化或出现了新情况。例如：

佢走阿勒。　落雪阿勒。　灯乌阿勒。

鞋子小阿勒。　自来水笔跌阿勒。

以上的语法意义，占大话确是用轻声"之"[tʂ]作标志的。例如：

讲之一遍，又讲之一遍。

吃之饼子，套之颈子。

乙_这双鞋小之，墨_那双鞋又大之。

表示进行时态的标记成分，旌德、柯村话跟普通话一样都是用"着"，然而占大也是用"之"的。例如：我坐之吃，佢隑之吃。　讲之讲之到家了。　房里灯还亮之，收音机还响之，就是没得人。

3.形容词意义的加强形式。

形容词意义的加强形式主要有两种。分述如下：

第一，XA 和 XA＋XA 式。XA 式是一般的加强式，XA＋XA 是极度的加强式。例如：

飘轻_的　飘轻飘轻_的　　滑亮_的　滑亮滑亮_的

烂浅_的　烂浅烂浅_的　　透潮_的　透潮透潮_的

滚壮_的　滚壮滚壮_的　　漆黑_的　漆黑漆黑_的

稀涝_的　稀涝稀涝_的　　精浓_的　精浓精浓_的

粉嫩_的　粉嫩粉嫩_的　　猫软_的　猫软猫软_的

雪白_的　雪白雪白_的　　疕轻_的　疕轻疕轻_的

白淡_的　白淡白淡_的　　福清_的　福清福清_的

焦干_的　焦干焦干_的　　蒙细_的　蒙细蒙细_的

第二，方言还有很多附缀式结构。常用的前缀有"老""烂""稀"

"滴滴"和"点点"。

"老"通常出现在正向性形容词的前面。有"老A"式和"老A＋老A"式两种：老大的、老大老大的，老高的、老高老高的，老重的、老重老重的，以及"老"＋"长""阔""深""远""厚""粗"等正向意义形容词前面。

"烂""稀"通常出现在负向性形容词的前面。也有"烂A"式、"稀A"式，"烂A＋烂A"式、"稀A＋稀A"式。例如：烂小的、烂小烂小的，稀臭的、稀臭稀臭的，烂矮的、烂矮烂矮的，稀化的、稀化稀化的，烂细的、烂细烂细的。还有：烂＋"短""狭""浅""轻"；稀＋"馊""酸""辣""乱""糟"等组合关系。

此外，"滴滴"和"点点"虽然是出现在正向性形容词前面的词缀，但是它表示的词义却是负向性的。例如：滴滴大、点点大(很小)，滴滴长、点点长(很短、很矮)，滴滴粗、点点粗(很细)，滴滴重、点点重(很轻)，滴滴深、点点深(很浅)，滴滴远、点点远(很近)，滴滴阔、点点阔(很窄)。

4.其具有与本土徽州话基本一致的人称代词系统。旌德话一、二人称单数都有"我""我伲""尔""尔伲"两种形式。"我伲""尔伲"多用于主格，"我""尔"多用于宾格。三称都说"佢"。"我唉""尔唉""佢唉"是旌德话常用的复数形式，"我人""尔人""佢人"是柯村话常用的复数式，"我些""尔些""佢些"是占大话常用的复数式。

5."添"和"起"的作用及在句中的位置。

"添"只出现在旌德、柯村话里。与普通话的"再"用意相当。不过普通话的"再"只出现在动词的前面，表示动作，行为再次追加，而在这个方言里的"添"却习惯出现在句末。例如：

尔吃碗添。　尔坐下添。

尔嬉一日添。　畀我伲添碗饭添。

方言在动词前也可加"再"，说成"再＋动词…添"句式，语义不变。

"起"在本片方言普遍使用。它与普通话表示动作行为提前进行的"先"意义相当。方言的"起"通常也习惯置于动词的后面。例如：

尔讲起，我等一下再讲。

尔伲是客，尔喝起碗。

尔去起，我人侯一下去。

6．"家去"和"可去?"

普通话说"回家去"，旌德话却说"家去"。"家去"的说法主要源于芜湖话。这种说法既像是"去家"的倒说，又像是"回家去"的紧缩句式。总之，"家去""家来"都是芜湖话中不符合规范的习惯说法。在旌德话里也这样通用，足以证明以芜湖话为代表的江淮话对这里的影响之大了。

"可去?"是"去不去?"的意思。普通话的正反问句在旌占片话里大都习惯说成"可"问句。例如：可爱？ 尔可去过上海？ 佢可在家？

"可"问句在江淮话里很常见。因此本片话的"可"问句有可能源于此。

三、东部边缘徽州方言的特点

东部边缘的徽语是徽语延伸到浙江省淳安、遂安、建德、寿昌四县的方言。其中淳安、遂安在历史上曾分别是歙县东部和歙县南部的一个乡，在建安十三年（208）才划为始新县（即今淳安）和新定县（即今遂安）的。建德、寿昌古属越国，秦汉属会稽郡。自北宋太平兴国三年（978）至清代，淳安、遂安、建德、寿昌一直都属严州府所辖。所以方言学家把东部边缘徽语延伸区叫作"严州片徽语"。

东部边缘徽语是徽州话与浙江吴语紧密接合的产物。这里在历史上曾是皖南山货外销和徽人采购生活必需品的出入地，也是徽商云集和徽人移居较多的地方。因此，在明代严州府城外就出现了像《续修严州府志·序》所记述的"徽人杂处，舟车往来，生意凑集，亦称闹市"的景象。这片在历史上形成的徽语延伸区，在吴语的长期冲击下，今天的面貌虽有变异，但尚存徽语的基本特征，仍是徽语家族的一员。

（一）语音的主要特点

1.“败、稻、葵、字、长、茶”等古全浊声母字，今方言全部读成清音声母。这些字在淳安、遂安、寿昌话中逢塞音、塞擦音时，一律读送气音。与本土徽语相同。但建德话逢去声字才读送气音声母。例如：

	爬	虫	道	柱	大	步	白
淳安	$p^h o^{45}$	$ts^h ɔm^{45}$	$t^h ə^{55}$	$tɕ^h ya^{55}$	$t^h u^{535}$	$p^h ua^{535}$	$p^h ɑʔ^{213}$
遂安	$p^h ɑ^{33}$	$ts^h ən^{33}$	$t^h ɔ^{42}$	$tɕ^h y^{42}$	$t^h ə^{52}$	$p^h u^{52}$	$p^h a^{213}$
建德	po^{34}	$tsaom^{34}$	$tɔ^{213}$	$tɕy^{213}$	$t^h u^{55}$	$p^h u^{55}$	$pɑ^{213}$
寿昌	$p^h ɤ^{53}$	$tɕ^h iɔm$	$t^h ɤ^{534}$	$tɕ^h y^{534}$	$t^h u^{33}$	$p^h u^{33}$	$p^h əʔ^{31}$

2.普通话读翘舌音声母字“周、抽、寿”“张、场、商”等，只有遂安话读舌面音 $tɕ$、$tɕ^h$、$ɕ$ 声母，其他淳安、建德、寿昌话一律读平舌音 ts、ts^h、s 声母；“追、专”“春、川”“顺、船”等字，只有建德、寿昌话读舌面音 $tɕ$、$tɕ^h$、$ɕ$ 声母，淳安话读 ts、ts^h、s 声母，遂安话读 k、k^h、f 声母。

3.“女、年、娘”“艺、言、业”“日、热、绕”“咬、眼、硬”等字在各地读音情况如下：

①“女、年、娘”建德读 y^{213}、$ȵie^{34}$、$ȵie^{34}$，寿昌读 $ȵy^{24}$、$ȵi^{52}$、$ȵiɑ̃^{52}$；淳安、遂安一律读零声母。

②“艺、言、业”寿昌读 $ȵi^{24}$、$ȵiɑ̃^{12}$、$ȵi^{24}$，建德读 i^{55}、$ȵiɑ̃^{21}$、$iəʔ^{12}$；淳安、遂安一律读零声母。

③“日、热、绕”寿昌读 $ȵiəʔ^{31}$、$ȵi^{24}$、$ȵiɤ^{33}$，建德、淳安、遂安都读零声母。

④“咬、眼、硬”建德读 $ŋɔ^{213}$、$ŋe^{213}$、$ŋe^{55}$，寿昌读 $iɑ^{55}$、$ŋuə^{534}$、$ŋɑ̃^{33}$。淳安、遂安都读零声母。

4. f 与 x（xū）声母字，建德、寿昌不混，淳安、遂安大都混同：虎＝府，婚＝分，荒＝方。

5. n 与 l 声母字，除寿昌不混外，其他地方都存在混同的情况：怒＝路，脑＝老，难＝篮。

6.普通话读-i、-u韵尾的字，方言大都丢韵尾，读成开元音尾韵母。例如："太、买、鞋"淳安读tʰɑ、mɑ、xɑ，遂安读tʰɑ、ma、xa，建德读tʰɑ、mɑ、xɑ，寿昌读tʰɑ、ma、xa；"梅、灰、快"淳安读me、fe~xue、kʰuɑ，遂安读mɯ、fɯ、kʰua，建德读me、xue、kʰuɑ，寿昌读miɛ、xuɛ、kʰuɑ；"毛、刀、表"淳安读mɔ、tɔ、piɔ，遂安读mɔ、tɔ、piɑ，建德读mɔ、tɔ、piɔ，寿昌读mɯ、tɤ、piɤ；"头、狗、秋"淳安读tʰɯ、kɯ、tɕʰiɯ，遂安读tʰiu、kɯ、tɕʰiu，建德读tɯ、kɯ、tɕʰiɯ，寿昌读tʰɯ、kɯ、tɕʰiɯ。

7.淳安、遂安话都有一些鼻音韵母混同的情况。例如：淳安有"盘＝盆、潭＝团、贪＝吞、膻＝酸＝孙"等混读为ã韵母的情况；还有"班＝帮、胆＝党、三＝桑＝商＝霜＝生"等混读为ɑ̃韵母以及"官、关＝光"混读uɑ̃韵母的情况。

此外，还有"屯＝腾、沉、陈＝存＝旬＝程、城"混读为en韵母，"贫＝平，心＝星＝讯＝兴、幸"混读为in韵母的情况。

遂安话也有很多鼻韵母混读的情况。例如："班＝邦，胆＝党，监＝钢"混读为ã韵母，"玩＝环＝王、亡＝皇"混读为uɑ̃韵母；"贫＝平，林、邻＝灵、铃"混读为en韵母，"心＝星＝深、身＝升、声"混读为in韵母；"屯＝腾＝同、童，存＝虫、重（~复）＝穷，根＝羹＝公"混读为ən韵母。

8.建德、寿昌话都有鼻音韵尾丢失，混读成元音韵母的情况。例如，建德：蟒＝马[o]、壮＝茶[o]，光＝瓜、家[o]，双、桑＝沙[o]；班＝帮，张＝争＝簪＝灾[ɛ]；剑＝将（大~）＝借[ie]，显＝想、响＝写[ie]，砖＝捐＝追[ye]。寿昌：肩、煎＝鸡[i]；半＝辈[iɛ]，簪＝钻＝灾[iɛ]；监＝官，关＝瓜＝家[uə]，山、衫＝沙[yə]；板、班＝巴[ɤ]；敢、秆＝改[ie]，暗、案＝爱[ie]；川＝圈（圆~）＝吹[yei]，监＝官，关＝瓜＝家[uə]，山＝衫、删＝沙[yə]。

9.方言把普通话很多塞擦音声母字，读成擦音声母。例如：

	坐	罪	锄	柴	船	绝
淳安	su^{55}	se^{55}	ςy^{45}	$s\alpha^{45}$	sua^{45}	$\varsigma i\vartheta?^{13}$
遂安	$s\vartheta^{42}$	$s\vartheta\mathrm{u}^{42}$	$t\varsigma^h y^{33}$	sa^{33}	$f\tilde{\varepsilon}^{33}$	ςie^{213}
建德	su^{213}	ςye^{213}	su^{34}	$s\alpha^{34}$	ςye^{34}	$\varsigma i\vartheta?^{12}$
寿昌	su^{534}	$\varsigma i\varepsilon^{534}$	$s\mathfrak{1}^{52}$	$s\alpha^{52}$	ςyei^{52}	ςi^{24}

10.有m尾的鼻韵母。淳安、建德、寿昌话是把"通、中、工""兄、用"等字读成-m韵尾，遂安话是把"胖、唐、讲、光"等字读成-m韵尾。

11.除寿昌话的读音有8个声调外，其他地方都是六个声调。来自古上声的字，淳安、建德仍读上声，遂安、寿昌分为阴上、阳上两类。建德阳平并为阴去的情况与休宁、屯溪相同。

古入声今音大都分阴入、阳去两类，这是本片徽州话的特点。

(二)词汇的主要特点

1.方言是单音词，普通话却是附～子缀词。例如：裙~子、裤~子、袜~子、桌~子、靴~子、栗~子、桔~子、桃~子、豹~子、兔~子、燕~子、麦~子、鸭~子、爪~子。

2.方言有些双音复合词，普通话却是附～子词。例如：凉亭亭子、屋柱柱子、窗槛窗子、横笛笛子、脚蹄蹄子、夹里里子、套院院子、粟谷谷子、蚊虫蚊子、猴狲猴子、轮盘轮子、刨刀刨子、雹露雹子、钞票票子、衫袖袖子。

3.方言有些常用词的语素组合顺序与普通话相反。例如：闹热热闹、棒冰冰棒、料作作料、齐整整齐、欢喜喜欢、背脊脊背、帐蚊蚊帐。

4.表示家禽、家畜雄雌的语素，通常置于种称语素的后面。例如：鸡公(遂)、鸡娘(寿)、猪牯(淳)、猪婆(淳)、猪公(建)、猪娘(寿)生崽的、牛牯公牛、牛娘生崽的、羊牯公羊、羊婆生崽的、狗娘生崽的。

5.方言有些词是由多音节构成的。主要是在词干的前面附加了说明、修饰成分。例如：雄鸡公(淳)、四脚蛇(建)蜥蜴、地荸荠(寿)荸荠、积寞麻雀(淳)麻雀、菩萨殿(寿)庙、打滚虫(遂)孑孓、偷油老鼠(建)蝙蝠、仰天东司(寿)粪坑、伙头师父_{厨师}、灶头师父_{厨师}、手工师父_{工匠}、吸壁老虎_{(寿)壁虎}、壁里角头_{(建)角落}、自来水笔_{(遂)钢笔}、毛线衣_{毛衣}、短脚裤_{裤头}、圆圈豆_{(遂)豌豆}、新新娘_{(淳)新娘}。这些词表义准确，生动形象。

6.有些方言词是用修辞方法构成的，这些词大都具有较强的形象性。例如：丝瓜蒲_{(淳)油条}、丝瓜筋_{(寿)油条}、油索_{(遂)油条}、油炸鬼_{(建)油条}、鼻燕_{蝙蝠}、老鼺臂翼_{蝙蝠}、飞丝虫_{蜘蛛}、癞狗蛤蟆_{蟾蜍}、蚁_{音矮}公公_{蚂蚁}、虾弓_{虾子}、滚头虫_{孑孓}、跟头虫_{孑孓}、田鸡_{青蛙}、木块_{愚笨者}、木勺头_{(淳)蝌蚪}、米胖_{炒米}。

此外，方言有时还采用委婉的方式表达那些需要避讳的词语。例如：发疟疾说成"打半工"，服中药说"吃水茶"或"吃果子"，怀孕说"坐喜"，把"棺材"说成"老屋""寿匣"。

7.方言词与普通话词在写法上虽然相同，但是词义却有差异。例如，"粥"建德说指早餐，普通话却是米稀饭；"客气"方言是长得漂亮，普通话却是言谈举止有礼貌；"老子"寿昌是老鼠，普通话却是指称"父亲"；"心痛"寿昌话是可爱、疼爱，普通话却是心里感到疼痛；"停当"方言是指小孩听话、很乖，普通话却是事情办得齐全周到；"起身"方言是嫁人，普通话却是动身出发。

此外，"屋"方言指全新房子，普通话却指单间屋子；"房"方言指单间屋子，普通话却是指整所房子。

8.有些曾是舶来品的名称，方言的叫法至今还保留着"蕃""洋"等标志性的语素。例如：番茄_{西红柿}、番芋_{红薯}、番薯_{红薯}、番椒_{辣椒}、洋老火_{(寿)西红柿}、胡瓜_{(淳)黄瓜}、洋芋_{马铃薯}、洋肥皂_{肥皂}、洋车_{缝纫机}。

9.有些方言词内部差异很大。例如：对祖母的称呼：娘娘_{(淳)(律)}、认娘_(淳)、奶奶_(建)、姐姐_{(寿)又阿姐}。膝头有膝头_(淳)、膝头脑_(遂)、脚膝髁_(建)、汤瓶盖或脚骨先头_(寿)。蟾蜍的叫法：癞蛤虮_(淳)、癞狗蛤蟆_(遂)、癞不狗_(建)、癞蛤宝_(寿)。辣椒分别叫辣子、辣婆子_(淳)、辣节_(遂)、番椒_(建)、老火_(寿)。动词"拾起来"就有：脚起来_(淳)、约起米_(遂)、捉起来_(建)、撮起来_(寿)等说法。

10.具有地方特色的方言词语较多：天条_{(淳)闪电}、打天亮_{(淳)打雷}、朝

头 (遂)早晨 、 杀麻 (淳)傍晚 、 阴 (淳)今阴、明阴、后阴、昨阴、前阴 、 气煞 (建)难闻的气味 、
牯 牛牯、羊牯、猪牯、狗牯 、 娘 牛娘、猪娘、狗娘、鸡娘 、 蒙蜙 (建)蜈蚣 、 飞丝虫 (寿)蜘蛛 、 脚蹄 (寿)蹄子 、
佛豆 (淳)蚕豆 、 蚕豆 豌豆 、 辣婆子 (淳)辣椒 、 辣火 (寿)辣椒 、 卵 (寿)粥 、 夜卯 (寿)晚饭 、 油
精 (遂)猪油 、 滚汤 (建)开水 、 暗空 (淳)屋 、 箸 (寿)筷子 、 水斗 (建)水碓 、 面桶 脸盆 、 填
撮 (淳)畚箕 、 鎯头 (淳)锤子 、 刀钻 (淳)钻 、 铜钿 (建)钱 、 男客家 男人 、 女客家 女人 、 男子
侬 (寿)男人 、 内客侬 (寿)女人 、 小侬 小孩 、 哥老官 (淳)背称兄 、 弟老官 (淳)背称弟 、 姊老
官 (淳)背称姐 、 妹老官 (淳)背称妹 、 相目 (遂)相貌 、 胡丝 (淳)胡子 、 射 拉、射溺、射尿，音 tsʰɑ⁵³ 、
睨 (淳)看 、 汏 (建)洗、汏面、汏浴、汏牙齿 、 做事体 (淳)工作 、 龌龊 (淳)肮脏 、 牙里 (遂)这里 、 伊
里 (遂)那里 、 弄堂 巷子 、 弗 (建)弗要、弗去 、 勿 (寿)勿要、勿去。

(三)语法的主要特点

1.名词的前缀和后缀。

前缀"阿"[əʔ³]出现在寿昌话里。大都用于亲属称谓词的前面，带有
较亲切的感性色彩。例如：阿爸、阿爹称父亲、阿妈、阿姐呼祖母、阿姊呼姐姐、
阿妹、阿弟、阿酸呼孙子、侄子、阿姨呼姨、阿母指称母亲；此外，还可以用在人名前
面：阿华、阿宝、阿香。

后缀也有"子""头"等。"子"缀用法与普通话差不多。例如用于残
疾人的称呼词后面，小动物、植物名称的后面，还有小用品、食品名称的
后面。"头"缀也是多用于方位词、时间词和人体器官的名词后面。

"儿"缀词也比较少。只有建德话比较常用。建德话"儿"读[n̩³⁴]，通
常是在词的后面加上自成音节的[n̩⁵⁵]或轻声的n。例如：

燕儿 ȵie³³n̩⁵⁵	钳儿 tɕie⁵⁵n̩	瓣儿 pie²¹n̩⁵⁵
桌儿 tsu⁵⁵n̩	兔儿 tʰu³³n̩	竹儿 tɕyə²⁵n̩⁵⁵
囡儿 no⁵⁵n̩⁵⁵	刷儿 ɕy⁵⁵n̩	塞儿 səʔ⁵n̩⁵⁵
餜儿 ku⁵⁵n̩	围口儿 y³³kʰɯ⁵⁵n̩	跷拐儿 tɕʰio⁴²kuɑ⁵⁵n̩

建德话的"儿"与音节结合得不紧，未使音节的主要元音带有"儿
化"作用。其作用和附加意义跟普通话的"儿化"大体相同。

2.名词结构的重叠形式。

这种形式主要出现在亲属称谓词和名称中。分单音节重叠和词语中个别语素重叠两类。第一类，伯伯(称父)、爹爹(称祖父)、朝朝(呼祖父)、奢奢(呼父)、娘娘(呼祖母)、奶奶(呼祖母)、姐姐(寿)(呼祖母)、哥哥、弟弟、爸爸(寿)、叔叔、婶婶、外外(呼外祖母)、婆婆(呼婆母)、太太(建)(呼曾祖父)；第二类，蚁(音矮)公公(蚂蚁)、夜夜虫(寿)(萤火虫)、火烟虫虫(建)(萤火虫)、蝴的带带(蜻蜓)、乌鸠蜓蜓(淳)(蜻蜓)、蝴蛾千千(蝴蝶)、蝴蝶蝶儿(寿)、木勺袋袋(蝌蚪)。

此外，淳安话还有"大"重叠使时间词起头推前、延后的作用。例如：大大前日、大大前阴(推前五天)、大大后日、大大后阴(延后五天)、大大前年(推前五年)、大大后年(延后五年)。

3.单音动词重叠之后可以连带补语成分。

这种情况普通话是没有的。例如：

尔讲讲清楚。 门关关好！

铅笔乃佢削削尖！(把铅笔削尖!)

队伍排排齐！ 朕把衣服洗洗干净！(你把衣服洗干净!)

以上结构形式多用于祈使句，表示未然。它既可以加强动词意义。又可以突出目的性，增加祈使效果。

另外，还有一些出现在陈述句中的例子：

信我寄寄就来。(我寄了信就来。)

饭我吃吃就来。(我吃了饭就来。)

衣裳我洗洗就来。(我洗了衣服就来。)

这种说法虽然也用于未然，但它表现的却是时间短暂，迅速即可完成的意思。

4.淳安、建德话还有丰富的XXA和AXX结构形式。

第一，XXA式。XX对于A起修饰作用。例如：

毛毛雨　　薄薄云　　密密星　　疏疏星

淅淅索(小雨不停落貌)　　滴滴沰(雨滴貌)　　哗哗落(大雨落貌)

朗朗晴(晴朗貌)　　绯绯红(润润的淡红)　　墨墨黑(似墨的黑)

第二，AXX式。XX对于A起描述、说明作用。例如：雨纷纷、毛丛丛_{生毛多状}、花落落_{花渐谢状}、泪涟涟_{泪珠不停状}、哭啼啼_{不停的啼哭}、笑眯眯_{微笑状}、燥烘烘_{干热貌}、乌葱葱_{葱茏貌}、薄晶晶_{物很薄透明状}、厚墩墩_{物厚实状}。

5. "在那" +谓语表示进行体。

普通话是在动词前面加副词"正在"表示动作行为正在进行的。例如，他正在吃饭。同样的意思严州片徽州话却是在动词前加"介词+方位代词"构成的介指词组表示正在进行的。这一特点与本土徽州话相同。例如：

（淳）佢是_在里_那吃饭

（寿）佢蹲_在仡里_{那里}吃饭｜佢蹲_在末里_{那里}吃饭。

（淳）佢正是_在里_那搭_和一个朋友讲话。

（遂）佢是_在里_那掇_跟一个朋友讲话。

（寿）佢正跟一个朋友蹲_在末里_{那里}讲话。

6. 繁复的人称代词系统。

严州片方言人称代词系统很复杂。主要表现在各地的人称代词说法不同，同一地方的同一人称的说法又多种多样。

人称代词中除建德之外，各地在单数人称词后面也习惯带上"侬"。这些地方把人说成"侬"，所以"我侬""尔侬""佢侬"就是"我人""尔人""佢人"。单数人称代词后面加"人"，在本土徽州话是复数式人称代词的形式，在本片方言却是单数式人称代词。

	第一人称		第二人称		第三人称	
	单数	复数	单数	复数	单数	复数
淳安	我 我侬_多	歪拉 歪搭_{包括式}	尔 尔侬_多	溇拉 溇溇 俺拉	佢 佢侬_多	佢_(kʰɯ)拉 佢_(kʰa)拉_多 佢_(kʰɑ)
遂安	尬_多 尬侬 格	尬拉 尬滴_{包括式}	义 义侬 耶	耶拉	佢_多 佢侬	佢拉
建德	党_多 印	印党_多 党党 尔夏_{包括式}	尔	尔带	佢	佢带

续 表

	第一人称		第二人称		第三人称	
	单数	复数	单数	复数	单数	复数
寿昌	咱_多 咱侬 我 我侬	我拉_多 咱拉 阿拉	朕_多 朕侬 尔 尔侬	尔奶 朕拉	佢_多 佢侬	佢拉

各地人称代词的用字除了常见"我、卬、尔、朕、佢、拉、侬"之外，其他为同音代替字。各地的人称代词虽然有多种说法，但它们的使用频率不同。使用率较多的就用小字"多"标示。淳安、遂安、建德有与普通话"咱们"用法相近的包括式代词。例如：

（淳）尔姓王，我也姓王，歪拉_{咱们}两个侬都姓王。

（遂）义姓王，尬也姓王，尬滴_{咱们}两个侬都姓王。

（建）尔姓王，党也姓王，尔夏_{咱们}两个侬都姓王。

不同的是，普通话"咱们"后面无须连数量词组"两个"或"两个人"，而方言却仍习惯带上"两个"或"两个侬"。

7. "添""先""起"在句中的位置。

严州片徽州话表示动作行为再一次追加重复的"添"与普通话"再"的意思相当。如，你再做一次。不过严州片话的"添"是出现在动词谓语的末尾。例如：

（淳、建）尔吃碗添。_{你再吃一碗。}

（遂）义吃碗添。

（寿）朕吃碗添。

（淳、建）尔买木添。_{你再买一本。}

（遂）义买本添。

（寿）朕买本添。

（淳、建）尔等一下添。_{你再等一会。}

（遂）义等一下添。

（寿）朕等一下添。

句中用过"添"之后，在动词前面还可以用"再"_{尔再吃碗添}，意思不变。

本片徽州话的"先"和"起"是同义词，都是表动作行为提前进行的副词，跟普通话的"先"相同_{尔先吃}。不过方言的"先"或"起"也习惯置于动词之后。例如：

（淳）尔讲先，我等一下再讲。_{你先说，我等一会说。}

（淳）尔讲起，我等一下再讲。

（建）尔去起，卬等一下去。_{你先去，我等一会去。}

尔去先，卬等一下去。

方言用了"先"或"起"之后，动词前面还可以用"先"，一丝不变。如"尔先去起"或"尔先去先"。

8.宾语和补语的顺序。

普通话"我讲不过他"一类的句子，谓语的结构是"讲＋补（不过）＋宾（他）"。然而严州话却可以将这类句子的谓语说成"宾"在前"补"在后的顺序，甚至还可以将"不过"分开，说成"不＋宾（他）＋补（过）"的结构式。例如：

（淳）我讲佢不过。我讲不佢过。

（遂）尬讲佢不过。尬讲不佢过。

（建）党讲佢弗过。党讲不佢过。

（寿）咱讲佢勿过。咱讲勿佢过。

"我对不起他"各地说法是：

（淳）我对佢不住。我对不佢住。

（遂）尬对佢不住。尬对不佢住。

（建）党对佢弗住。党对不佢住。

（寿）咱对佢勿住。咱对不佢住。

9.普通话"你给我一本书"的顺序是间接宾语"我"在前，直接宾语"书"在后面。严州片多数地方也是这样说的。唯有寿昌话是把这类句子中的两个宾语颠倒着说的。例如：

（寿）朕拿一本书咱。<small>你给我一本书。</small>

（寿）朕拿把剪刀咱。<small>你给我一把剪刀。</small>

10.问句的两种特殊形式。

"你去不去?"寿昌说：朕去勿？

"你吃了饭没有?"淳安说：尔吃饭不曾？

大家知道"勿"等于"不"，"份""曾"就是"不曾"的合音、"不曾"省音。因此严州话也像本土徽州话一样，具备"①谓语＋不？②谓语＋不曾？"两种特殊的问句形式。

第四章　徽州方言的形成和演变

一、徽州方言的形成

徽州方言是怎样形成的？回答这个问题，必须了解在这块土地上各个历史时期社会成员的构成情况和人文历史的变化。

（一）以山越人为主的部落语言是徽州方言的源头

徽地古称黟、歙，秦属鄣郡，汉为丹阳郡。

秦、汉时期，百越人和山越人是古黟歙的先民。为了说明这个问题，我们从以下三个方面谈起。

第一，史料记述。大量的史料告诉我们，徽地的先民是"蛮夷"，也就是史学界所说的"百越"（又"百粤"）和"山越"。例如，《汉书·地理志》注说"自交趾至会稽七八千里，百粤杂处，各有种姓，不仅少康之后也。"古时就属吴越的皖南，当然也是百粤之地。《汉书·地理志上》（中华书局校点本）云："丹阳郡……黟，浙江水出南蛮夷中，东入海。""浙江"即新安江，"出南蛮夷中"。可见古黟、歙曾是"百粤"（或"蛮夷"）生活的地方。

在汉代史籍中，皖南的越人称为"山越"。《后汉书·灵帝记》载："建宁二年（169）九月，丹阳山越围太守窦。"由此可知当时属丹阳郡的黟县、歙县、泾县、芜湖等县是有山越的。那么"山越"到底是什么人呢？胡省三在《通鉴》56卷和62卷注中说："山越亦本越人，依阻山险，不纳王赋，故曰'山越'"，"山越，越民依阻山险而居者"。王鸣盛在《十七史商榷》42卷中也说："自周秦以来，南蛮总称百越，伏处深山，故名山越。"

那么皖南黟、歙的山越是从哪里来的呢？史料告诉我们，"山越"既有世居徽地的百越人，有秦汉时期迁徙来的瓯越、闽越人，也有逃役避难的汉人。秦始皇兼并六国后，秦为了控制越人，遂进行大规模移民。《越绝书·越绝外传吴地记传》说："乌程、余杭、黟、歙、无湖、石城县以南，皆故大越徙民也。秦始皇刻石徙之。"另据《史记·东瓯列传》记载："汉武帝建元三年（前138），东瓯越人内附，迁徙其众于江淮间；元封元年（前110），又征服闽越，亦迁徙其民于江淮之间。"徽地是温州至江淮地区的必经之地，其间有一部分瓯越和闽越人流入或逃进皖南地区，成为黟、歙山越的组成部分。这从明·弘治《徽州府志·风俗》的记载中得到印证："俗参瓯越，宋吕和叔云，歙地杂瓯语，号称难治。"可以设想，在黟、歙的山越中，瓯越人的话也是实力较强的一种。此外，根据族谱记载，早在汉代亦有汪姓、吴姓、方姓等汉人进入徽地定居。他们的子孙繁衍人丁兴旺，至今仍是徽州的大姓氏。

第二，考古发现。

考古工作者的地下发掘，也为我们揭示了聚居在徽地先民的生活情况。1959年，安徽考古工作者在屯溪机场发现了西周土墩墓群。大量的出土文物表明：生活在这里的先民不仅能烧制各种印纹硬陶，而且还造出了大批原始瓷器和青铜器。这些印纹硬陶、铜鼎、铜鸟饰等，无论在器形、纹饰、构图诸方面都具有浓厚的越文化特色。它说明徽地在西周时期已有一定规模的土著越人在这里生活。

1987年，浙江的考古工作者将淳安左口土墩墓以及浙西南其他的出土发坈与皖南屯溪土墩墓进行比较，得出的结论是非常清楚的。我们可以看出，屯溪的土墩墓及其随葬品不仅包含了江（苏）、浙（江）新石器时代文化的因素，而且也将一些常见于福建、江西等地的具有"几何印纹陶文化"或"铜石并用时代"特征的器物也出现在皖南屯溪土墩墓中。这些事实不是也说明了古代徽语地区的土著先民与江、浙、闽、赣等地的"百越"（或"蛮夷"）是同源的吗？

第三，地名遗迹。

我们从徽语地区如今仍通用的水名、地名也可以得到一些先民的信息。例如绩溪县的"扬之河"（原名"扬之水"），就是因为周穆王伐扬越时（前625—前612），扬越人徙居境内才有此名。再如旌德县的"蛮王墩""蛮王尖""蛮家"等地名，不正是古代"蛮夷"给我们存留下来的历史遗迹吗？《安徽省地名词典》（杨济珂主编，辞书出版社出版）中也说：鸠兹与勾吴一样是古吴越方言的地名。皖南的歙、黟、泾县，置县均较早，在秦及汉初实为边吏治理的边郡边县，名从主人，这些地名当来自越人方言。周振鹤、游汝杰先生在《方言与中国文化》中也说：芜湖以及用"乌""余"字冠首的地名源出于古越语应该是没有疑问的。因此至今徽语地区仍在使用的地名"乌聊山"（歙县）、"乌苕"（休宁）、"余麻塘"（休宁）、"乌头塝"（黟县）等，也应该是古越语的遗存。再联系到现代徽语中保存的与吴、粤方言相同或相近的一些底层现象，因此可以认为徽地的"蛮夷"与现代壮侗苗瑶等族有很密切的关系。当时的语言很可能是多种部落语言共处的状态。

（二）中原汉人大量徙入，促进了徽州方言的形成

晋永嘉丧乱之后，中原战乱频繁，百姓动荡不安。处于峰峦绵延，地势险阻的徽州，就成了由北向南迁徙的众多官吏、大户旺族、士庶百姓躲避战乱的世外桃源。据民国二十五年《歙县志》载："邑中各姓……半皆由北南迁，略举其时，则晋宋两朝南渡及唐末避黄巢之乱此三朝为最盛。又半皆官于此，爱其山水清淑，遂久居以长子孙焉。"南宋徽州人罗愿在《新安志》中也说："黄巢之乱，中原衣冠避地保于此。"另外明人郑佐、程尚宽等辑录的《新安名族志》中，也综录了徙入徽州的88个家族。在可考的56族中，两晋时入徽的九族，唐"安史之乱"及唐末黄巢起义时迁入

徽州的24族，两宋之际15族。其中戴、夏、臧、陈、朱、葛、赵、潘、施、齐、康、王、毕、周、江、梅、刘、罗、金等19族，就是躲避黄巢起义逃到徽州的。新编《休宁县志·人口》也说："两晋、唐和两宋时期，北方人口南徙的三次高潮中迁入休宁定居的就有53族。"因"官于此，爱其山水清淑，遂久居之"的情况确实很多。这在地方志中就有很多记载。例如：歙县程姓，从今河北省邢台地区迁入。晋永嘉时，程元谭为新安太守定居新安。歙县胡姓，从山东青州迁入。东晋时，先世任新安太守，遂居徽州。屯溪陈禧，唐时"桐庐人，避广明之乱，溯流而上至休宁，爱屯溪山水之秀，因家焉"。休宁"刘依仁，彭城人，唐末官翰林学士，承旨出守江南，因乱，遂家休宁县前，子孙世居之"。绩溪汪姓，南朝宋大明年间（457—464），军司马汪淑举游览名胜，沿登源河上行，抵瀛州，爱其山水，由始新（淳安）迁家定居绩溪汪村。绩溪任姓，南宋梁天监年间（502—519），新安太守任昉，自山东博昌迁家绩溪华阳镇。绩溪陈姓，南朝陈文帝第四子伯固封新安王，居家新安。绩溪冯姓，唐咸通六年（865），歙州刺史冯子华长子延谱，偶至白沙，爱其山色，筑室定居，以山东老家村名定名冯村。绩溪高姓，唐乾符二年（875），金陵高戬任绩溪县令，任满遂居定绩溪。绩溪葛姓，唐天祐年间（904—907），句容葛晋任绩溪主簿，迁家泉塘。绩溪柯姓，宋至道年间（995—997），池州柯海任绩溪教谕，爱翠岭山水，任满徙居绩溪后岸，等等。这些因"官于此"而定居徽地的汉人，很多都是当时的名门望族和有权有势的地方统治者。以他们为代表的中古时期大量徙入的中原汉人，不仅带来了北方的文化习俗，而且在语言上也以汉语取代了山越部落语为主的土语群。从汉唐到两宋的长期民族融合的过程中，山越语的特色逐渐消退，最终形成了既有统一特点，又有多种个性特征的徽州方言。

二、徽州方言的发展和演变

(一)有关方言的影响促进了徽州方言的发展

有关方言对徽语造成大范围的影响，主要表现在两个方面。首先，很多徽州人因赴外地做官、经商等而被迫学习其他方言。由于徽地偏僻险阻，人民生活安定，人口繁衍很快。到了明代，耕地已明显不足。应试做官虽然是很多学子的理想，但经商却是多数人的主要出路。何况山区有大量的竹、木、茶、炭以及文房四宝等外运货源。因此成化、弘治年间，就出现了大批徽州人赴外地经商的潮流（张海鹏等《徽商研究》）。民国期间，仅绩溪县外出经商者就占总人口25%，最高年份竟达30%以上（新编《绩溪县志·概述》。"男子成童，即服贾四方"（新编《黟县志·商业志》光明日报出版社1989年版），各地还流传着"前世无修，生在徽州，十二、三岁，往外一丢"的民谣。由于徽语与其他方言差异很大，摆在入仕、学徒、经商者面前的第一个任务就是学会经商地的方言。徽商的足迹虽遍布全国，但总体看来还是以江苏、浙江两省、沿江城市和景德镇为数最多。新编《黟县志·商业志》说："黟县'徽商'遍及江南各地，长江两岸的芜湖、九江、汉口、大通，以及经济繁荣的上海、杭州、苏州等各大商埠均有黟县人经商，在景德镇尤为集中。"新编《绩溪县志·概述》中也说："绩商经营的地区也很广阔，省内以宣城、芜湖、郎溪、宁国、旌德、泾县为主，省外则以上海、武汉、南京、苏州、杭州、泰州、南通、常州等地居多。"长期以来徽州商人大都使用着双语（徽语和经商地方言）返回家乡。他们带回家乡的方言主要是：①沿江城镇的江淮话；②苏杭沪的吴语；③江西景德镇的赣语。其次，明清以来，因天灾、战乱，迫使周围地区的人以及相邻方言区的人大量流入徽地。徽州方言再次受到冲击。这种情况各地志中也有一些记载。例如：

人口流动高潮，始于明，盛于清。由于战乱与灾荒，一些外地人口逐渐迁入休宁一带山区垦种，成为"棚民"。……民国时期，长江水患，成批的"棚民"陆续迁入定居。民国26年（1937）抗日战争爆发后，本省安庆、芜湖、繁昌、青阳以及江浙一带沦陷区的大批人口，迁入休宁。当时屯溪镇就曾达到八万人口。民国八年（1919），全县总人口为136084人。民国28年以后，难民大量迁入，人口增至20万以上。

《休宁县志·人口》

清代以后，入境的人口更多，主要是本省江北和苏、浙、赣的移民。他们徙居徽山和大鄣山中，以伐木、烧炭、种山为主，世称棚民。……道光年间人口增至22万余人。

《绩溪县志·概说》

由于清政府实行有利人口增长和奖励垦种的政策，致使旌德县人口不断增长。

闽、浙、赣及池州、安庆等地"棚民"纷纷流入县境，租山垦种。……流民入境后，多聚族而居，自成村落，子孙繁衍，人口激增。……至道光五年（1825），全县人口增至44万多人，咸丰三年（1853）增至50万人，达到历史最高峰。

《旌德县志·人口》

可以看出，流入徽州各地的"棚民"和躲避战乱的难民，带来的方言也是以江淮话、吴语、赣语为主的。

无论是徽州商人学回来的江淮话、吴语和赣语，还是随"棚民""难民"带进来的江淮话、吴语和赣语，并未改变徽语的基本体系，相反却使徽州方言更加丰富和发展了。例如，有些音节就是随着官话词语吸收到徽州方言中来的。"傻"这个词在徽州方言里通常是说"痴"或"呆"的。

"傻子"说"痴鬼"，又傻又顽皮说成"痴而带蹶"。随着"傻乎乎""傻里傻气"等词语的引入，现在也有了"傻"的音节。徽州方言中与玩耍相当的词是"嬉""戏"，"耍"是不用的。随着对"耍花招""耍无赖""耍小孩脾气"等词语的引进，也吸收了"耍"的音节。与此类似的还有"擦"（黑板~）、"哪"（~里）、"帅"（元~）、"率"（~领）、"展"（发~）、"站"（车~）、"歪"（~风邪气）、"抓"（~重点）、"坠"（~毁）、"摄"（~影）等音节随着词语的纳入也被吸收到徽语的语音系统中来。

徽语与吴语相同的常用词语有：推板（差次）、白相（玩）、交关（非常、多么）、结棍（棒、好）、笃定（一定）、打烊（关店门）、事体（事情）、物事（东西）、活络（灵活）、猪头三（不识好歹的人）、神经兮兮、温吞水（温水、不热情）、打洋包（敲竹杠）、帮衬（帮助）、做生活（干活）、做人家（节省）、拆烂污（草率、不负责任）、勒色（垃圾）、射尿（撒尿）、射污、射屎（拉屎）、夹钳、钞票、揩台布、落苏（茄子）等。徽语与赣语相同的常用词语也很多，例如：扎实（结实）、坼（裂缝）、边舷、交椅（靠背椅）、好佬（好汉）、搋（推搡）、佗（挨、佗打、佗骂）、嗅（鼻子闻）、瞎嚼（胡说）、倚（站立）、颈（淹死）、鸡公、鸡母、北瓜（南瓜）、蔸（根部，树蔸、菜蔸）、碗屎（碗底）、炸饭（水赘饭）、板壁、灰面（面粉）、话事（说话）、锁匙、絮袄、絮裤、絮鞋、荷包、落地（地方）、上昼、当昼（中午）、下昼等。徽州方言中有这么多与吴语、赣语相同的词语，正是它们长期相互融合的结果。

此外，徽语中表现人体生理缺陷的子尾词：麻子、瞎子、聋子等词，很可能也是从江淮官话中吸收进来的。因为徽语里本来就有一套与此相当的常用词语。如麻瘩唉（麻瘩仿）、聋唉（聋仿）、瞎眼唉（瞎眼仿）、驼背唉（驼背仿）等。徽州方言中"大馍""场子""垫被""单被""抠"（吝啬）等词以及婺源话里"吃之了"（吃了）、"晴之了"（晴了）的说法以及屯溪、休宁话中的"风来着（了）、雨来着（了）、和尚驮着（背着）鼓来着（了）"用"着"代替"了"的说法，也与江淮官话说法相同；把"坐到（着）吃比徛到（着）吃好些"中的"着"说成"到"的表达方式以及把再吃一碗说成"吃碗凑"，把再唱一首歌说成"唱个歌凑"等情况也与赣语相同。徽语区很多地方把年龄小用"细"表述的现象，如"细人家"（小孩）、"细牛"（小牛）、"细新妇"（小媳妇）也与赣语、湘语用法相同。

从徽语的现状看，吸收了这些语言成分对徽语虽然有一些影响，但是并没有改变徽语的基本体系，相反在使徽语更加丰富发展的同时，却因受不同方言影响而产生了内部的差异。

(二)徽州方言在发展中出现的差异

第一，徽州方言产生差异的地理原因。

高山大川，在历史上一直是影响人们相互交往的一大障碍。徽语区正处在黄山、九华山、白际山、天目山、五龙山等山脉的盘踞区内。峰峦起伏，河流湍急，交通不便是它的基本特点。长此以往，山川就成了阻隔人们相互交流，限制人们进行社会活动的天然障碍。散居在各个山坞里的山民，虽然"鸡犬之声相闻"，但却是"老死不相往来"。《徽州府志·舆地志》中就有"嘉万之世人，有终其身未入城者"的记载。这样，人们均操本地方言，世代传袭，孤立发展，势必形成方言差异。从现代徽语的内部差异看，仍可以发现地理条件对语言的影响。绩溪县岭南话和岭北话不同，例如："米饭"岭南华阳话说[mȵ²¹³fo²²]，岭北上庄话说[mi⁵⁵fã²²]；"信心"岭南华阳话说成[ɕiã³⁵ɕiã³¹]，岭北上庄说话[sæ⁴²⁴sæ³¹]。同样的词两地读音差别这么大，听不懂是必然的。两种话就是以徽岭划界的。徽岭又名大尖山，在县内是东北走向，主要山峰海拔均在千米之上，山脊长达50公里，是境内长江水系与钱塘江水系的主要分水岭。这样高远的徽岭，在历史上当然是人们出行的障碍。再如，歙县南乡话可按水系和山地分为水南话和旱南话两类。"小生"歙县水南王村话说[siɑ³⁵sã²²]，歙县旱南杞梓里话说[sie⁵⁵sɐi²¹]；"机器"王村说[tɕi²²tɕʻi³¹³]，杞梓里话说[tsʅ²¹tsʻʅ²¹³]，王村有六个声调，入声字读21调，不同于阴平22调，杞梓里的入声和阴平单字调都读21短调。正因徽地是高山盘绕、大川汇聚的地方，所以也是造成历史上徽州人"老死不相往来"，"六邑之语不能相通"的重要原因。

第二，徽州方言产生差异的社会原因。

历史上迁入徽州各地的豪强大姓或仕宦之家，多是按照一家一族建立村寨的，严格限制或极力排斥他姓人。这样就形成了一村一族的制度。至今还呈现着这样的局面。例如，歙县的雄村曹姓，许村许姓，上丰宋姓，蓝田叶姓，呈坎罗姓，棠樾鲍姓，潜口汪姓，渔梁和深渡的姚姓，黄备张姓，周邦头周姓，水竹坑和大谷运柯姓；旌德县的汤村汤姓，朱旺村朱姓，江村江姓，俞村俞姓，隐龙村方姓，洋川村谭姓，等等。此外，徽州还是程、朱理学的故乡。在其"三纲五常"封建伦理的影响下，很多村寨祠宇高耸，匾额辉煌，牌坊林立，一派孝亲敬宗、崇奖贞节的景象。昔日的徽州，正如《安徽通志》所载："千年之冢，不同一抔，千丁之族，未尝散处，千载之谱，丝毫不紊，主仆之严，虽数十世不改。"这种宗法制度把人们束缚在一村一寨的天地里，当然也局限了语言的交际范围。

此外，由于历史上移民的来源不同，带来的方言也有不同。这也是造成徽语内部分歧的重要原因。仅就歙县大姓氏的宗谱记载看，程姓来自河北邢台，江姓、曹姓、方姓、毕姓来自河南。王姓来自山西太原，鲍姓、胡姓来自山东，姚姓来自四川成都，吴姓来自湖南，黄姓来自湖北，洪姓来自广东等等。这些来自不同方言区的人，迁入徽地之后，大都在自家的村寨生活，语言势必孤立发展，造成徽语的分歧。

随着时间的推移，人口的增加，各大姓氏势必不断地向外扩张生活区，选择新的居住点。这些本为操同一家族话语的人，随着迁居又将这种话带到了异地，并且同样进行着孤立的封闭式的发展变化。这就形成了如今的分布在皖浙赣交界地区的由"土语群"构成的徽州方言。

三、徽州方言演变的总趋势和非一致性

(一)徽州方言演变的总趋势

总体看来，徽州方言演变的总趋势是：语音体系趋于简单，词汇方面既有更新又有吸收，大大丰富了，语法形式也出现了多样化。

语音体系趋于简单，主要表现有以下几点：

（1）古全浊声母在徽州方言里已全部清音化和送气化。例如："步"(并)

如"铺"（滂）都读 p‘声母，"稻"（定）如"套"（透）都读 t‘声母，"丈"（澄）如"唱"（彻）都读 tɕ‘声母，"坐"（从）如"错"（清）都读 ts‘声母，"助"（崇）如"础"（初）都读 ts‘声母，"袖"（邪）如"秋"（清）都读 ts‘或 tɕ‘声母，"常"（禅）如"倡"（昌）都读 tɕ‘声母，等等。这样就造成了古全浊声母与非浊音送气声母的混同，大大减少了声母的数目。总的看来，徽州方言大都为19个辅音声母，少数地方只有16个辅音声母。

（2）声母的发音部位趋于简单化。除了祁德片话之外，大都没有舌尖后部位的翘舌音 tʂ、tʂ‘、ʂ声母。普通话里读这些声母的字，徽州方言大都读成舌面音 tɕ、tɕ‘、ɕ和舌尖音 ts、ts‘、s声母。有的地方连舌面部位也没有了。如篁墩把徽城话的 tɕ、tɕ‘、ɕ声母字也说成了 ts、ts‘、s声母，仅存一组塞擦音声母。

（3）声母的发音部位趋于前化。发声母时，节制器官构成的阻碍部位，由原来较后的成组位置变成较前的成阻位置，这就是声母发音部位的前化。见、晓组字古为牙音和喉音声母，现代方言一般仍读 k、k‘、ŋ、x等舌根音声母。这些本为发音部位偏后的舌根声母的字，在徽州方言里有的读舌尖音 ts、ts‘、s声母，有的读舌尖音 t、t‘、n声母，这显然是声母发音部位前化的典型例子。例一，牙喉音部分示例如下：

牙喉音	休宁		深渡				遂安	
	例字	读音	例字	读音	例字	读音	例字	读音
见溪群	桂宫 跪共	tɕ- tɕʰ-	交 巧 桥	ts- tsʰ- ts-	金京 钦轻 琴勤	ts- tsʰ- ts-	寄基 起 穷	ts- tsʰ- tsʰ-
晓匣	徽~州 惠	ɕ-	效	sɔ²²	欣兴	s-	兄戏	s-

例二，歙县北乡黄村话把一些古见组声母的常用字"该改盖溉、开慨概"（蟹开—哈泰）读成 tiᴇ、t‘iᴇ，"耕庚更打~、羹、坑"（梗开二庚、耕）读成 tiᴇ、ti‘ᴇ，"格革隔、客、额扼"（梗开二陌、麦）读成 tiᴇ、t‘iᴇ、niᴇ，"干豆腐~"（山开一寒）读成 tiᴇ，"坎"（咸开一咸）读成 t‘iᴇ。

（4）韵母趋于单元音化。来自蟹、止、效、流摄的字，普通话是收

-i、-u尾的韵母，在徽州方言里大都丢失i、u韵尾读成单元音韵母。例如：
"买" [mai]有的地方读ma、有的地方读mɔ；"快" [kʻuai]有的地方读kʻua，
有的地方读kʻuɔ；"泪" [lei]有的地方读li，有的地方读ly；"水" [ʂuei]有
的地方读ɕy，有的地方读su；"高" [kau]有的地方读kɔ，有的地方读kə，
有的地方读kəɤ̆；"豆" [tiou]有的地方读tʻie，有的地方读tʻio；等等。

（5）阳声韵趋于纯元音化。收鼻辅音尾的韵母古音韵学叫阳声韵。古
咸、深、山、臻、宕、江、曾、梗、通摄阳声韵分别是收-m、-n、-ŋ鼻音
韵尾的。这些收不同鼻音尾韵母的字，在徽州方言里有的读成纯元音韵
母、有的弱化成鼻化音韵母，有的仅存一个-ŋ鼻尾韵母。在这一点上歙县
徽城话是很典型的。它仅有一组 ã、iã、uã、yã鼻化音韵母，其他咸深山
臻宕江摄阳声韵字和一部梗摄阳声韵字，全都脱落了鼻音韵尾读成元音
韵母。

（6）入声韵趋于舒声化。古入声韵读音都是短促的，所以又叫促声
韵。这是因为入声字的韵母分别带有-p、-t、-k等塞音韵尾。因为非入声
韵没有塞音韵尾读音比较舒缓，所以又叫舒声韵。入声字的读音与非入声
字一样，不再具备短促的特点，这种现象就叫入声韵的舒声化。徽州方言
不仅丢失了古入声的-p、-t、-k塞音韵尾，而且在很多地方已经舒声化了。
例如，黄山汤口话入声字调为313，声音先中降，后由降转升，"确"读
kʻɔ³¹³。祁门话入声字调为35，声音由中平向上扬起，"骨"读kua³⁵。婺源
话的入声字与古全浊去声字的调子完全相同，都读51高降调，"败拍白"
都读pʻɔ⁵¹。徽州方言虽然仍有不少地方入声调读促声，但它们已经演变成
收喉部塞音-ʔ的韵母，与古入声的促调已有不同。

（7）调类数趋于减少。徽州方言虽然以6个声调的居多，但也有八个
声调和5个、4个声调的地方。寿昌话白读系统有8个调：阴平、阳平、阴
上（包括浊入）、阳上、去声、阴入甲、阴入乙、阴入。旌德话只有4个
调：阴平、阳平、上声（包括阴去）、入声（包括阳去）。调类数趋于减少
主要表现在两个方面：一是8个调的寿昌话，在文读系统中却减少为6个
调（阴平、阳平、上声、阳去、阴入、阳入）。二是歙县旱南地区，如杞

梓里话在言语活动中虽然还有6个调的形式，但单字读音却只有5个调（阴平、入声都读成21促调）。随着入声韵的舒声化，这里的调类数很可能还会逐渐简化。

（二）徽州方言演变的非一致性

徽州方言语音演变的非一致性主要是由内在原因和外部原因造成的。内在原因主要有两点：（1）各地方言语音演变的方向虽然大体一致，但是因演变的快慢不同而出现了差异；（2）由于各地方言语音演变的方向不同，因而造成了差异。首先谈在同一方向下因演变速度不同而出现的非一致性。这方面例子很多。

第一，古浊音声母在徽州方言中一律演变成清音声母。在清音化的进程中，逢塞音、塞擦音声母大家虽然都出现了送气的特点，但是读送气的具体情况并不一致，歙县徽城话中就有"薄、健、鲍、舅、邓、辫、仗"等20多个常用字不读送气声母。休宁话中更多，有40多个常用字不读送气音，而且分化的条件毫无规律。同样来源的"唐糖"休宁话却分别读成"唐"[tau⁴²]"糖"[tʻau⁴²]，最常用的"茶"也读不送气[tsɔ⁴²]。建德话的情况更特殊，仅将来自古全浊去声的字读成送气音声母。例如：

平声		上声		去声		入声	
桃	同	稻	动	盗	洞	毒	达
tɔ	taom	tɔ	taom	tʻɔ	tʻaom	tɔʔ	tɔʔ

第二，古阳声韵鼻音尾-m、-n、-ŋ在徽州方言中弱化的情况也是快慢不一情况多样的。前面已经说到歙县徽城话已将咸（-m）、山（-n）、宕（-ŋ）、江（-ŋ）和一部分梗（-ŋ）摄字都读成开尾的元音韵。来自古深（-m）、臻（-n）、曾（-ŋ）、梗（-ŋ）、通（-m~ŋ）等收不同鼻音尾的阳声韵一律弱化为ã、iã、uã、yã鼻化元音韵母。休宁和屯溪的情况大体相同，除古咸、山、宕、江摄的阳声韵全部转化为元音韵母，臻摄和曾梗摄的部分字也读成元音韵母。例如，屯溪"门"[mɛ⁴²]、"婚"[xua³³]、"等"[tɛ³¹]、"冰"[pɛ³³]、"坑"[kʻɛ³³]、"饼"[pɛ³¹]。其他深、通摄阳声韵字和曾梗摄阳声韵

的部分字一律演变成收-n鼻音尾韵母。唯有婺源话还保留着古咸（大多数字）摄和通摄阳声韵读~m鼻音尾的特点。例如，"范"[fum³¹]、"三"[sum⁴⁴]、"奉"[fom³¹]、"东"[tom⁴⁴]。遂安话虽然也有收-m尾的阳声韵母，但它却是由宕江摄-ŋ鼻尾演变来的，与古-m尾韵母无关。例如，"帮"[pom⁵³⁴]、"堂"[tom³³]、"光"[kom⁵³⁴]。

第三，休黟片方言和祁门话里都有丰富的以收-n尾为标志的"儿化韵"①。"n化"后的韵母有的是在元音后紧附n尾，有的是将本为n尾韵母的字音改变调值。但是"儿化韵"在绩溪、歙县话里已经丢失-n尾，仅有少数词的读音还保留着鼻化韵或改变调值的特征。例如："一下儿"（歙）i?²¹xɑ̃（-a）²²一会儿，嗯扎儿（歙）n³¹tsɑ̃（-a）³¹₃₂₄这会儿，筷儿（歙）kuɑ̃（-ua）³¹³筷子，手捏儿（歙）ɕiu³⁵ne²²₃₂₄手帕儿。细狗儿（绩）sʅ³⁵kɹi²¹³小狗、细猪儿（绩）sʅ³⁵tɕy³¹₄₄小猪。很显然，绩歙片方言残存的少数变调和变韵的儿化形式，如果不与休黟片的儿化韵联系起来看，是很难认定它是由于"儿化"蜕变的速度不同造成的不一致现象。

3.由于演变方向不同而出现的非一致现象，在徽州方言中也很多。

第一，"闭、艺"（蟹开三）、"皮、地、李、稀"（止开三）、"米、弟、鸡"（蟹开四），在徽州方言里大都读高元音i韵母，唯有绩溪和杞梓里话读ʅ韵母。然而黟县话却是读复合韵母的。例如：闭pei、艺ȵiei?、米meɤ̆、弟teɤ̆、鸡tʃɤ̆、皮p'ɛi、地t'ɛi?、李lei、稀sei。

第二，"头秋沟口牛"（流开一、三）等字，在徽州方言的读音大都趋于高元音化，例如，绩溪读ɹi韵母，旌德读i（沟口）和iu（走秋牛）韵母，淳安读ɯ（沟走头）iɯ（秋牛）韵母，然而婺源话却读成低元音韵母ɑ（头t'ɑ、走tsɑ、秋ts'ɑ），ia（沟tɕia、口tɕ'ia、牛ȵia）。同时，婺源话将流摄一等韵古见晓组读牙喉音声母的字读成舌面前音tɕ（沟）、tɕ'（口）、ɕ（侯厚）声母的情况，这在徽州方言里也是不多见的现象。

第三，古知照组声母在徽州方言里一般都读成舌面前音tɕ tɕ'ɕ和舌尖

_____

① 有"儿化韵"的方言里，"儿"的口语读音是n。

前音 ts ts's 声母，然而祁德片话却大都读成舌尖后音声母。例如祁门话"张章"tʂɔ̃、"责"tʂɑ、"畅唱"tʂʻɔ̃、"策"tʂʻɑ、"商"ʂũɔ̃、"色"ʂɑ，并且祁门话还可以与齐齿呼韵母相拼，如"知"tʂi，"迟"tʂi。这种演变情况在徽州方言中也是很少见的。

第四，徽州方言淳安、遂安、建德、寿昌以及婺源话都有收-m尾的鼻韵母。其中淳安、建德、寿昌话的-m尾韵来自通摄阳声韵，婺源话的-m尾韵大都来自古咸、山摄（开口一、二等）阳声韵和通摄阳声韵，它们与古音的-m尾韵有一定的源流关系。然而遂安话的-m尾韵却是由宕、江摄（收-ŋ尾）阳声韵演变来的，它与古音的-m尾韵母毫无关系。这种变异情况在徽州方言中也是唯一的。

造成徽州方言非一致性的外部原因，主要是地理条件、社会状况以及外来方言的影响等等。这里只着重分析外来方言的影响对于徽州方言造成的差异性。徽州方言区范围不大，十几个县市地处浙皖赣三省边缘。西南部浮梁、德兴、婺源深入赣语区内，祁门紧邻江西瓷都景德镇。这里的人们与赣语接触频繁，受其影响是肯定的。黟县的商人虽起步较晚，但景德镇却是他们早期经商的最大埠头。《黟县志·商业志》说："黟县'徽商'遍及江南各地……，在景德镇尤为集中"，并说"当时景德镇称为'黟县佬码头'，黟县话在市区可以通用。"这样，黟人在与赣语区人的交往中，语言成分必然也会相互吸收。前面说过的那些徽语里的"子"缀词，以及与皖中江淮话、赣语相同的词语，应该是这种融合的产物。婺源话中"谓语＋之"表示持续和完成的结构，门关之_{门关了}、门锁之_{门锁了}、佢走之_{他走了}、打碎之_{打碎了}，与皖中江淮话相同。"坐到吃比徛_跪到吃好"的说法也与赣语相同。这些说法却与徽语其他地方的说法迥异，这还不能使我们得到启示吗？

江浙各大商埠很早就是徽商的经营舞台。绩、歙、休、黟等县的很多商人都是在这里发迹的。他们虽然长期生活客籍，但仍经常返回故里，既带回来了财富，也带回来了江浙话的语言成分。尤其是抗战时期，大批江浙市民逃到徽州，避难数年。原属休宁的屯溪小镇，此时人口激增（多达八万），曾有"小上海"之称。毫无疑问，这也是徽州方言史上最重要的一次语言大汇合。至今徽州方言中仍在使用的那些与吴语相同的成分，可能很多就是在此时期融入的。

严州片徽语地处浙江，长期与吴语交错共处，受到吴语影响更为必然。严州片徽语知、章组开口三等字不读舌面前音 tɕ tɕʻɕ 声母而读舌尖前音 ts tsʻs 声母，古阳声韵有的合并，有的弱化为鼻化音，有的转化为元音韵也与吴语的情况相似。至于"灰塪"灰尘、"射污"拉屎、"晒晒干""洗洗干净"等说法也跟吴语相同。此外，否定副词用"弗"，不用"不"，如建德话："弗管尔去弗去，横直卬都要去介"不管你去不去，反正我是要去的这种用法也与吴语相同。事实证明，受到周边这些不同方言的影响，也是造成徽州方言内部差异的重要原因。

第五章　标音徽州方言作品

一、歙县话谚语、歇后语、谜语、歌谣

（一）谚语

sɛ³¹ ve²² tsʰu³¹₃₅ iʔ²¹ tsʰiʌ̃⁴⁴, so³¹ i³¹ niɔ²² li²² kɛ³²⁴ tʰe⁴⁴ çiʌ̃⁴⁴;

·三月初一晴，蓑衣箬笠盖田塍；

sɛ³¹ ve²² tsʰu³¹₃₅ iʔ²¹ lɔ²², so³¹ i³¹ niɔ²² li²² puʔ²¹ li⁴⁴ çiʌ̃³¹.

·三月初一落，蓑衣箬笠不离身。（歙）

tsɔ³⁵ çiaʰ sʅ³²⁴ sɛ³₃₅kʰuʌ̃³¹ kʰuʌ̃³¹, kʌ̃³¹ tɕiɔ· ni²² tʰiu⁴⁴ xuʌ̃³³ xuʌ̃³³.

·早上四山空空，今朝日头烘烘。（歙）

peʔ²¹ çia³¹₃₅ lɛ²² tɔ³⁵₄₄ tsʰɔ³⁵, lɛ⁴⁴ çia³¹ xɔ³⁵ çiu³¹ tɕʰiʌ̃⁴⁴.

·北乡烂稻草，南乡好收成。（歙）

xa²² tsʅ³²⁴ y³⁵ me⁴⁴ me⁴⁴, kɔ³¹ʰ sɛ³¹ xɔ⁵⁵ tsʌ̃³²⁴ tʰe⁴⁴.

·夏至雨绵绵，高山好种田。（歙）

xue²² kɛ³⁵ ti kʰɛ³²⁴ iʌ̃⁴⁴ tsʰe⁴⁴, puʔ²¹ xue²² kɛ³⁵ ti kʰɛ³²⁴ ka³¹ tsʰɛ⁴⁴.

·会拣的看人才，不会拣的看家财。（歙）

kʌ̃³¹ ne⁴⁴ sʌ̃³⁵ tsʅ lɛ⁴⁴ ne⁴⁴ tsuʔ²¹, çiɔ³²⁴₃₅ tsɔ³²⁴ tʰi³⁵ tɕʰia³⁵ lɔ⁴⁴₃₅ lɛ⁴⁴ fuʔ²¹.

·今年笋子来年竹，少壮体强老来福。（歙）

tɕiaʔ²¹ çi³⁵ tsʰiʌ̃³¹, çiu³⁵ çi³⁵ tsʰiʌ̃³¹, neʔ²¹ tɕʰi³⁵ tɕʰye⁴⁴ tʰiu⁴⁴ kɔ³²⁴ tsʰʅ²² çiʌ̃³¹.

·脚是亲，手是亲，捏起拳头靠自身。（歙）

puʔ²¹ iɔ³²⁴ kʰɛ³²⁴₃₅ siʌ̃³¹ niʌ̃⁴⁴ ɕia³⁵ tɕiɔ³²⁴, iɔ³²⁴₃₅ kʰɛ³²⁴ lɔ³⁵ lɛ³⁵ ɕiu³¹ tɕʰiʌ̃⁴⁴.

· 不要看新人上轿，要看老来收成。（歙）

tɕʰi³¹ xɛ³²⁴ puʔ²¹ nia²² iʌ̃⁴⁴, nia²² iʌ̃⁴⁴ puʔ²¹ ue⁴⁴ tɕʰi³¹.

· 痴汉不让人，让人不为痴。（歙）

fe⁴⁴ tʰe⁴⁴ puʔ²¹ y⁴⁴ ɕiu³²⁴₃₅ te³²⁴.

· 肥田不如瘦店。（歙）

iu³⁵ le⁴⁴ tʰʌ̃⁴⁴ xɛ⁴⁴, m̩⁴⁴ ie⁴⁴ tʰʌ̃⁴⁴ tʰɛ³⁵.

· 有盐同咸，无盐同淡。（歙）

sɛ³¹ tʰɛ²² puʔ²¹ ne²² ɕy³¹, xɔ³⁵₄₄ pi³⁵ iʔ²¹ kʰo³¹ tɕy³¹.

· 三代不念书，好比一窠猪。（歙）

（二）歇后语

tɕiʔ²¹₃₅ fe²² kaʔ²¹ tsʰɛ³²⁴——tɕʰiʌ̃³¹ ɛ⁴⁴ i²² tɕy³⁵.

· 吃饭夹菜——轻而易举。　（歙）

ŋa⁴⁴ tɕʰi³⁵ ŋɔ³⁵ tɕʰie²² tʰiu⁴⁴——tsʰ̩²² ka³¹ tiu³²⁴ tsʰ̩²² ka³¹.

· 牙齿咬舌头——自家斗自家。（歙）

o⁴⁴ siʌ̃³²⁴ fo³²⁴ pʰi³²⁴——tse³²⁴ xiu²² iʔ²¹ tɕiɔ³¹.

· 黄鼬放屁——最后一招。（歙）

iu⁴⁴ tsiʌ̃³²⁴ pʰi⁴⁴ pʰa³¹ vu²²——iu²² ve⁴⁴ iu²² xuaʔ²¹.

· 油浸枇杷核——又圆又滑。（歙）

tʌ̃³¹ kua³¹ tʰiʌ̃⁴⁴ mɛ²² tɔ³²⁴ lu²² tʰiu²² tʰi²²——tʌ̃³¹ tɕʰie³⁵ ɕi³¹ la³¹.

· 冬瓜藤蔓到绿豆地——东扯西拉。（歙）

fɛ³¹ li ie⁴⁴ tɕʰye⁴⁴ lɔ³¹ tsʰɔ³⁵ pɔ³¹——　teʔ²¹ puʔ²¹ tɕʰia⁴⁴ ɕiʔ²¹.

· 翻了盐船捞草包——得不偿失。（歙）

to⁴⁴ ɕi²² tʰiu⁴⁴ tɕiʌ̃³²⁴ sɛ³¹₅₃——　pʰɛ²² fe³²⁴ li²².

· 佗石头进山——白费力。（歙）

tiʌ̃³⁵ pʰu²² tɕʰiu²² tɕʰia³²⁴₃₅ ɕi³²⁴——tɕʰiʔ²¹₃₅ li²² puʔ²¹ tʰɔ³⁵₄₄ xɔ³⁵.

· 顶步白唱戏——吃力不讨好。（歙）

ni²² tʰiu⁴⁴ kʰo³¹ li te³⁵ tⱽ̃³¹ lⱽ̃⁴⁴ —— to³¹ tsʰʅ³⁵ iʔ²¹ tɕy³⁵.

· 日头窠里点灯笼——多此一举。_(歙)

lε²² keʔ²¹ pɔ³⁵ tʰⱽ̃³¹ xo³⁵ lε²² ɕia⁴⁴ ——tsʰʅ²² puʔ²¹ lia²² li²².

· 癞疙宝吞火链蛇——自不量力。_(歙)

ɕi²² tɕʔy³⁵ kʰε³¹ xua³¹ ma³⁵ tɕʰyʔ²¹₃₅ kɔʔ²¹ —— puʔ²¹ kʰo³⁵ nⱽ̃⁴⁴.

· 石杵开花马出角——不可能。_(歙)

tsie³¹ tɔ³¹ miɔ³⁵ ɕia³⁵ tʰe³⁵ ɕyeʔ²¹ ——mɔ²² ɕie³⁵.

· 尖刀杪上舔血——冒险。_(歙)

pʰiⱽ̃⁴⁴ li³⁵ ia³⁵ xua³¹——xɔ³⁵₄₄ tɕiⱽ̃³⁵ puʔ²¹ tɕʰia⁴⁴.

· 瓶里养花——好景不长。_(歙)

pε³¹ ku³⁵ ɕia³⁵ mⱽ̃⁴⁴ ——tʰɔ³⁵₄₄ ta³⁵.

· 背鼓上门——讨打。_(歙)

(三)谜语

pʰi⁴⁵₄₄ pʰi⁴⁵ pʰɔ³³, pʰɔ³³pʰi⁴⁵₄₄ pʰi⁴⁵, tsʰe³² iⱽ̃⁴⁴ ue³³ iⱽ̃⁴⁴ tʰε⁴⁴ puʔ²¹ tɕʰi⁴⁵.
(iⱽ̃⁴⁵₄₄ iⱽ̃⁴⁵)

· 疤疤薄，薄疤疤，千人万人抬不起。_(歙)（影影）

kʰe³² tɕʰiω³² tʰi³²⁴, kuε³² tɕʰiω³² tʰi³²⁴, ta³² tsⱽ̃³² kuε³² tɕʰiɔ³³ kω³²⁴ siɔ⁴⁵₄₄ kue⁴⁵ ti³²⁴.
(ŋε⁴⁵ tsiⱽ̃³²)

· 开抽屉，关抽屉，当中关着个小鬼蒂。_(歙)（眼睛）

xω⁴⁴ tɕʰy la⁴⁴ ,ue⁴⁵ pa³² tɕʰia⁴⁴, ni³³ ka³² fε³² kuⱽ̃³² tiω⁴⁵, ia³³ ka³² iɔ³²⁴ tɕʰiⱽ̃⁴⁴ lia⁴⁴.
(tiɔ³²⁴ ɕy⁴⁵ tʰⱽ̃⁴⁵)

· 黄鼠狼，尾巴长，日家翻弓斗，夜家要乘凉。_(歙)（吊水桶）

ɕyⱽ̃³² tʰi³³ tsʰiʔ²¹ paʔ²¹₄₅ pεʔ²¹, tɕʰyʔ²¹ mⱽ̃⁴⁴ tsω³²⁴ ɕy⁴⁵ kʰεʔ²¹, xe³³ lu³³₂₂ tɕʰi³²⁴, ɕy⁴⁵ lu³³₂₂ lε⁴⁴. (ɕy⁴⁵ tɕʰia³²)

· 兄弟七八白，出门做水客，旱路去，水路来。_(歙)（水车）

i$ʔ^{31}$ kɯ^{324} lɔ$^{45}_{44}$ tɕʰy^{45}, lia^{45} kɯ^{324} ue^{45} pa^{32}, lʌ̃^{33} lɛ^{44} lʌ̃^{33} tɕʰi^{324}, tu^{32} tsʰɛ^{45} iʔ^{31} ka$^{32}_{53}$. （kɯ^{45} luʔ）

· 一个老鼠，两个尾巴，跳来跳去，都在一家。_(歙) （餜辘）

luʔ$^{21}_{45}$ luʔ^{21} ue^{44}, ue^{44} luʔ$^{21}_{45}$ luʔ^{21}, teʔ^{21} xa^{33} tʰi^{33}, tsʰiʌ̃^{44} tiʔ^{21} kʰuʔ^{21}.
（pʰi^{324}）

· 辘辘圆，圆辘辘，跌下地，寻得哭。_(歙) （屁）

（四）歌谣

· **掩苞芦**　ŋɛ^{45} pɔ^{32} lu^{44} _(歙县)

ŋɛ^{45} pɔ^{32} lu^{44} tsʅ^{45}, kʰɛ^{45} pɔ^{32} lu^{44} xua^{32}, puʔ^{21} tɕi^{32} ŋɛ^{45} tɔ^{324} la^{45} iʔ^{21} ka^{32}.
掩苞芦子，开苞芦花，不知掩到哪一家。

ŋɛ^{45} tʌ̃^{32} ka^{32}, ŋɛ^{45} ɕi^{32} ka^{32}, mɔ^{33} tʰe^{44} kiɯ^{45} kʰua$^{324}_{45}$ kʰua^{324} lɛ^{44} ka^{32} tʰe^{45} fɛ^{33} pa^{32}.
掩东家，掩西家，望田狗快快来家舔饭粑。

· **火焰虫**　xɯ^{45} ie^{33} tsʰʌ̃^{44} （歙县）

xɯ^{45} ie^{33} tsʰʌ̃^{44}, tiɯ$^{324}_{45}$ tiɯ^{324} fe^{32}, fe^{32} xa^{33} lɛ^{44}, tɕʰiʔ^{21} u^{32} kue^{32}.
火焰虫，斗斗飞，飞下来，吃乌龟。

u^{32} kue^{32} iɯ^{33} iɯ^{45} kʰɔʔ^{21}, xa^{33} lɛ^{44} tɕʰiʔ^{21} liʌ̃^{44} kɔʔ^{21}.
乌龟又有壳，下来吃菱角。

liʌ̃^{44} kɔʔ^{21} lia^{45} tʰiɯ^{44} tse^{32}, fɯ^{324} kɯ^{324} pʰi^{324}, ta^{45} ɕia^{45} tʰe^{32}.
菱角两头尖，放个屁，打上天。

tʰe^{32} iɯ^{45} ŋɛ^{45}, ma$^{45}_{44}$ pa^{45} se^{45}, se$^{45}_{44}$ iɯ^{45} piʌ̃^{45}, ma^{45} pa^{45} tɕʰiʌ̃^{324}.
天有眼，买把伞。伞有柄，买把秤。

tɕʰiʌ̃^{324} miɯ^{45} tʰɯ^{44}, ma^{45} tɕiʔ^{21} niɯ^{44}. niɯ^{44} miɯ^{45} sɔʔ^{21}, tɕʰia^{45} iʌ̃^{44} tɕʰia$^{45}_{44}$ m̩^{45}
teʔ^{21} xa^{44} kɔʔ^{21}.
秤没有铊，买只牛。牛没有索，丈人丈姆跌下阁。

·咯咯嗒　　kɔʔ²¹ kɔʔ²¹ taʔ²¹₄₄　（歙县）

kɔʔ²¹ kɔʔ²¹ taʔ²¹₄₄, taʔ²¹₄₄ kɔʔ²¹₃₅ kɔʔ²¹! sɛ³² kɷ³²⁴ tɕi³² tsʅ⁴⁵ tʰɔ⁴⁵ lɔ⁴⁵₄₄ pʰɷ⁴⁴.

咯咯嗒，嗒咯咯！生个鸡子讨老婆。

iɷ⁴⁵ tsʰe⁴⁴ tʰɔ⁴⁵ kɷ³²⁴ xua³² xua³² ny⁴⁵, m̩⁴⁴ tsʰe⁴⁴ tʰɔ⁴⁵ kɷ³²⁴ la³³ li³³₂₂ pʰɷ⁴⁴.

有钱讨个花花女，无钱讨个瘌痢婆。

·十送郎　　ɕi³³ sʌ̃³²⁴ la⁴⁴　（歙县）

iʔ²¹ sʌ̃³²⁴ la⁴⁴, sʌ̃³²⁴₃₅ tɔ³²⁴ tɕiʌ̃⁴⁵ tʰiɷ⁴⁴ pe³². pʰɛʔ²¹ pʰɛʔ tɕiʌ̃⁴⁵ tʰiɷ⁴⁴ ɕy³³ ɕy³³₂₂ tʰe³².

一送郎，送到枕头边。拍拍枕头睡睡添。

ɛ³³ sʌ̃³²⁴ la⁴⁴, sʌ̃³²⁴₃₅ tɔ³²⁴ sɷ⁴⁴ me³³ tsʰe⁴⁴. pʰɛʔ²¹ pʰɛʔ⁰ sɷ⁴⁴ tʰiʌ̃⁴⁴ tsʰɷ⁴⁵ tsʰɷ⁴⁵ tʰe³².

二送郎，送到床面前。拍拍床梃坐坐添。

sɛ³² sʌ̃³²⁴ la⁴⁴, sʌ̃³²⁴₃₅ tɔ³²⁴ kʰe⁴⁵ tʰa³³ pe³². kʰɛ³² kʰɛ³² kʰɛ⁴⁵ tʰa³³ kʰɛ³²⁴₃₂ tsʰiʌ̃³² tʰe³²; iɷ⁴⁵ fʌ̃³² iɷ⁴⁵ y⁴⁵ kʰua³²⁴₃₅ kʰua³²⁴ lɔ³³, liɷ⁴⁴ a³² la⁴⁴ kɷ³² ɕieʔ²¹ ie³³ tʰe³².

三送郎，送到槛闼_{窗户}边。开开槛闼看青天；有风有雨快快落，留我郎哥歇夜添。

sʅ³²⁴₃₅ sʌ̃³²⁴ la⁴⁴, sʌ̃³²⁴₃₅ tɔ³²⁴ fɷ⁴⁴ mʌ̃⁴⁴ pe³². tsɷ⁴⁶₄₄ ɕiɷ⁴⁵ mɔ³² mʌ̃⁴⁴ ɕye³², iɷ³³ ɕiɷ⁴⁵ mɔ³² mʌ̃⁴⁴ ɕye³², mɔ³²puʔ tɕʰiɔ³³ mʌ̃⁴⁴ ɕye³² la⁴⁵ iʔ²¹ pe³².

四送郎，送到房门边。左手摸门闩，右手摸门闩，摸不着门闩哪一边。

u⁴⁵ sʌ̃³²⁴ la⁴⁴, sʌ̃³²⁴₃₅ tɔ³²⁴ kɔʔ²¹ tɕʰiɔ⁴⁴ tʰiɷ⁴⁴. tsɷ⁴⁵₄₄ ɕiɷ⁴⁵ taʔ²¹ lɛ⁴⁴ kɛ³², ŋɛ⁴⁵ li³³ tsʰɛ⁴⁵ na³³ liɷ⁴⁴; iɷ³³ ɕiɷ⁴⁵ la³² tɕʰi⁴⁵ lɷ⁴⁴ tɕʰyʌ̃⁴⁴ tsʰaʔ²¹ ŋɛ⁴⁵ li³³. fɷ³²⁴₃₅ xa³³ lɷ⁴⁴ tɕʰyʌ̃⁴⁴ tsʰiɷ³²⁴₃₅ tʰi³³ tʰɷ³²,

五送郎，送到阁桥头。左手搭栏杆，眼泪在那流；右手拉起罗裙擦眼泪，放下罗裙凑地拖。

liɷ³³ sʌ̃³²⁴ la⁴⁴, sʌ̃³²⁴₃₅ tɔ³²⁴ tʰiʌ̃³² tʰa⁴⁴ ɕia⁴⁵. tsɷ⁴⁵₄₄ ɕiɷ⁴⁵ pɷ³² kɷ³² kɷ⁰ tsʰɛ³² y⁴⁵₄₄ sɛ⁴⁵, iɷ³³ ɕiɷ⁴⁵ pɷ³² kɷ³² kɷ⁰ pʰɔʔ²¹ mʌ̃⁴⁴ ɕye³².

六送郎，送到厅堂上。左手帮哥哥撑雨伞，右手帮哥哥拔门闩。

tsʰiʔ^{21} sã^{324} la^{44}, sã$^{324}_{35}$ tɔ^{324} xiɷ^{33} mã^{44} tiɷ^{44}. kʰɛ^{32} kʰɛ^{0}xiɷ^{33} mã^{44} iʔ^{21} kʰɷ$^{32}_{53}$ xɔ^{45} çi^{33} liɷ^{44}. siã^{32} sia^{45}kɔ^{45} kɷ^{0}çi^{33} liɷ^{44} la^{44} kɷ^{32} tɕʰiʔ^{21}, tɕʰiʔ^{21} tɕʰiɔ^{33} ue^{33} tʰɔ$^{33}_{22}$ xɔ^{45} xue^{44} tʰiɷ^{44}.

七送郎，送到后门头。开开后门一颗好石榴。心想搞个石榴郎哥吃，吃着味道好回头。

paʔ^{21} sã^{324} la^{44}, sã$^{324}_{35}$ tɔ^{324} xɷ^{44} xua^{32} tʰa^{44}, tsɛʔ^{21} çie^{32} xɷ^{44} ie^{33} pʰiã^{32} tɕia^{32} sɷ^{44}; sɛ^{32} lɛ^{44} tɕiɔ^{324} kɷ^{0}xɷ^{44} xua^{32} pɔ^{45}, sɛ^{32} ny^{45} tsʰiɔ^{33} tɕiɔ^{324} pɔ^{45} xɷ^{44} xua^{32}.

八送郎，送到荷花塘，摘些荷叶拼张床；生男叫个荷花宝，生女就叫宝荷花。

tɕiɷ^{45} sã^{324} la^{44}, sã$^{324}_{35}$ tɔ^{324} tã^{32} lã^{44} te^{324}. kɷ^{32} kɷ^{0}ŋ̩^{45} puʔ^{21} iɔ^{324} xɔ^{33} tã^{32} lã^{44} tsʰe^{32} kɷ$^{324}_{32}$ ŋɛ^{45}, iɔ$^{324}_{35}$ xɔ^{33} la^{33} tsuʔ^{21} iʔ^{21} tʰiɔ^{44} siã^{32}.

九送郎，送到灯笼店。哥哥尔不要学灯笼千个眼，要学蜡烛一条心。

çi^{33} sã^{324} la^{44}, sã$^{324}_{35}$ tɔ^{324} tʰu^{33} tɕye^{44} tʰiɷ^{44}. tɕiɔ^{324} iʔ^{21} çiã$^{32}_{53}$: tsʰɛ^{32} tɕye^{44} kɷ^{32}, iɔ^{44} lu^{45} kɷ^{32}, pɷ^{32} a^{45} ka^{32} kɷ^{32} kɷ^{0}tsʰɛ^{32} tiʔ^{21} uã^{45} tɷ^{32} tɷ^{32}.

十送郎，送到渡船头。叫一声：撑船哥，摇橹哥，帮我家哥哥撑得稳端端。

a^{32} tsʰɛ^{32} tɕye^{44} tsʰɛ^{32} tiʔ^{21} tɷ^{32},iɔ^{44} lu^{45} iɔ^{44} tiʔ^{21} tɷ^{32},puʔ^{21} sã^{45} kʰɛ$^{324}_{35}$ tɕiɔ^{33} ŋ̩^{45} ŋ̩^{32} kɷ^{0}

▲船工唱：我撑船撑得多，摇橹摇得多，不曾看着尔_你嗯这个

so^{45} nia^{44} pʰi$^{324}_{32}$ li pʰi$^{324}_{32}$ lɷ^{32} sɔʔ^{21}!

嫂娘屁哩屁啰嗦！

·做个媒 （歙县）

ue^{22} lia^{22} tʰa^{22} tʰa^{22}, kʰɛ^{31} mã^{44} ni^{44} ŋa^{0}.

月亮大大，开门呢呀。

tʰa^{44} tsʰe^{44} la^{35} ko^{324} lɛ?

堂前哪个来？

ŋa^{22} kuã^{31} ŋa^{22} pʰo^{44} lɛ^{44}.

外公外婆来。

lɛ⁴⁴ tso³²⁴ mo⁴⁴ ɛ⁰?

来做么唉②？

po³¹ n̩³⁵ ka⁰ny³⁵ tso³²⁴ ko³²⁴ mɛ⁴⁴.

帮尔家女③做个媒。

tso³²⁴ tɔ³²⁴ la³⁵ li³⁵?

做到哪里？

tso³²⁴ tɔ³²⁴ tshiʌ̃³¹ sɛ³¹ kʰu³⁵ tsuʔ²¹ pʰɛ⁴⁴:

做到青山苦竹培④：

tʰiʌ̃³¹ puʔ²¹ tɕʰiɔ²² ka³¹ tɕi³¹ tɕiɔ³²⁴,

听不着家鸡叫，

tɕiʔ²¹ tʰiʌ̃³¹ tɕʰiɔ²² ia³⁵ tɕi³¹ tʰi⁴⁴;

只听着野鸡啼；

mɔ²² puʔ²¹ tɕʰiɔ²² nia⁴⁴ ka³¹ iu³⁵ iʌ̃⁴⁴ lɛ⁴⁴,

望不着娘家有人来，

kʰɛ³²⁴ tiʔ²¹ tɕʰiɔ²² xu⁴⁴ sʌ̃³¹ pʰa⁴⁴ ɕy²² pʰi⁴⁴.

看的着猢狲⑤爬树皮。

①呢呀：开门声

②做么唉？做什么？

③尔家女：你的女儿。

④培：坡，苦竹培即苦竹坡。

⑤猢狲，猴子。

二、绩溪话谚语、歇后语、谜语、歌谣

（一）谚语

tɕʰieʔ³² nie' kə³¹ xo²¹³ kə²¹³, tʰɛ̃i³¹ tɕʰiã⁴⁴ loʔ³² y²¹³ mɪi³¹₅₃ tieʔ³² tsʰθ²¹³；

·吃了交夏粿，天晴落雨没的坐；

tɕʰieʔ³² nie' kə³¹ xo²¹³ tɕiã³⁵, ieʔ³²₅₅ sʅ⁴⁴₂₂ ieʔ³²₅₃ kə³² mɪi³¹₅₃ tieʔ³² kʰuã³⁵.

·吃了交夏粽，一时一刻没的困。（绩）

tã³¹ tsʅ³⁵ yæʔ³² tʰɪi⁴⁴, mɔ²² pʰʅ²¹³ mɔ²¹³ ŋɪi⁴⁴ tã³¹ tsʅ³⁵ yæ³² tsã³¹ pʰʅ²¹³ kʰθ³¹ lã²¹³ fã³¹ fã³¹；tã³¹ tsʅ³⁵ yæʔ³² vɪi²¹³ tã³⁵ sɔʔ³² lɔ²¹³₃₅ kuei²¹³.

·冬至月头，卖被买牛，冬至月中，被窠暖烘烘；冬至月尾，冻煞老鬼。（绩）

tɕʰyã³¹ vu²² ieʔ³²₅₅ tɕie³¹ tɕʰiã⁴⁴, xo²²vu²² y²¹³₂₁ niã⁴⁴ niã⁴⁴.

·春雾一朝晴，夏雾雨淋淋。（绩）

tsʰɪi³¹ vu²² niæ³² sɔʔ³² iã⁴⁴, tã³¹ vu²² ɕiæʔ³² fã³¹ mã⁴⁴.

·秋雾热煞人，冬雾雪封门。（绩）

yæʔ³²₄₄ sʅ³¹ yæʔ³²₄₄ lɔ²¹³, yæʔ³²₄₄ tɕʰieʔ³² xo⁴⁴ n̩y⁴⁴ yæʔ³²₄₄ pʰɔʔ³² tʰɔ²¹³.

·越嬉越懒，越吃咸鱼越淡泊。（绩）

kɔ³¹ sɔʔ³² lθ⁴⁴ tsʅ³⁵, ŋθ²² sɔʔ³² xõ⁴⁴ tsʅ³⁵.

·干煞芦稷，饿煞皇帝。（绩）

（二）歇后语

pʰθ⁴⁴ ɕiã³¹ fu²¹³ ieʔ³² sõ⁴⁴ kʰuã³⁵——mɪi⁵³ kuã³¹₅₃ fu⁵³.

·婆新妇一床困——没工（公）夫。（绩）

sɪi²¹³ tɕʰiõ⁴⁴ sɔ³¹ tsʰɪi²² tã²¹³——nieʔ³² pə³² tsʰã⁴⁴ ɕiã³¹.

·手长衫袖短——力不从心。（绩）

（三）谜语

ie^{32} tɕie$^{32}_{55}$ tɕy^{31}, pə^{32} tɕʰie$^{32}_{55}$ kʰõ^{31}, tɕʰie^{44} pʰ$^{35}_{1}$ ku^{213} tɔ$^{213}_{35}$ ie^{32} tɕʰiõ^{31}.
（se^{213}）

· 一只猪，不吃糠，朝屁股打一枪。_(绩)（锁）

pã^{35} sɔ^{31} pʰæ^{44} tsɿ^{0} ie^{32} kʰuæ^{35} miæ^{32}, ɕie^{32} ke^{35} tɕie^{213} ke^{0} tsʰæ$^{213}_{21}$ pə$^{32}_{55}$
ɕyæ^{32}. （sɔ$^{32}_{24}$ lu^{22}）

· 半山培子一块篾，十个九个踩不折。_(绩)（山路）

n̠iõ$^{213}_{42}$ ke^{0} ku^{31} n̠iõ^{44} ie$^{32}_{55}$ iõ^{22} tɕʰiõ^{44}, ie$^{32}_{55}$ iõ^{22} tɔ$^{213}_{42}$ pɔ^{35}, n̠iõ$^{213}_{42}$ iõ^{22} tʰu$^{213}_{42}$
tɕʰiõ^{44}. （tæ lɛi^{44}）

· 两个姑娘一样长，一样打扮，两样肚肠。_(绩)（对联）

ɕyã$^{31}_{55}$ tsʰ$^{22}_{1}$ lə$^{32}_{55}$ tɕʰie^{32} ke^{35}, n̠ie$^{32}_{44}$ n̠ie$^{32}_{44}$ iɔ$^{22}_{44}$ iɔ^{22} kʰə$^{32}_{55}$ tʰɹi$^{44}_{22}$ kʰə$^{32}_{55}$ lə$^{31}_{21}$
tse^{35}. （ɕy$^{213}_{42}$ tæ^{35}）

· 兄弟六七个，日日夜夜磕头磕脑做。_(绩)（水碓）

s$^{35}_{1\;44}$ kɔ$^{32}_{55}$ xõ^{31} xõ^{31} ie^{32} kʰuæ^{35} tɕyɛ$^{32}_{53}$, tie^{31} tɔ$^{213}_{42}$ tsã^{31} kɔ^{31} pə$^{32}_{55}$ tɔ$^{213}_{21}$ pɛi$^{31}_{53}$.
（sã pʰã^{44}）

· 四角方方一块砖，只打中间不打边。_(绩)（算盘）

tsʰə$^{32}_{55}$ mã^{44} kuã^{213} tiã$^{31}_{53}$ pʰõ^{35}, læ^{44} kɔ^{31} sɹi^{35} tɕiã^{31} tɕiã^{31}, kʰæ$^{213}_{21}$ tsʰæ^{31} pɔ^{213} pie$^{32}_{55}$ xo^{213}, ŋɔ$^{213}_{42}$ lɹi^{22} kɔ^{35} n̠iã^{44} n̠iã^{44}. （sɔ^{213}）

· 出门滚叮胖，来家瘦筋筋，隑在板壁下，眼泪挂淋淋。_(绩)（伞）

（四）歌谣

推车磨车 tʰa^{53} tsʰo^{44} me^{22} tsʰo^{44} （绩溪）

tʰa^{53} tsʰo^{44} me^{22} tsʰo^{44}, me^{22} tə^{35} ŋɔ^{22} pʰe^{44} kɔ^{31}. ŋɔ^{22} pʰe^{44} pə$^{32}_{55}$ tsʰ$^{213}_{1\;42}$ kɔ^{31},
xɹi^{22} mã^{44} tʰɹi^{44}, tɔ$^{213}_{21}$ lə^{213} ŋo$^{31}_{53}$. tɔ$^{213}_{21}$ ie$^{32}_{54}$ tɕie^{32}, pʰə$^{22}_{42}$ pʰə$^{22}_{42}$ tɕʰie^{32}, tɔ$^{213}_{21}$ ie^{32} sõ$^{31}_{53}$,
ɕie^{31} vɔ^{213} tʰõ$^{31}_{53}$, tɔ$^{213}_{21}$ ie$^{32}_{54}$ læ^{35}, ɕle^{31} vɔ^{213} tsʰæ^{35}, tɔ$^{213}_{21}$ ie^{32} le^{44}, tʰə$^{213}_{42}$ lʰə^{213} pʰe^{44},
tɔ^{213} ie$^{32}_{54}$ tɔ^{35}, tʰɔ^{22} kɔ$^{31}_{53}$ te^{31} læ^{44} kʰɔ^{35}.

· 推车磨车，磨到外婆家。外婆不是_在家，后门头，打老鸦。打一只，爆爆吃，打一双，烧碗汤，打一对，烧碗菜，打一箩，讨老婆，打一担，大家都来看。

捉蟹蟹　tsoʔ^{32} xɔ$^{213}_{42}$ xɔ^{213}　（绩溪）

lɵ$^{35}_{42}$ lɵ$^{35}_{55}$ mə^{44}, iã$^{213}_{42}$ xɔ$^{213}_{42}$ xɔ^{213}, iã$^{213}_{42}$ tə$^{35}_{55}$ ko$^{31}_{53}$, ieʔ$^{32}_{54}$ tã^{35} tɔ^{213}. pie$^{35}_{54}$ tɔ^{213} pie$^{35}_{54}$ tɔ^{213}, tsʰɪi^{31} kuɔ$^{213}_{42}$ lɔ^{213}; pie^{35} tsʰɪi^{31}, pie^{35} tsʰɪi^{31}, pəʔ$^{32}_{54}$ tsoʔ^{32} xɔ$^{213}_{42}$ xɔ^{213} tsoʔ$^{32}_{54}$ lɪi^{44} tsʰɪi^{31}.

闪闪毛，引蟹蟹，引到家，一顿打。别打别打，抽拐榄；别抽，别抽，不捉蟹蟹捉溜鳅。

蜻蜓　tʰiã$^{44}_{31}$ tʰiã^{44}　（绩溪）

tʰiã$^{44}_{31}$ tʰiã^{44} fii$^{31}_{53}$ nieᵘtsɿ$^{31}_{53}$,xɔ$^{213}_{42}$ læ^{44} tɔʔ$^{32}_{54}$ mæ^{35} tsɵ$^{35}_{55}$ xɵ$^{213}_{42}$ sɿ$^{31}_{53}$. tʰiã$^{44}_{31}$ tʰiã^{44} fii^{31} nieᵘ ŋɔ^{213},xɔ$^{213}_{42}$ læ^{44} tɔʔ^{32} mæ^{35} tsɵ$^{35}_{42}$ xɵ$^{213}_{42}$ io^{213}.

蜻蜓飞力_得低，下来搭囡做伙嬉。蜻蜓飞力_得矮，下来搭囡做伙野。

点指帮帮　tẽi$^{213}_{42}$ tsɿ^{213} põ^{31} põ^{31}　（绩溪）

tẽi$^{213}_{42}$ tsɿ^{213} põ^{31} põ^{31}, mã$^{213}_{42}$ lu^{22} tsõ^{31} ɕiõ^{31}, tsoʔ$^{32}_{54}$ tɕʰio ʔ^{32} læ$^{213}_{42}$ ko^{35}, kɔʔ$^{32}_{54}$ tʰu^{213} ieʔ$^{32}_{54}$ tɕʰiõ^{53}.

点指帮帮，满路装香，捉着哪个，夹肚一枪。

拨_(给)**外孙女做媒**　po^{31} ŋɔ$^{22}_{44}$ sẽi^{31} ȵy$^{213}_{21}$ tsɵ^{35} mæ^{44}　（绩溪）

fã$^{31}_{44}$ lu^{44} ɕie^{35}, ŋɔ$^{22}_{54}$ kuã^{31} læ^{44}, sɿ$^{213}_{42}$ tɕʰioʔ$^{32}_{54}$ tɕie^{35}, ŋɔ$^{22}_{54}$ pʰɵ$^{44}_{21}$ læ^{44}. "læ^{44} tsɵ$^{35}_{54}$ məʔ$^{32}_{55}$ lə^{22}?" "po^{31} ŋɔ$^{22}_{44}$ sẽi^{31} ȵy^{213} tsɵ$^{35}_{44}$ kɵᵘmæ^{44}." "tsɵ$^{35}_{44}$ tə$^{35}_{42}$ læ$^{213}_{21}$ xæ^{35}?" "ɕiã$^{31}_{31}$ sɔ$^{31}_{53}$ lə$^{213}_{21}$ tsəʔ$^{32}_{54}$ pʰæ^{44}. tʰiã$^{35}_{35}$ pəʔ$^{32}_{55}$ tɕʰioʔ^{32} ko^{31} tsɿ^{31} tɕie^{35}, kʰɔ^{35} pəʔ$^{32}_{55}$ tɕʰioʔ^{32} io$^{213}_{42}$ tsɿ^{31} læ^{44}. lə$^{213}_{42}$ fu$^{213}_{35}$ tɕie^{35} ieʔ$^{32}_{54}$ ɕiã$^{213}_{53}$ lə$^{213}_{42}$ kuɔ^{31} lə$^{213}_{42}$ y^{22} tɕiã^{35} tsɵ$^{35}_{55}$ tsʰã$^{31}_{53}$."

烘炉笑，外公来，喜鹊叫，外婆来。"来做么闹？""拨外孙女做个媒。""做到哪块？""深山老竹培。听不着家鸡叫，看不得野鸡来。老虎叫一声。老官老妪进灶囵。

三、旌德话谚语、歇后语

（一）谚语

kʰe⁵⁵ ɕiŋ²¹³ tsʰ ʮ⁵⁵ tʰu²¹³ liu⁴² ku⁰tɕiɔ²¹³, fɿ³⁵ tsʰən⁴² pʰu⁵⁵ mi⁵⁵ ʮ²¹³ tɕiæ³⁵ tɔ²¹³.

· 克信 (蚯蚓) 出土蝼蛄叫，飞虫扑面雨将到。(旌)

tsʰʮ⁵⁵ yɿ⁵⁵ iæ⁴² tʰɔ⁴² pa⁵⁵ yɿ⁵⁵ tsɔ³⁵, tɕiu²¹³ yɿ⁵⁵ li⁵⁵ ti ɕiɔ²¹³ xa⁵⁵ xa⁵⁵.

· 七月杨桃八月楂，九月栗子笑哈哈。(旌)

e⁴² iɔ²¹³ tɕiŋ³⁵ se³⁵, tʰi⁴² iɔ²¹³ tən³⁵ ke³⁵.

· 儿要亲生，田要冬耕。(旌)

a⁵⁵ ti ɕi³⁵ xæ²¹³ sʮ⁴² tʰi⁴², tsʮ³⁵ ti ɕi³⁵ xæ²¹³ kɯ²¹³ ni⁴².

· 鸭的生喊 (蛋) 莳田，鸡的生喊 (蛋) 过年。(旌)

mɔ⁴² niŋ³⁵₃₁ mɔ⁴² yɿ⁵⁵, suɿ²¹³ me⁵⁵ tʰi⁴² tɕʰyɿ⁵⁵.

· 毛星毛月，水漫田缺。(旌)

tɕʰyəŋ³⁵ le⁴² xɔ⁵⁵ pe⁵⁵, ti³⁵ tʰi⁴² kʰa³⁵ tɕʰi⁵⁵.

· 春南夏北，低田开圻。(旌)

kʰuəŋ²¹³ pu⁰ tsʰo⁰, mu⁵⁵ tsu²¹³ xɔ²¹³; tsʰʮ²¹³ puʰ xɔ⁰ mu⁵⁵ ŋɯ⁵⁵ xɔ²¹³.

· 困不着，没做好；吃不下，没饿好。(旌)

lɔ²¹³ ua⁰ tsʰʮ²¹³ pɔ⁰, sʮ²¹³ tɕʰia⁵⁵ ȵi ɕiŋ³⁵.

· 老哇嘴巴，喜鹊儿心。(旌)

miɔ³⁵ ȵi pæ³⁵ tɔ²¹³ fæ⁵⁵ tɕiŋ²¹³, tsʰɔ²¹³₃₅ xuɔ²¹³ xa⁰ ki²¹³ ti.

· 猫儿扳倒饭甑，造化哈狗的。(旌)

kuæ²¹³₃₅ tsʮ²¹³ pu⁵⁵ ɕiɔ²¹³, kuæ²¹³₃₅ ki²¹³ pʰɔ⁴² tsɔ²¹³.

· 惯子不孝，惯狗爬灶。(旌)

pə⁴² tso⁵⁵ tsʰɛ³¹ ɕin³¹ pə⁴² ɕin³¹, pə⁴² tɕʰi⁴² y³³ tɕi³⁵ pɔ⁴² ɕin³¹.

· 不做贼心不惊，不吃鱼嘴不腥。(旌)

i⁵⁵ iæ⁵⁵ ti mi²¹³, tsʰɿ⁵⁵ tsʰʮ⁵⁵ pe⁵⁵ iæ⁵⁵ ti n̠iŋ⁴².

·一样的米，吃出百样的人。_(旌)

la²¹³ tɔŋ³⁵ kuɔ³⁵ pu⁵⁵ xɷ⁴², tæ³⁵ u⁴² lu⁰ʰ tsʰʮ⁵⁵ tsʰɿ²¹³.

·奈冬瓜不何，担葫芦出气。_(旌)

n̠iŋ⁴² iæ²¹³ n̠iŋ⁴² pʰɿ⁴² pɔ³⁵ ku³⁵, tʰi³⁵ iæ²¹³ n̠iŋ⁴² fɿ⁴² lu⁵⁵ lu⁵⁵.

·人养人皮包骨，天养人肥腺腺。_(旌)

tsʰʮ⁵⁵ məŋ⁴² tæ³⁵ pɔ²¹³₂₁ tɔ³⁵, tɕiŋ²¹³ məŋ⁴² iu²¹³ sa⁴² ɕiɔ³⁵.

·出门担把刀，进门有柴烧。_(旌)

tsʰɿ⁵⁵ xa⁰ piŋ²¹³₂₁ tsɿ⁰, tʰɔ²¹³ xa⁰ tɕiŋ²¹³ tsɿ.

·吃哈饼子，套哈颈子。_(旌)

mi⁵⁵ fəŋ³⁵₃₁ tsʰɿ⁴² kuɿ³⁵, ʮ²¹³ la⁴² fəŋ³⁵ tsɿ.

·蜜蜂迟归，雨来风吹。_(旌)

tsɔ²¹³ uɔ³⁵ iŋ³⁵, uæ²¹³ uɔ³⁵ tɕʰiŋ⁴², tsəŋ³⁵ u²¹³ uɔ³⁵ tɕiɔ²¹³ sa²¹³ sa⁰ n̠iŋ⁴².

·早蛙阴，晚蛙晴，中午蛙叫晒煞人。_(旌)

（二）歇后语

tʰo⁴² li ʮ⁴² tsɔ⁵⁵ la⁴² uo²¹³ xɷ⁴² li liɔ⁵⁵——pu⁵⁵ ɕiɔ²¹³ te⁰ li²¹³ ua⁵⁵

·塘里鱼捉来往河里撩——不晓得里外。_(旌)

ia²¹³ tsɿ³⁵ ti tse³⁵ tɕiŋ²¹³ mɔ⁴² tsʰɔ²¹³ kʰɷ³⁵—— ku²¹³₂₁ tʰiu⁴² pu⁵⁵ ku³⁵₃₅ uɿ²¹³.

·野鸡的钻进茅草窠——顾头不顾尾。_(旌)

tʰɔ²¹³₂₁ fæ⁵⁵ pu⁵⁵ tæ³⁵ kuəŋ²¹³₂₁ ti——ɕiu²¹³₃₅ ki²¹³₂₁ ti tsʰɿ²¹³.

·讨饭不担棍的——受狗的气。_(旌)

tɕ⁰ iŋ³⁵ ɕi⁵⁵ pæ²¹³₂₁ so⁰ kuæ²¹³ u³⁵₅₃ kuɿ³⁵—— ŋe⁵⁵ pʰəŋ²¹³₂₁ ŋe⁵⁵.

·青石板上掼乌龟——硬碰硬。_(旌)

tʰɔ²¹³ fæ⁵⁵ ti tsʰo²¹³ ɕiɔ²¹³ tʰiɔ⁵⁵——tɕʰyəŋ⁴² kʰua²¹³₂₁ ue⁰.

·讨饭的唱小调——穷快活。_(旌)

sæ³⁵ kɷ tʰəŋ⁴² tɕʰi⁴² fəŋ³⁵ liæ²¹³ ta³⁵₃₃—— i⁵⁵ sɿ²¹³₂₁ i⁵⁵, ə⁵⁵ sɿ²¹³₂₁ ə⁵⁵.

·三个铜钱分两堆——一是一，二是二。_(旌)

四、淳安话谚语、歇后语

（一）谚语

pʰə²⁴ tʰe⁴⁵ ven⁴⁵ ya⁵⁵ lin⁴⁵ lin⁴⁵, o⁵⁵ kʰue²⁴ ven⁴⁵, sa⁵⁵ saʔ⁵ lɔm⁴⁵.

· 炮台云雨淋淋，瓦块云晒煞侬。(淳)

su²⁴ su²⁴ ɕin²⁴, lã⁵⁵ lã⁵⁵ ɕin²⁴; mi?¹³ mi?¹³ ɕin²⁴, ya⁵⁵ lin⁴⁵ lin⁴⁵.

· 疏疏星，朗朗晴；密密星，雨淋淋。(淳)

ɕi⁵⁵ tɕiaʔ⁵ kʰaʔ⁵ kʰaʔ⁵ tɕiə²⁴, ken²⁴ tɕiə⁰ iʔ¹³ tʰɯ⁴⁵ ɕiə²⁴.

· 喜鹊喀喀叫，今朝日头笑。(淳)

lã⁴⁵ tɕʰin⁴⁵ tɕʰin⁴⁵, ɕya⁴⁵ tʰɯ⁴⁵ koʔ⁵ sã⁰ tsʰuəʔ⁵ uã⁴⁵ tɕin²⁴,

· 男勤勤，锄头角上出黄金，

ya⁵⁵ tɕʰin⁴⁵ tɕʰin⁴⁵, tɕya²⁴ lã⁴⁵ koʔ⁵ tʰɯ⁴⁵ iɯ⁵⁵ pʰaʔ¹³ in⁴⁵.

女勤勤，猪栏角头有白银。(淳)

ua⁵³⁵ piã²⁴ iʔ⁵ ka⁰ la²⁴ tsa?⁵ sɯ⁵⁵, ti⁵⁵ pəʔ⁵ tɕʰya⁰ ko²⁴ li⁵⁵ ka⁰ tʰeʔ⁵ kuã²⁴ tɯ⁵⁵.

· 外边一个哪吒手，抵不住家里个 (的) 脱光斗。(淳)

miə⁴⁵ hə⁵⁵ iʔ⁵ pã²⁴ koʔ⁵, tɕi²⁴ hə⁵⁵ iʔ⁵ pã²⁴ foʔ⁵.

· 苗好一半谷，妻好一半福。(淳)

tsʰaʔ⁵ iã²⁴ iə²⁴ kã⁵⁵ tsə⁵⁵, tɕiə²⁴ la⁴⁵ iə²⁴ kã⁵⁵ ɕiə⁵⁵.

· 插秧要赶早，教儿要赶小。(淳)

tʰə⁵⁵ pəʔ⁵ ɕiã⁵⁵ tsɔm⁵⁵ tsʰuəʔ⁵ pʰo⁵³⁵ tsʰə⁵⁵, lɔm⁴⁵ pəʔ⁵ ha?¹³ hə⁵⁵ tsɯ⁵⁵ ɕia⁴⁵ tʰə⁵⁵.

· 稻仈选种出稗草，侬 (人) 不学好走邪道。(淳)

iʔ⁵ tsʰã²⁴ tɕʰiʔ⁵ sã²⁴, sə?⁵ tsʰã²⁴ tɕʰiʔ⁵ iaʔ¹³ tʰã²⁴.

· 一餐吃伤，十餐吃药汤。(淳)

he?⁵ ɕin²⁴ ɕiã⁴⁵, iʔ⁵ pʰɔm⁴⁵ iã²⁴; sã²⁴ i²⁴ ɕiã⁴⁵, sã²⁴ sə?¹³ iã⁴⁵; tsɔm⁷⁴ tʰlã⁴⁵ ɕia⁴⁵, uã⁵³⁵ uã⁵³⁵ iã⁴⁵.

· 黑心钱，一蓬烟；生意钱，三十年；种田钱，万万年。(淳)

tsʰe²⁴ li va⁴⁵ iã⁴⁵ va⁴⁵ vi⁵³⁵ tʰə⁵⁵, kɔm⁵⁵ vu⁵³⁵ va⁴⁵ li⁵⁵ lã⁴⁵ fɔʔ¹³ in⁴⁵.

·菜里无盐无味道，讲话无理难服人。_(淳)

tsʰã²⁴ suã⁴⁵ kɑ⁰ pəʔ⁵ fã²⁴, sen⁴⁵ suã⁴⁵ kɑ⁰ ven⁵⁵ tã²⁴.

·撑船个 _(的) 不慌，乘船个 _(的) 稳当。_(淳)

seʔ¹³ kɑ²⁴ tsʅ⁵⁵ tʰɯ⁴⁵ iɯ⁵⁵ tsʰã⁴⁵ tã⁵⁵, səʔ¹³ kʰu²⁴ ku⁵⁵ tsʅ⁰ fen²⁴ tʰiã⁴⁵ sã²⁴.

·十个指头有长短，十个果子分甜酸。_(淳)

ya⁴⁵ mɔm⁵⁵ tse²⁴ pəʔ⁵ tɕy⁰ iʔ¹³ tʰɯ⁴⁵, lã⁵³⁵ va⁵³⁵ pʰiã²⁴ pəʔ⁵ ku²⁴ tʰɔm⁴⁵ ɕiã²⁴.

·渔网遮不住日头，乱话_{假话}骗不过同乡。_(淳)

pəʔ⁵ tsʰoʔ⁵ in⁴⁵ tɕʰin²⁴ pəʔ⁵ tɕʰin²⁴, iɔ²⁴ tsʰoʔ⁵ li⁵⁵ tsen²⁴ pəʔ⁵ tsen²⁴.

·不睨 _(看) 人亲不亲，要睨 _(看) 理真不真。_(淳)

mã⁴⁵ tsɔm²⁴ tsʰɑʔ⁵ tɕiə²⁴ tɕiə²⁴, tʰu⁵³⁵ ɕya⁵⁵ səʔ¹³ ʔɔʔ⁵ tɕiə²⁴; mã⁴⁵ tsɔm²⁴ tiʔ⁵ tiʔ⁵ toʔ⁵, su²⁴ iʔ²⁴ iaʔ¹³ mə⁵³⁵ kʰə²⁴ piʔ⁵ koʔ⁵.

·芒种赤皎皎，大水十八浇；芒种滴滴沰，蓑衣箬帽靠壁角。_(淳)

tsə⁵⁵ tsʰoʔ⁵ vã⁴⁵ tʰɯ⁴⁵, iaʔ⁵³⁵ tsʰoʔ⁵ ɕya⁵⁵ kʰɯ⁵⁵.

·早睨 _(看) 源头，夜睨 _(看) 水口。_(淳)

pʰaʔ¹³ lua⁵³⁵ kue²⁴ vã⁴⁵, tʰu⁵³⁵ ɕya⁵⁵ tsʰɔm²⁴ tʰiã⁴⁵.

·白鹭归源，大水冲田。_(淳)

ko²⁴ va⁴⁵ kuen⁵⁵ vã⁴⁵, in⁴⁵ va⁴⁵ səʔ¹³ ɕiã⁴⁵.

·瓜无滚圆，人无十全。_(淳)

iʔ⁵ sɯ⁵⁵ lã⁴⁵ kʰo²⁴ liã⁵⁵ tsaʔ⁵ piə⁵, sɔm²⁴ tɕiaʔ⁵ pəʔ⁵ tʰaʔ¹³ liã⁵⁵ tsaʔ⁵ suã⁴⁵.

·一手难搭两只鳖，双脚不踏两只船。_(淳)

maʔ¹³ səʔ⁵ vəʔ¹³ pə⁵⁵ tʰɯ⁴⁵ vəʔ¹³ ti⁵⁵, tsʅ²⁴ səʔ⁵ vəʔ¹³ tu²⁴ vəʔ¹³ tɕʰiã²⁴ y²⁴.

·麦稔越饱头越低，知识越多越谦虚。_(淳)

ɕya⁵³⁵ iə²⁴ ken²⁴ hə⁵⁵, lɔm⁴⁵ iɔ²⁴ ɕin²⁴ hə⁵⁵.

·树要根好，侬 _(人) 要心好。_(淳)

ɕya⁵³⁵ tsen²⁴ pəʔ⁵ tsʰɯ⁴⁵ vəʔ¹³ in⁵⁵ tɕʰiã²⁴, ɕin²⁴ tsen²⁴ pəʔ⁵ pʰo²⁴ kui⁵⁵ tsuã⁴⁵ sen²⁴.

·树正不愁月影筁，心正不怕鬼缠身。_(淳)

kɔm²⁴ fu²⁴ iɔ²⁴ liã⁵³⁵ hə⁵⁵, sã²⁴ paʔ⁵ lɔʔ¹³ sə¹³ ka⁰ tsə⁵⁵.

· 功夫要练好，三百六十个早。(淳)

ɕiɯ²⁴ tsʰe⁴⁵ pəʔ⁵ pʰo²⁴ i²⁴ sã²⁴ pʰa²⁴, tɕiɯ⁵³⁵ pʰo²⁴ tʰu⁵⁵ li⁰ məʔ¹³ iɯ⁵⁵ hu²⁴.

· 秀才不怕衣衫破，就怕肚里没有货。(淳)

iʔ⁵ nɔm⁴⁵ tʰɑʔ¹³ pəʔ⁵ tə⁵⁵ lua⁵³⁵ piã²⁴ tsʰə⁵⁵, tsɔm²⁴ nɔm⁴⁵ nã⁵⁵ tsʰuəʔ⁵ iã⁴⁵ kuã tʰɔ⁵⁵.

· 一侬踏不倒路边草，众侬 (人) 卵 (踩) 出阳关道。(淳)

tɕʰya⁵⁵ tɕʰi²⁴ tɕʰya⁵⁵ tiʔ⁵ pəʔ⁵ tɕʰya⁵⁵ səʔ⁵, tɕʰiə²⁴ iɯ⁵⁵ tɕiə²⁴ ɕin²⁴ pəʔ⁵ tɕʰya⁵⁵ sə⁴⁵.

· 娶妻娶德不娶色，交友交心不交财。(淳)

tɕʰin²⁴ tʰiɔ⁴⁵ sʅ²⁴ tsʰɻa²⁴ tu²⁴, kʰua²⁴ tɕy⁵⁵ pʰu⁴⁵ hu⁵⁵ tu²⁴.

· 青条丝 (鱼名) 刺多，快嘴婆祸多。(淳)

tʰɯ⁵³⁵ fu⁰ iə²⁴ hɯ⁵⁵ ten²⁴ ten²⁴, miã⁵³⁵ pʰi⁴⁵ iə²⁴ pʰɔʔ¹³ tɕin²⁴ tɕin²⁴.

· 豆腐要厚墩墩，面皮要薄晶晶。(淳)

（二）歇后语

tɕi²⁴ tiʔ⁵ mo⁴⁵ tʰsʅ⁴⁵—— kʰe²⁴ pəʔ⁵ tiʔ⁵ kʰɯ⁵⁵.

· 鸡嘀啄麻糍——开不得口。(淳)

五、休宁话谚语、歇后语、谜语、故事

（一）谚语

tsə³¹ xɔ⁵⁵ uɛ̌²⁴ xɔ⁵⁵, vu⁵⁵ ɕy³¹ ɕio³³ tsɔ⁵⁵.

· 早霞晚霞，无水烧茶。(休)

vu³³ yɛn⁵⁵ tsiɛ̌²¹³ ȵic³⁵ tʰiəu⁵⁵, puɛ̌⁵⁵ ia³³ y²⁴ pə²¹³ tsʰiəu⁵⁵

· 乌云接日头，半夜雨不愁。(休)

siau$_{24}^{31}$ muĕ^{31} i$_{24}^{213}$ ts^{h}i^{213}, n̠ia^{213} tə^{33} i^{213} li^{35}.

· 小满一七，捏_拿刀一刏_{割麦}。（休）

mau^{55} tsen^{55} liĕ^{55} liĕ^{55}, tiĕ^{33} xɔ^{31} sʅ^{55} t^{h}iĕ^{55}.

· 芒种连连，点火莳田。（休）

tɕ^{h}yen^{33} vu^{33} i^{213} tɕio^{33} t^{h}iĕ^{33}, xɔ^{33} xu^{33} ts^{h}a^{55} puĕ^{55} n̠iĕ^{55}, ts^{h}iəu^{33} vu^{33} liau^{55} fɛn^{33} tɕ^{h}i^{31}, tɛn^{33} vu^{33} siĕ^{213} miĕ^{55} miĕ^{55}.

· 春雾一朝天，夏雾晴半年，秋雾凉风起，冬雾雪绵绵。（休）

i^{213} n̠ie^{35} pe$_{324}^{21}$ fɛn^{33} sɔ^{33} n̠ie^{35} ts^{h}a^{55}, sɔ^{55} n̠ie^{35} lɔ^{55} fɛn^{33} y^{24} liĕ^{55} liĕ^{55}.

· 一日北风三日晴，三日南风雨连连。（休）

ɕiĕ^{33} tɕiĕ^{55} ɕia$_{24}^{31}$ ɕia^{31} ɕiəu^{24} va^{55} lo^{55}, i^{213} tɕ^{h}iəu^{55} t^{h}o^{33} y^{24} kua^{33} tɕio^{213} lo^{55}.

· 先见闪闪后闻雷，一场大雨跟着来。（休）

lo^{55} ta^{31} tɕia^{33} tɕi^{213} ts^{h}iĕ^{55}, ɚ^{33} n̠yĕ^{33} y^{24} miĕ^{55} miĕ^{55}, sɔ^{33} n̠yĕ^{35} vu^{55} iau^{33} ɕy^{31}, sʅ^{55} n̠yĕ^{35} se^{31} kuĕ^{33} t^{h}iĕ^{55}.

· 雷打惊蛰前，二月雨绵绵，三月无秧水，四月洗干田。（休）

tɕ^{h}yen$_{44}^{33}$ t^{h}iĕ^{33} tɛn$_{44}^{33}$ fɛn^{33} y^{24} miĕ^{55} miĕ^{55}, xɔ$_{44}^{33}$ t^{h}iĕ^{33} tɛn$_{44}^{33}$ fɛn^{33} ɕy^{31} t^{h}uĕ^{24} n̠yĕ^{55}, ts^{h}iəu$_{44}^{33}$ t^{h}iĕ^{33} tɛn$_{44}^{33}$ fɛn^{33} ku^{31} p^{h}a^{35} ɕye^{55}, tɛn$_{44}^{33}$ t^{h}iĕ^{33} tɛn^{33} fɛn^{33} siĕ^{213} ta^{31} n̠iĕ^{55}.

· 春天东风雨绵绵，夏天东风水断源，秋天东风谷白穗，冬天东风雪打年。（休）

xɔ^{33} tɕi^{55} te$_{324}^{21}$ te^{213} to^{213}, t^{h}iĕ^{55} pau^{33} pə^{213} in^{33} tso^{55}.

· 夏至滴滴沰，田浜不用做。（休）

liəu^{35} n̠yĕ^{35} liau^{55} iəu^{33} iəu^{33}, t^{h}ə^{24} ku^{213} mə^{35} te^{213} ɕiəu^{33}.

· 六月凉悠悠，稻谷没得收。（休）

ts^{h}i^{213} n̠yĕ^{35} iau^{55} t^{h}ə^{55} puĕ^{213} n̠yĕ^{35} tsɔ^{33}, tɕiəu^{31} n̠yĕ^{35} mə^{55} le^{35} pə^{213} ta^{33} kɔ^{33}.

· 七月杨桃_{猕猴桃}八月楂_{山楂}，九月茅栗不呆家_{果熟自爆}。（休）

ɕi^{35} n̠yĕ^{35} mə^{31} y^{24} lo^{35}, sɔ^{33} vu^{24} t^{h}iĕ^{55} nɔ^{55} tso^{55}.

· 十月没雨落，山坞田难做。（休）

mɛn^{55} tsɛn^{55} xɔ$_{24}^{31}$ ɕio^{31} t^{h}iĕ^{33}, xɔ^{33} tɕi^{55} y^{24} miĕ^{55} miĕ^{55}.

· 芒种火烧天，夏至雨绵绵。（休）

tʰo⁵⁵ tʰiəu⁵⁵ tɕʰiəu⁵⁵ iɛn⁵⁵, pə²¹³ y⁵⁵ ti³¹ tʰiəu⁵⁵ tɕʰiəu⁵⁵ tʰau³¹.

·抬头求人，不如低头求土。(休)

tau³¹ po²¹³ tsʰiɛ̆⁵⁵, tɕʰie³³ piɛ̆³³ tʰiɛ̆⁵⁵；sin³³ kʰu³¹ tsʰiɛ̆⁵⁵, uɛ̆³³ uɛ̆³³ n̥iɛ̆⁵⁵.

·赌博钱，溪边田；辛苦钱，万万年。(休)

ko³³ iəu²⁴ pa²¹³₂₄ kʰo³³ ɕy³³, pə²¹³ tsʰiəu⁵⁵ tɕʰie²¹³、tɕʰyɛ̆³³、tɕʰy³³.

·家有百棵树，不愁吃、穿、住。(休)

xo tɕiəu³¹ pə²¹³ n̥o²⁴ tɕie³³, xə³¹₂₄ fu²⁴ pə²¹³₂₄ ta³¹ tsʰe³³.

·好狗不咬鸡，好夫不打妻。(休)

ma³³ tʰiɛ̆⁵⁵ ma³³ tʰi³³, ma³³ pə²¹³₂₄ tʰuɛ̆²¹³ ɕiəu³¹ n̥i³³.

·卖田卖地，卖不脱手艺。(休)

yɛ̆³⁵ ɕi³¹ yɛ̆³⁴ lɔ²⁴, yɛ̆³⁵ tɕʰie²¹³ yɛ̆n³⁵ tsʰɔ⁵⁵.

·越嬉越懒，越吃越馋。(休)

iɛn⁵⁵ pʰa⁵⁵ lɔ²⁴ lo⁵⁵ kʰu³¹, tʰə²⁴ pʰa⁵⁵ tsʰiəu³³ li kuɛ̆³³.

·人怕老来苦，稻怕秋里干。(休)

ɕiau³³₄₄ fen³³ pə²¹³₂₄ xə³¹ tsʰo²¹³ kau³³ kua⁵⁵, tɕiəu²¹³ yɛ̆⁵⁵ pə²¹₃₂₄ xə³¹ tsʰo²¹³ sɔ³¹ pa⁵⁵.

·乡风不好出光棍，竹园不好出伞柄。(休)

ɕien³³ sɔ³³ pʰe²¹³ vu³¹ tʰau³³ ɕy³³, pu²¹³ y⁵⁵ ɕi³⁵ tsʰɿ³³ ka³³ tʰiəu⁵⁵ tʰa⁵⁵ kau³¹.

·深山僻坞读书，不如十字街头听讲。(休)

tɕi⁵⁵ te²¹³ kɔ³³ kʰu³¹, tso⁵⁵ kuɛ̆³³ tso⁵⁵ fu³¹.

·记得家苦，做官做府。(休)

ɕia³³ tsʰo⁵⁵ iəu²⁴ tʰə²⁴, tɕʰi³¹₂₁ tsə³¹ mo²¹³₂₄ xə²¹³.

·生财有道，起早摸黑。(休)

tə³³ po²¹³ mo³³ ɕia³³ siəu⁵⁵, ɕy³¹ pə²¹³ liəu⁵⁵ ɕia³³ tɕʰiəu⁵⁵.

·刀不磨生锈，水不流生臭。(休)

ŋɔ²¹³ tsau³³ tɕʰiɛn⁵⁵ ŋo⁵⁵, uɛ̆⁵⁵ ɕi²⁴ piɛ̆³¹ tsi³¹ xo⁵⁵.

·鸭装成鹅，还是扁嘴货。(休)

tɕin⁵⁵ pə²¹³ tiɔu³³ tɕy³³, fu⁵⁵ pə²³ tiəu³³ ɕy³³.

·穷不丢猪，富不丢书。(休)

（二）歇后语

ko$_{24}^{31}$ tɕio^{213} pu^{55} pu$_{24}^{31}$ sɔ^{31}——i^{213} pʰu^{33} ta^{33} tʰiɛ̌^{33}.

·裹脚布补伞——一步登天。(休)

to^{55} tɕia^{55} tsɔ$_{24}^{213}$ i^{213}——tsʰʅ^{33} kɔ^{33} tɕin^{33} vi^{55} tsʰʅ^{33} kɔ^{33}.

·对镜作揖——自家恭维自家。(休)

tɔ^{33} sa^{55} tɔ^{55} tɕʰio$_{335}^{21}$ pe^{213}——muɛ̌^{55}、pa^{33}.

·担_拿柴担_{两头尖的扁担}戳壁——蛮、笨。(休)

sɔ^{33} ɕi^{35} ia^{33} tʰo^{33} ȵyɛ̌^{35} kau^{33}——mə^{35} te^{213} tiºsʅ^{33}.

·三十夜大月光——没得的事。(休)

ɕie^{35} puɛ̌^{31} ɕiau^{33} piɛ̌^{33} vu$_{44}^{33}$ tɕy^{33}——ȵia^{33} pʰan^{33} ȵia^{33}.

·石板上搧乌龟——硬碰硬。(休)

ta^{31} tsiəu^{55} iəu^{55} tsʰiɛ̌^{55} pə^{213} ta^{31} tsʰu^{55}——ta^{33} puɛ̌^{31}.

·打酱油钱不打醋——呆板。(休)

lɔ^{33} vu^{33} tʰiɛ̌^{55} liº puɛ̌^{33} ɕi^{35} tɕiəu^{24}——yɛ̌^{35} ɕiɛ̌^{33} yɛ̌^{35} ɕiɛn^{33}.

·烂污田里搬石臼——越陷越深。(休)

ma^{24} ia^{33} ȵy^{55} fau^{55} ɕia^{33}——pə^{213} kuɛ̌^{21} sʅ^{31} uɛ̌^{35}.

·买腌鱼放生——不管死活。(休)

pʰa^{213} lə^{24} xu^{31} pʰi^{55} ku^{31}——pə$_{321}^{21}$ io^{55} ma^{33} tiºfɛn^{24} tɕʰiɛn^{55}.

·拍老虎屁股——不要命的奉承。(休)

mə^{55} tʰiəu^{33} fu^{55} tə^{31} lɛn^{55}——ȵiɛ̌$_{24}^{213}$ pə^{213} ɕiau^{24} ɕiəu^{31}.

·毛豆腐倒笼——捏_拿不上手。(休)

man^{24} puɛ̌^{33} tə^{31} fuɛ̌^{33} tsa^{55}——xə^{31} ko^{55} tɕioº tɕiəu^{31}.

·猫儿扳倒饭甑——好过着狗。(休)

sɔ^{33} ɕi^{35} ia^{33} tsiɛ̌^{55} tsʰo^{55} tə^{33}——mə^{35} te^{213} kʰɛn^{55}.

·三十夜借菜刀——没得空。(休)

kua^{31} fu^{24} sʅ^{31} tɕioº ɚ^{33} tsʅ^{31}——tsʰiɛ̌^{35} au^{33}.

·寡妇死着儿子——绝望。(休)

xa$_{24}^{31}$ puě^{213} tɕiəu^{31} tiě^{213} xɔ^{24} ɕi$_{24}^{31}$ kau^{33}——lo^{35} tɕʰie^{35} ɕia$_{44}^{33}$ pe^{33}.

· 哈叭狗跌下屎缸——乐极生悲。(休)

ko^{33} tsɔ^{55} tsʰe^{55} tsʰo^{24} tɕio^{213} pə^{55} ɕiau^{33}——tə^{55} tɕʰy^{31} vi^{55} ko^{33}.

· 锅灶砌在脚背上——到处为家。(休)

lo^{35} y^{24} to^{55} tʰə^{24} tsʰə^{31}——yě^{35} lo^{55} yě^{35} tsʰɛn^{24}.

· 落雨驮稻草——越来越重。(休)

ma^{55} tɕiɛn$_{35}^{31}$ ɕiau^{24} kua^{31} tɕie^{33} tsɿ^{31}——tɕin^{55} tsʰo^{213} pə^{213} i$_{24}^{213}$ tʰa^{33}.

· 门枕上滚鸡子——进出不一定。(休)

ȵiəu^{55} pʰi^{55} ta^{33} lɛn^{55}——tsɔ^{55} pə^{213} tɕʰio^{35} kau^{33}.

· 牛皮灯笼——沾不着光。(休)

pa^{33} siě?^{213} tiě^{55} tsa^{31}——mə^{35} te^{213} muě^{24} tsiəu^{213} ti^{0}ɕi^{55} ɕiu^{33}.

· 畚雪填井——没得满足的时候。(休)

ka^{213} ȵiě^{55} ti^{0}kuě^{33} le^{35}——ko^{55} ɕi^{5} xo^{55}.

· 隔年的官历——过时货。(休)

liu^{35} ȵuě^{35} xɔ^{55} ȵy^{55} ua^{33} tɕio^{0} pʰə^{33}——vu^{55} tɕiəu^{33}.

· 六月咸鱼坏着坏——无救。(休)

ma^{35} tɕiɛn$_{35}^{31}$ ɕiau^{33} to^{55} tʰə^{24} kuě^{31}——i^{213} tə^{33} liau^{24} tʰuě^{24}.

· 门枕上剁稻秆——一刀两断。(休)

xo$_{24}^{31}$ ia^{33} tsʰɛn^{55}——i$_{324}^{21}$ ɕiɛn^{33} kau^{33}.

· 火夜虫——一身光。(休)

tɕiəu^{31} tsʰo^{55} tsʰo^{31} tʰiəu^{33} fu^{55}——tsʰa^{33} tsʰa^{33} pʰa^{35} pʰa^{35}.

· 韭菜炒豆腐——清清白白。(休)

pʰa^{213} la^{35} ta^{31} tʰiəu^{33} fu^{55}——ko^{31} ȵyě^{24} ti^{0} tɕʰi^{33}.

· 霹雳打豆腐——拣软的欺。(休)

tʰau^{55} pa^{31} tɕiě^{33} tɕio^{213} miě^{55} xuě^{33} si^{55}——tɕʰia^{31} pə ^{0}tsʰa^{31}.

· 糖饼粘着棉花絮——扯不清。(休)

（三）谜语

tæn³³ i²¹³ pʰiĕ⁵⁵, se³³ i²¹³ pʰiĕ⁵⁵, i₃₅²¹³ ɕia³³ i²¹³ ɕie⁵⁵ pə₃₅²¹³ siau³³ tɕiĕ⁵⁵. (ɚ²⁴ to³¹)

·东一片，西一片，一生一世不相见。(休) （耳朵）

tsʰa³³ ko³¹ vən³⁵, liau²⁴ tʰiəu⁵⁵ tsiĕ³³, tsæn₄₄³³ kɔ³³ tsʰo²⁴ ka₃₃⁵⁵ ue³⁵ ɕiæn⁵⁵ siĕ³³. (ŋɔ²⁴ tsa³³)

·青果核儿，两头尖，中间坐个活神仙。(休) （眼睛）

ɕia₄₄³³ kua³³ pə²¹³ lo³⁵ tʰi³³, ɕia₄₄³³ ian³⁵ pə²¹³ kʰuə₄₄³³ xuĕ³³, ka₄₄³³ ɕiau³³ iəu³⁵ tə₃₅²¹³ ma³³, yĕ⁵⁵ li³⁵ pə²¹³ tsæn⁵⁵ tʰa³³. (tʰiəu ŋɔ⁵⁵ tsʰɔ)

·生根不落地，生叶儿不开花，街上有得卖，园里不种它。(休) （豆芽菜）

i₃₅²¹³ ka₃₃⁵⁵ n̻iĕn³⁵ piə₃₅²¹³ ɕiau³³ ɕi³³, tɕʰia₃₅³¹ tɕʰia³¹ ɚ²⁴ to₃₅³¹ ma³³ kʰə⁵⁵ to³³ ɕio³¹ n̻iĕ⁵⁵ tɕi. (kuĕ³¹ tɕʰiæn⁵⁵)

·一个团儿壁上嬉，扯扯耳朵问佢多少年纪。(休) （杆秤）

və³³ tsə³¹ mə³⁵ tə₃₅²¹³ tɕio²¹³, və³³ kau³¹ mə³⁵ tə₃₅²¹³ tsi³¹; kʰə⁵⁵ və³³ to⁵⁵ ŋɔ⁴² iæn⁵⁵ kau³¹, tə₃₅²¹³ mə³⁵ ɕi⁵⁵ ɕiəu³³ tɕʰi³¹, tə mə³⁵ ɕi⁵⁵ ɕiəu³³ kʰua⁵⁵. (ɕi⁵⁵ tsæn³³)

·会走没得脚，会讲没得嘴；佢会对我人讲，得么时候起，得么时候困。(休) （时钟）

xæn⁵⁵ n̻iau⁵⁵ tsʅ³¹ tsʰo²⁴ kə³³ to⁵⁵, sin³³ li³¹ tʰæn⁵⁵, ŋɔ²⁴ li³³ lo⁵⁵. (xæn⁵⁵ lɔ³⁵ tɕio²¹³)

·红娘子坐高台，心里痛，眼泪来。(休) （红蜡烛）

i²¹³ to⁵⁵ ian₂₄⁵⁵ tsʅ³¹ ɕia³³ xɔ²⁴ fi³³, i²¹³ tɕie₃₅²¹³ kə³³ lo. i²¹³ tɕie₃₅²¹³ te³³.

·一对燕儿子上下飞，一只高来一只低。

i²¹³ n̻yĕ³⁵ lo⁵⁵ sɔ³³ xuə₃₃⁵⁵, i²¹³ n̻iĕ⁵⁵ lo⁵⁵ i²¹³ tsʰʅ⁵⁵. (puĕ²¹³)

一月来三回，一年来一次。(休) （八）

（四）故事

老鸦寻水吃　　lə^{24} ŋɔ^{33} tsʰin^{55} ɕy^{31} tɕʰie^{213}　（休宁 ɕiəu^{33} la^{55}）

i$^{213}_{35}$ tɕie^{213} lə^{24} ŋɔ^{33} tɕʰiəu^{31} kuɐ̌^{33} tɕio^{0}, tə^{55} tɕʰy^{31} tsʰin^{55} ɕy^{31} tɕʰie^{213}. lə^{24} ŋɔ^{33} tsʰiæn^{213} tɕiɐ̌^{55} i^{213} xə^{31} i$^{213}_{35}$ ka$^{55}_{33}$ pan$^{55}_{35}$ pan$^{55}_{35}$ li^{24} i$^{213}_{35}$ xə^{31} ɕy^{31}. i$^{213}_{35}$ tɕʰiæn^{213} pan$^{55}_{35}$ iəu^{33} kə^{33}, tɕʰiəu^{31} iəu^{33} se, ɕy^{31} iəu^{33} tsʰiɐ̌^{31}, kʰə^{55} tɕʰie$^{213}_{35}$ pə$^{213}_{35}$ tɕʰio^{35}. ɕi^{33} ȵiau$^{33}_{44}$ læn^{33} ne? lə^{24} ŋɔ^{33} tsʰiæn^{213} tɕiɐ̌^{55} pau^{55} piɐ̌^{33} iəu^{24} xua^{31} to^{33} sen$^{55}_{35}$ ɕie^{35} tʰiəu^{55}, kʰə^{55} siau^{31} tsʰo$^{213}_{35}$ pʰuɐ̌^{33} fuɐ̌$^{213}_{35}$ lo^{55} tɕio^{0}. lə^{24} ŋɔ^{33} pau^{33} se^{55} ɕie^{55} tʰiəu^{55} i$^{213}_{35}$ ka$^{55}_{33}$ i$^{213}_{35}$ ka$^{55}_{33}$ kɔ^{55} tə^{0} lo^{0}, kʰau^{55} tə^{55} pan$^{55}_{33}$ li^{0} kə^{0}, ɕy^{31} muɐ̌n$^{33}_{44}$ muɐ̌n$^{33}_{55}$ le^{0} ɕiæn$^{33}_{44}$ kə^{33} tɕio^{0}. lə^{24} ŋɔ^{33} tsʰiəu^{33} tɕʰie$^{213}_{35}$ tɕʰio^{35} ɕy^{31} tɕio^{0}.

　　一只老鸦口干着₍了₎，到处寻水吃。老鸦眹₍看₎见以好一个瓶儿瓶儿里以好水。一眹₍看₎瓶儿又高，口又细，水又浅，佢吃不着。希让₍怎么₎弄呢？老鸦眹₍看₎见旁边有很多细儿石头，佢想出办法来着。老鸦帮细石头一个一个衔得来，囤到瓶儿里格，水慢慢儿仍升高着。老鸦就吃着水着。

六、黟县话谚语、歇后语、民谣、故事（路遇）

（一）谚语

uɐ̌ʔ^{32} tɐ̌ɯ^{21} pɐ̌ɯʔ^{32} tiɐ̌^{44}, tɛɐ̌ʔ^{32} əɐ̌^{44} sɑ^{21} siɐ̌^{44}.

·话多不甜，得人生嫌。₍黟₎

tʃɛɐ̌ʔ^{32} tsʰiɐ̌^{44} pɛi^{21} əɐ̌^{44} ʃuaŋ^{21}, pɛɯʔ^{32} yei^{44} tʃɛɐ̌ʔ^{32} tɛɐ̌ʔ^{32} pɛi^{21} tsʅ^{53} ʃuaŋ^{21}.

·积钱畀儿孙，不如积德畀子孙。₍黟₎

tɕiɐ̌^{324} pʰɛi^{44} xau^{21} iŋ^{32}, xau^{21} tɛɐ̌ʔ pɛɯʔ^{32} tɕʰiŋ^{53} iŋ^{32}.

·见鞲学样，学得不像样。₍黟₎

tsʅ^{53} iɐ̌ɯ^{53} lɔɐ̌^{53} naŋ^{44}, ŋ^{44} kʰə^{32} lɔɐ̌^{53} tʰu^{53}.

·只有懒侬，无克₍没有₎懒土。₍黟₎

neɛ̌⁴⁴ ȵiei⁵³ ieiʔ³² sʅ⁴⁴ tʃʰɛi³²⁴, miɛ̌⁵³ tɛɛ̌ʔ³² paʔ³² ȵiei²¹ ieɯ²¹.

·能忍一时气，免得百日忧。（黟）

siu⁵³ siu⁵³ tsʰʅ²¹ tʃʰuɛɯ⁴⁴ ŋɔɛ̌ʔ³² tsʰiɛ̌²¹ tʃei²¹, ieɯ⁵³ lei⁵³ tʃɛɛ̌²¹ ʃuaŋ²¹ tʃaʔ³² tʰa³²⁴ kəŋ²¹.

·小小秤锤压千斤，有理曾孙责太公。（黟）

sɔŋ³²⁴ tɔŋ³²⁴ pɛɯʔ³² xau²¹ kua²¹, ŋɔɛ̌⁵³ lei³² tɔŋ²¹ ʃyei²¹ la²¹.

·上当不学乖，眼泪当尿拉。（黟）

tuʔ³² kuaŋ⁵³ tʃʰuɛɯ³²⁴ tʃəɛ̌²¹ uaŋ²¹, tɕʰiɛ̌n⁴⁴ tau²¹ xɔɛ̌ʔ³² tsʅ⁵³ ʃuaŋ²¹.

·粥滚菜遭瘟，钱多陷子孙。（黟）

tʃʰuɛɯ²¹ əɛ̌⁴⁴ kau³²⁴ lɛɛ̌⁵³, pɛɯʔ³² neɛ̌⁴⁴ tʃʰuɛɯ³¹ əɛ̌⁴⁴ kau³²⁴ tʃɛɛ̌⁵³.

·催人过岭，不能催人过颈。（黟）

naŋ⁴ pʰɔɛ̌³²⁴ piu³²⁴ liɛ̌⁵³, ʃuʔ³² pʰɔɛ̌³²⁴ mau⁴⁴ tɛɛ̌ʔ³² pʰɛi⁴⁴.

·侬怕不要脸，树怕没得皮。（黟）

piu³²⁴ saŋ⁴⁴, na₃₅³²⁴ ieiʔ³² ka³²⁴ ɔɛ̌ʔ³² sʅ³² pɛɯʔ³² tʃʰɛɯ⁴⁴ naŋ⁴⁴.

·不要雄，哪一个万事不求侬。（黟）

pɛɯʔ³² sɔŋ⁵³ tɔŋ³²⁴, pɛɯʔ³² xuo²¹ kua²¹.

·不上当，不学乖。（黟）

piu³²⁴ tʃɛi³²⁴, tsʅ⁵³ iu³²⁴ tʃɛi³²⁴.

·不要气，只要记。（黟）

（二）民谣

一天星　　ieiʔ³² tiɛ̌²¹ ʃɛɛ̌²¹　（黟县）

ieiʔ³² tiɛ̌²¹ ʃɛɛ̌, mei²¹ tʃ ʰɛɛ̌⁴⁴ tʃ ʰɛi⁴⁴, tau⁴⁴ tʃ ʰiŋ²¹ tau⁴⁴ pɔŋ⁵³ kuɛ̌⁵³ u²¹ lei⁴⁴.

一天星，密层层，佗枪佗棒赶乌狸。

u²¹ lei⁴⁴ kuɛ̌⁵³ təɛ̌³²⁴ ʃɔɛ̌²¹ tʃaŋ⁴⁴ kau²¹, tʃiu³²⁴ ŋa²¹ kʰɛɯ³²⁴ tʃaʔ³² ȵiŋ⁴⁴ kauʔ³²;

乌狸赶到三重阁，叫俺去摘穰角；

ȵiŋ⁴⁴ kauʔ³² pɛɯʔ³² ʃei³²⁴ ləɛ̌⁵³, tʃiu³²⁴ ŋa²¹ kʰɛɯ³²⁴ ta⁵³ ʃa⁴⁴ nəɛ̌⁵³;

穰角不信_曾老，叫俺去打柴脑；

ʃa⁴⁴ nəɐ̆⁵³ ta⁵³ pɯʔ³² n̠iɛi²¹, tʃiu³²⁴ ŋa²¹ kʰɯ³²⁴ tau⁴⁴ ʃa²¹ pɛi²¹;

柴脑打不开，叫俺去佗石碑；

ʃa²¹ pɛi²¹ tau⁴⁴ pɯʔ³² tʰɛi⁵³, tʃiu³²⁴ ŋa²¹ kʰɯ³²⁴ tʃʰɔɐ̆⁵³ mɛɐ̆⁵³ pʰɛi⁵³;

石碑佗不起，叫俺去铲米粞；

mɛɐ̆⁵³ pʰɛi⁵³ pɯʔ³² ʃɛi³²⁴ ʃiŋ²¹, tʃiu³²⁴ ŋa²¹ kʰɯ³²⁴ uɐ̆ʔ³² ʃa²¹ tʃiŋ²¹;

米粞不信香，叫俺去挖生姜；

ʃa²¹ tʃiŋ²¹ pɯʔ³² ʃɛi³²⁴ lɔɐ̆²¹, tʃiu³²⁴ ŋa²¹ kʰɯ³²⁴ tʃaʔ³² su⁵³ tʃɔɐ̆²¹;

生姜不信辣，叫俺去摘水楂；

su⁵³ tʃɔɐ̆²¹ pɯʔ³² ʃɛi³²⁴ xən⁴⁴, tʃiu³²⁴ ŋa²¹ kʰɯ³²⁴ n̠iɐ̆⁵³ tʰaʔ³² xən⁴⁴;

水楂不信红，叫俺去染大红；

tʰaʔ³² xən⁴⁴ pɯʔ³² tsɿ⁵³ ʃaʔ³², tʃiu³²⁴ ŋa²¹ kʰɯ³²⁴ ta⁵³ tʰiɐ̆⁴⁴ paʔ³²;

大红不真色，叫俺去打田陌；

tʰiɐ̆⁴⁴ paʔ³² ta⁵³ pɯʔ³² ʃiŋ⁵³, tʃiu³²⁴ ŋa²¹ kʰɯ³²⁴ tɯ⁴⁴ pəɐ̆⁵³ tʃiŋ⁵³;

田陌打不响，叫俺去投保长；

pəɐ̆⁵³ tʃiŋ⁵³ pɯʔ³² sɿ⁵³ nɔɐ̆²¹, tʃiu³²⁴ ŋa²¹ kʰɯ³²⁴ tɯ⁴⁴ nəɐ̆⁵³ ʃɔɐ̆²¹;

保长不是那，叫俺去投老三；

nəɐ̆⁵³ ʃɔɐ̆²¹ sɿ⁵³ nɔɐ̆²¹ kʰuaŋ³²⁴, kɔɐ̆ʔ³² sɿ⁵³ kʰuɯʔ³² laŋ⁴⁴ iɛiʔ³² tʃʰaŋ³²⁴.

老三是那困，夹屎窟窿一铳。

tʃʰaŋ³²⁴ tɛɐ̆ʔ³² ŋaŋ³²⁴ ŋaŋ³²⁴ ŋaŋ³²⁴!

铳得嗡嗡嗡！

路遇 luʔ³² n̠yɛiʔ³² （黟县）

xɔɐ̆ʔ⁵³ tɔŋ⁴⁴ tʃʰɐ̆ʔ²¹ su⁵³ xɔɐ̆⁵³ tɔŋ⁴⁴ liɐ̆⁴⁴, xɔɐ̆⁵³ ka³²⁴ nuɛi⁵³ tsɿ⁵³ tʃʰau⁵³ tɔŋ⁴⁴ ʃiɐ̆⁴⁴.

男：

好塘清水好塘莲，好个女子坐塘舷。

kau³²⁴ luʔ³² kau²¹ kau²¹ piu³²⁴ luu⁷¹ n̠iɐ̆⁴⁴, kuɐ̆⁵³ n̠²¹ tʃʰuɯʔ³² maŋ⁴⁴ kʰɯ³²⁴ tʃʰɔɐ̆⁵³ tʃʰiɐ̆⁴⁴.

女：过路哥哥不要多言，管尔出门去赚钱。

xə̃ŋ⁴⁴ xuɐ̌²¹ meɐ̌⁵³ nuɛi⁵³ ȵyɐ̌²¹ ȵyɐ̌²¹ iɐɯ⁵³, tsʅ⁵³ tʃʰɔɐ̌²¹ ȵiɛi⁴⁴ tʃʰiɐ̌⁴⁴ pɐɯʔ³²
tʃʰɐɯ³²⁴ ʃɐɯ⁵³。

红花美女月月有，只差银钱不凑手。

sʅ²¹ tsʅ⁵³ tʃiɐ̌²¹ tʃiɐ̌²¹ pʰa²¹ ʃɛi⁵³ ŋɐ̌⁴⁴, tʃiɐ̌²¹ tʰɐɯ⁴⁴ tɔɐ̌³²⁴ fɔɐ̌ʔ³² ʃɐɯ⁵³ tɔɐ̌²¹ tʃɔɐ̌⁴⁴.

男：十指尖尖白笋芽，肩头担饭手丹_端茶。

tɔŋ²¹ tsʰu²¹ tʃiu³²⁴ ȵ²¹ kɔɐ̌³²⁴ pei²¹ ŋa²¹, taŋ²¹ tʃʰuɐ̌²¹ lɛi⁴⁴ lau⁴⁴ xɔɐ̌ʔ³² tʃʰuɐ̌²¹ ʃɔɐ̌²¹.

当初叫尔嫁畀俺，冬穿绫罗夏穿纱。

kɔɐ̌³²⁴ pei²¹ tʃaŋ³²⁴ tʰiɐ̌⁴⁴ lɔŋ⁴⁴, nɐ̃ɐ̌⁴⁴ tʃiu⁷³² nɐ̃ɐ̌⁴⁴ ʃɐɯ⁵³ pʰɔɐ̌⁴⁴ ʃɔŋ⁵³ ʃɔŋ⁴⁴.

女：嫁畀种田郎，泥脚泥手爬上床。

pɐɯʔ³² kɔɐ̌³²⁴ pei²¹ ȵ²¹ tʃʰuɐɯʔ³² maŋ⁴⁴ lɔŋ⁴⁴, ʃɔɐ̌²¹ ȵiɐ̌⁴⁴ liŋ⁵³ tʰɐɯ⁴⁴ ʃɐɯ⁵³
kʰə̃ŋ²¹ fɔŋ⁴⁴；

不嫁畀尔出门郎，三年两头守空房。

pɐɯʔ³² kɔɐ̌³²⁴ pei²¹ tʃʰuɐɯʔ³² maŋ⁴⁴ lɔɐ̌⁵³ ɔɐ̌²¹ tʃɔɐ̌²¹, ʃɔɐ̌²¹ ȵiɐ̌⁴⁴ liŋ⁵³ tʰɐɯ⁴⁴
pɐɯʔ³² tʃyɛi²¹ kɔɐ̌²¹.

不嫁畀出门老鸦喳，三年两头不归家。

tʃɛi⁵³ tau²¹ xɐ̌⁵³ xuɐ̌³²⁴ tʃʰiŋ⁴⁴ kɔŋ²¹ sʅ⁵³, tʃɛi⁵³ tau²¹ xɐ̌⁵² nuɛi⁵³ ʃɐɯ⁵³ kʰə̃ŋ²¹
fɔŋ⁴⁴.

几多好汉长江死，几多好女守空房。

七、婺源话谚语、歇后语

（一）谚语

tsʰein⁴⁴ lum¹¹ xo⁵¹ pɔ⁵¹, xom³¹ tʰã¹¹ lɛ³⁵ kʰɤ⁴⁴ tsʰɔ⁵¹.

·春南夏北，旱塘裂开坼。_(婺)

mã¹¹ tsɔm³⁵ tsɔ⁴⁴ vo¹¹, pu⁵¹ lo² tɕiɔm⁴⁴ tɕi⁴⁴ pʰo¹¹.

·芒种载禾，不了供鸡婆。_(婺)

y³¹ liɐin¹¹ tsʰɑ⁴⁴, pɒ² iɑ¹¹ iɑ¹¹.

·雨淋秋，饱悠悠。_(婺)

ko⁴⁴ iɑ³¹ liã¹¹ tʰĩ¹¹ tsʰĩ mu³¹, pu⁵⁵ y³¹ pʰɒ⁵¹ tɕi⁵¹ tsʰɤ³¹ sɐin⁴⁴.

·家里良田千亩，不如薄技在身。_(婺)

n̠iɐin¹¹ sɐin⁴⁴ iɔ³⁵ tsʰi³¹, xo² sɐin⁴⁴ iɔ³⁵ kʰɤ⁴⁴.

·人心要聚，火心要开。_(婺)

n̠iɐin¹¹ iɑ³¹ sum⁴⁴ tsom⁴⁴ pu⁵¹ ŋo³⁵, vo¹¹ vɐin¹¹ sum⁴⁴ kɒ⁴⁴ pu⁵¹ xuã⁴⁴.

·人有三餐不饿，禾耘三交不荒。_(婺)

tsʰĩ⁴⁴ kuɐin⁴⁴ tsom⁴⁴, m̩⁵¹ kuɐin⁴⁴ tʰɔm¹¹, n̩¹¹ sɐin⁴⁴ ɕi³⁵ pu⁵¹ tɕʰiɔm¹¹.

·千根棕，万根桐，儿孙世不穷。_(婺)

（二）歇后语

n̠iɑ¹¹ kɒ⁵¹ ɕiã⁵¹ ko³⁵ vo¹¹ kom²——tɕʰiɔ⁴⁴ ø¹¹ i⁵¹ tɕy².

·牛角上挂禾杆——轻而易举。_(婺)

ɕy¹¹ tsʰã⁴⁴ li³¹ iɔm⁵¹ lɔ⁵¹ ——pʰɔ⁵¹ fi³⁵ sɐm⁴⁴ lɔ¹¹.

·船舱里用力——白费辛劳。_(婺)

tsᵒɔ⁵¹ tɕiɒ⁵¹ tsɒ⁵¹ tɔ̃⁴⁴ ɕiø⁴⁴ ——ŋuɐin³⁵ li³¹ tɕʰiɔ⁵¹ kʰɤ⁴⁴.

·赤脚着钉靴——暗里吃亏。_(婺)

ŋuɐin³⁵ li³¹ pʰɔ̃⁵¹ tsi⁴⁴ tɕiɒ⁵¹ mein¹¹ tʰɔ̃⁴⁴ ——tʰɔm³⁵ kʰu² n̠iɐin¹¹ pu⁵¹ tɕi⁴⁴.

·暗里碰之脚门骱——痛苦人不知。_(婺)

vɐin¹¹ tsʏ² tɔ̃⁴⁴ tsom⁴⁴ tɕʰiɑ³¹ ——pu⁵¹ tsʰʏ⁵¹ liã⁵¹ lɔ⁵¹.

·蚊子叮春臼——不自量力。_(婺)

sɑ⁵¹ ø⁵¹ n̠iø⁵¹ n̠iɐin¹¹ tsĩ¹¹, lɑ⁵¹ n̠yø⁵¹ sɐ⁵¹—— tɕiɐin⁴⁴ tɕy³⁵.

·十二月银钱，六月雪——金贵。_(婺)

lɔ̃³¹ tɕʰy² tsom⁴⁴ tsɐin³⁵ n̠iɑ¹¹ kɒ⁵¹ tʰɔm¹¹—— mɤ³⁵ tɕʰiø⁵¹ lu⁵¹.

·老鼠钻进牛角筒——没出路。_(婺)

sɔ̃¹¹ tsʰiã¹¹ ɕiɒ⁵¹ pʰɒ¹¹ mo³¹—— tɕỹ² pu⁵¹ tɔ⁵¹ m̩⁴⁴.

·城墙上跑马——转不得弯。_(婺)

pĩ² tum⁴⁴ tʰo⁵¹ tɕʰĩ³⁵——liã³¹ tʰɑ¹¹ kʰɔm⁴⁴.

·扁担脱键——两头空。（婺）

八、祁门话谚语、歌谣（节气歌）

（一）谚语

mũɐ̆⁵⁵ tʂɐŋ²¹³ si₄₄³⁵ si₄₄³⁵ sɔ³⁵, sɔ¹¹ i¹¹ iɔ³³ li³³ kuɐ̆²¹³ ʂũɐ̆³³ kɔ³⁵；mũɐ̆⁵⁵ tʂɐŋ²¹³ tsʰæ̃⁵⁵ xɔ¹¹ xɔ¹¹, tʰɔ³³ ɕy⁴² ɕi³³ puɐ̆³⁵ kɔ¹¹.

·芒种淅淅索，蓑衣箬笠架上阁；芒种晴哈哈，大水十八交。（祁）

sɔ̃¹¹ tɕie⁴² sɿ₂₄²¹³ tɕie⁴², tɐŋ₂₄²¹³ pʰɔ₂₄²¹³ tyɐ̆²¹³ tɕʰie⁴².

·三九四九，冻破碓口。（祁）

tɕʰyæn¹¹ pʰuɐ₂₄²¹³ mæn⁵⁵ sæ̃¹¹, xuɐ̆³³ pʰuɐ̆²¹³ xu⁵⁵ tʰu⁵⁵.

·春怕明星，夏怕糊涂。（祁）

xuɐ̆³⁵ ʂɯɐ̆¹¹ kua²¹³ xɐŋ⁵⁵ ʂɯɐ̆¹¹, tʰɔ³³ ɕy⁴² tʰyɐ̆³³ iæn⁵⁵ kɯɐ̆¹¹.

·黑沙盖红沙，大水氽人家。（祁）

tɐŋ¹¹ fuɐ̆³⁵ xɐŋ⁵⁵, y⁴² ti₄₄³⁵ tɔ³⁵；si¹¹ fuɐ̆³⁵ xɐŋ⁵⁵, ɕia²¹³ u₄₄³⁵ kɔ³⁵.

·东发红，雨滴答；西发红，晒屋桷。（祁）

u³⁵ tɕʰy⁴² tɕʰy³⁵ ɕy⁴², tʰĩɐ̆¹¹ pi₄₄³⁵ ie₄₄⁴² y⁴².

·屋柱出水，天必有雨。（祁）

（二）节气歌 tsiɐ̆³⁵ tɕi²¹³ kɔ¹¹

tʂæ̃¹¹ yɐ̆³³ tʂæ̃¹¹, n̩ỹɐ̆⁵⁵ sia¹¹ tæ̃¹¹；ɚ³³ yɐ̆³³ ɚ³³, xuɐ̆¹¹ ku⁴² tæ̃¹¹；

正月正，元宵灯；二月二，花鼓灯；

sɔ̃¹¹ yɐ̆³³ sɔ̃¹¹, tsʰæ̃¹¹ mæn⁵⁵ tsiɐ̆³⁵；sɿ₃₃²¹³ yɐ̆²² sɿ₃₃²¹³, ku³⁵ y⁴² tʂʰɯɐ̆⁵⁵；

三月三，清明节；四月四，谷雨茶；

u⁴² yɐ̆³³ u⁴², tũɐ̆¹¹ u⁴² tsɐŋ²¹³；le³³ yɐ̆³³ le³³, le³³ tʰe³³ kɔ¹¹；

五月五，端午粽；六月六，绿豆糕；

tsʰi yɛ̆³³ tsʰi³⁵, tsʰi₄₄³⁵ tsʰi₄₄³⁵ tsʰa³³；puɛ̆₄₄³⁵ yɛ̆³³ puɛ̆³⁵, tʂʰɐŋ¹¹ tsʰe¹¹ xua³³；

七月七，七七贼；八月八，中秋会；

tɕie⁴² yɛ̆³³ tɕie⁴², tɕie⁴² tʂʰɐŋ⁵⁵ iɔ̃⁵⁵；ɕi³³ yɛ̆³³ ma⁴² pu₂₄²¹³ tsɔ²¹³ i¹¹ ɕiɔ̃⁵⁵.

九月九，九重阳；十月买布做衣裳。

歙县方言熟语选释

前　言

熟语是语言里很特殊的一个大类。包括成语、惯语、歇后语、谚语、格言等。熟语的内容既概括了人们的认识成果，还反映了人类社会历史演进的面貌。

歙县方言是徽州方言里具有代表性的方言。歙县方言的这些熟语是作者多年来调查徽州方言时收集到的。在此过程中我得到很多歙县同仁的鼎力帮助。其中汪元熙先生、叶木端先生、程叔瑜先生、苏仲安先生、江载坤先生、江淑鸾女士等，他们不仅热情提供词条，还精心解释词义和审订词义。

在历史长河中，歙县方言既促进了徽州社会的发展，也创造了灿烂的徽州文化。如今都存储在徽州方言的词汇中。改革开放以来，我国发展变化很快，随着人们社会活动范围的扩大，方言的社会交际功能逐渐的弱化。尤其是像语言势力较小的徽州方言，它的弱化状况会更快。因此我们更应重视抓紧收集整理徽州方言熟语。因为收集整理徽州方言熟语就是记录存储徽州文化，从而得以借鉴和发扬。

我是一个热爱徽州方言的语言研究工作者。由于歙县方言不是我的母语，所以我在分析歙县方言熟语时，总有一种隔靴瘙痒的感觉：理解不够深透，释义难以精准。我希望徽州籍的专家学者们能对书中词条的解释多加补充和斧正。如能承蒙增补词条，丰富内容，那是再好不过的事。我相信徽州人民也会感谢您的。

心　得

　　徽州是处于万山丛中，地势险要且风景美丽的地方。这正是历史上北方名门望族南迁躲避战乱的好地方。据有关"志书"记载：晋宋两朝及南唐末避黄巢之乱，此三朝南渡最盛。据明代《新安名族志》记载，有戴、夏、臧、陈、朱、葛、赵、潘、施、齐、康、王、毕、周、江、梅、刘、罗、金等19大族，就是避黄巢起义来到徽州的。同时他们也带来了北方社会的封建文化。我们知道徽州还是程、朱理学的故乡。在其"三纲五常"封建伦理的影响下，很多村寨至今仍祠宇高耸，匾额辉煌，牌坊林立，一派敬宗孝亲的景象。那些传统文化中的精髓部分至今仍保留在徽州人民的行为之中。

　　我们仅在这部分民间流传的熟语中就能深切地感受到他们仍然崇尚着孝亲、仁慈、勤劳、积德等美德。我在整理这些熟语的过程中，进一步加深了对徽州文化的热爱，增强了在我年迈之际，努力将这篇"歙县方言熟语选释"整理成册，使其早日问世的决心。

　　我在编撰这本书的过程中，也受到了很多熟语所反映的文化思想的启发和教育。现整理如下：

（一）宣扬积德、行善做好人

● 积钱畀儿孙，不如积德畀子孙。

● 独子不教，终身无靠。

● 前人栽树，后人躲荫。

● 灵前七碗菜，不如生前一块豆腐干。

● 瘟竹根头出好笋。（比喻家境贫寒、地位卑微的人家，反而会养育出有出息的子孙。）

（二）赞扬勤劳、节俭的好品质

● 勤耕勤做，到底好过。

● 只有懒人，无有懒土。

● 早起三朝当一工。

● 人要勤恳，地要深耕；勤恳能致富，深耕多产粮。

● 青菜煮豆腐，日子长如路。

（三）宣扬自力更生，创造美好生活

● 要吃鲜鱼自下水。（想要的东西应该靠自己的辛勤劳动才能得到。）

● 脚是亲，手是亲，捏起拳头靠自身——自力更生。（手脚是自己的，只要手脚勤快，比央求别人强得多。寓意是自力更生就能获得成功。）

● 有盐同碱，无盐同淡——同甘共苦。

● 三代不读书，好比一窠猪。（读书重要。徽州人有重视子女教育的传统。）

● 深山僻坞里念书，不如十字街头听打讲。

● 多见人头，少见树头。（皖南山区树木很多，但是青年人应该到广阔的社会中去，多与人接触，才能增长见识和才干。）

（四）内容夸张，生动形象

● 闭着耳朵吃海蜇——装听不见。

● 瓶里养花——好景不长。

● 捧着老虎睡觉——好大胆子。

● 螟虫叮菩萨——认错了人。

● 猫儿摆屎自家揩。（自己的事自己负责。）

● 鼻孔大——很大方。

- 霹雳打死蚂蚁——声势很大效果很小。

- 螃蟹捧西瓜——连滚带爬。

- 背鼓上门——讨打。

- 披蓑衣救火——引火（祸）上身。

- 尖刀杪上舔血——冒险！

- 水筧奶奶——不会节俭过日子的主妇。

- 板凳上滚鸡子——危险。

（五）同音相谐，含义深长

- 披蓑衣救火——引火（祸）上身。

- 韭菜灌气当葱卖——冒充（葱）。

- 鸡子嗉、鸭子嗉——没数（嗉）。

- 浑水不出窟——好歹流（留）自家。

- 蛤蟆跳上秤——自秤（称赞）自。

- 江西佬补碗——自顾自（嗞咕嗞）。

- 棉花店里挂弓——不弹（谈）了。

（六）封建社会妇女地位低下，受到歧视、污蔑

- 千颗天星抵不过一个月亮。 （女孩再多也抵不过一个男孩。）

- 老秋娘 （骂五十岁以上年纪的老妇女。）

- 烂底婆娘 （称不会过日子的妇女。）

- 荷叶命！ （很多妇女的自叹。）

- 好马不配二鞍。 （烈妇不再嫁。）

（七）宣扬唯心主义的宿命论

- 阎王注定八合米，走遍天下不满升。 （阎王爷注定你只有八合米一天，任你跑遍天下一天也赚不到一升。）

- 百岁不成丁。 （天意，命运注定你这样倒霉。）

● 气数。 （即命运到了，该应要倒霉。）

● 荷叶命。 （旧社会妇女自叹命如荷叶。一阵风就会把荷叶上积的一点水吹翻倒掉，多伤心！）

● 王小二过年，一年不如一年。 （这是旧社会劳动人民生活状况的真实写照。）

（八）反映人伦道德败坏，轻蔑残疾人

● 搞个佛来摩，和尚没老婆。 （乱搞。）

● 家花没有野花香。 （轻浮男人的怪论。）

● 瞎子死儿子——不心痛。 （因为从未见过儿子。）

熟语也是老徽州人生活的一部分，透过它有助于我们更全面地了解老徽州人的生活面貌。对于熟语，我们抱着批判继承的态度，充分汲取其中的优秀文化和思想，而对饱含封建糟粕的成分应予以批评，如（六）（七）（八）所例。但为了全面展现老徽州人的生活，本书在收录这些含有封建糟粕的词条时，保持了它们的原貌，未作修改。特此说明，欢迎广大读者批评指正。

标音说明

熟语采用"国际音标"注音。以代表性较强的歙县徽城话语音标音。现将徽城话的声母、韵母、声调排列如下：

声母

p 拜布笔	pʰ 批步仆	m 米梅蚊	f 飞方福
t 堵东苔	tʰ 体土洞	n 泥内热	l 梨老农
k 高街角	kʰ 开共掐	ŋ 哀硬鸭	x 海鞋瞎
tɕ 经知嘴	tɕʰ 轻绸权	ɕ 兴寿水	
ts 祖精桌	tsʰ 粗坐妻	s 苏生西	
ø 阿夜旺闰			

韵母

ɿ 资次师	i 批知习	iʔ 笔一尺	u 普古毒	uʔ 福哭骨
y 举水人	yʔ 橘出疫	a 马太党	aʔ 八塔鸭	ia 车夜张
iaʔ 脚着~衣裳	ua 瓜快花	uaʔ 刮阔挖	ya 靴曰茄落苏~	
ɛ 杯台饭	ɛʔ 百客色	iɛ 者也	uɛ 回关淮	uɛʔ 或掴~耳光
e 悲蝶边	eʔ 北铁刻	ie 舌爷詹	ieʔ 浙歇屟酒~	ue 色原月
ueʔ 拐叠~衣裳	yeʔ 却说蕨	ɔ 包般扫	ɔʔ 脱割索	iɔ 表条箸
iɔʔ 约芍雀	o 多胖壮	iu 秋头洲	iuʔ 菊曲育	
ã 门灯洞	iã 民钉蒸	uã 昆公温	yã 军春兄	

声调

阴平31 天鸡姑　阳平44 田齐茶　上声35 老马厂

阴去324 对唱菜　阳去22 大汗灭　入声21 桌八客　轻声2

说明：①在口语中 m、n 还可以单独注音。例如：晚母 mɛ³⁵m̩³⁵、你n̩³⁵。

②在口语中还会出现轻声字调。书中标做2。例如：

卬吃哩饭啰，尔吃饭不曾？　a³¹tɕʰi⁷²¹li²fɛ²²lo²，n̩³⁵tɕʰi⁷²¹fɛ²²pu⁷²¹tsˀʌ̃⁴⁴?

熟语汇释

△音序检索方法

熟语条目按歙县话的声母、韵母、声调标音排序。均排列在正文的左边。例如："疤里疤椑"条第一字声母为[p]，韵母为[a]。与"疤"字同为[p]声母的词条共有41条，再按照韵母的顺序排列于后。例如：42.不要记性割驴草。本条的首字"不"标音为[pu$^{?21}$]，所以排在后边。

[p] 1—42

1.疤里疤椑[pa^{31}li^{2}pa^{31}tsɛ^{31}]树身或木料上。有很多疙瘩疤痕。（椑《唐韵》卓皆切，枯木根出。）

2.八八六十四——做事呆板。[pa$^{?21}$pa$^{?21}$lo^{22}çi^{22}sʅ^{324}——tso^{324}sʅ^{22}tɛ^{31}pɛ^{35}.]原来是乘法口诀。这里用来讥讽那些做事缓慢，机械呆板，不知灵活变通的人。

3.背鼓上门——讨打。[pe^{31}ku^{35}çia^{35}mᴀ̃^{44}——tʰɔ^{35}ta^{35}.]

4.背了步臼跳钟馗——吃力不讨好。[pe^{31}liɔ^{2}pʰu^{22}tçʰiu^{22}tʰiɔ^{324}tsᴀ̃^{31}kʰue^{44}——tçʰi$^{?21}$li^{22}pu$^{?21}$tʰɔ^{35}xɔ^{35}.]钟馗在传说中是打鬼的神。旧时在节庆期间会有人化装成钟馗的样子进行舞蹈驱邪。"步臼"是用来舂米的石臼，很重。

5.背棕索背褡——五花大绑。[pe^{31}tsᴀ̃^{31}sɔ$^{?21}$pɛ^{324}ta$^{?21}$——u^{35}xua^{31}tʰo^{22}po^{35}.]"背褡"本是当地人出门用来背东西的布袋。这里比喻用绳索将人五花大绑。

6. 背着祖宗牌讲鬼——胡说八道。[pɛ³¹tɕʰiɔ²²tsu³⁵tsʌ̃³¹pʰa⁴⁴ka³⁵kui³⁵——xu⁴⁴ɕye⁷²¹pa⁷²¹tʰɔ²².]

7. 板凳上滚鸡子——危险。[pɛ³⁵tʌ̃³²⁴ɕia²kuʌ̃³⁵tɕi³¹tsɿ³⁵——ue⁴⁴ɕie³⁵.] "鸡子"即普通话说的鸡蛋。把鸡蛋放在板凳上滚来滚去,很容易掉在地上跌破。

8. 百败命, 扫把星 —— 败家货。[pɛ⁷²¹pʰa²²miʌ̃²², sɔ³²⁴pa³⁵siʌ̃³²——pʰa²²ka³¹xo³²³.]旧社会咒骂妇女是百败命,是扫把星转化的败家货,会把家产败坏得一扫光。扫把星是彗星的通称。旧时迷信的人认为出现扫把星就会发生灾难。因此扫把星也是用来骂人的话。

9. 百里狗——没远见, 没本领的人。[pɛ⁷²¹li³⁵kiu³⁵——mu²²ue³⁵tɕie³²⁴, mu²²pʌ̃³⁵liʌ̃³⁵ti⁷²¹iʌ̃⁴⁴.]只能待在家门口活动,不能跑远的狗。讥讽既无远见,又没有本领到大城市经商、混世的人。

10. 鞭螺——越抽越旋。[pe³¹lo⁴⁴——ue²²tɕʰiu³¹ue²² tɕʰye⁴⁴.]此乃玩具名称。鞭不抽,螺不旋,越抽越旋。比喻此人不打不行,一打就灵通了。

11. 鞭家打舍[pe³¹ka³¹ta³⁵ɕie³²⁴]好惹是生非,蛮横无理地与家人或邻舍寻衅打闹。

12. 扁毛——两足畜生。[pe³⁵mɔ⁴⁴——lia³⁵tsu⁷²¹tɕʰy⁷²¹sʌ̃³¹.]原指禽类,转义为骂人两足畜生。

13. 扁担不硬载, 担杆插折腰。[pe³⁵tɛ³¹pu⁷²¹ŋʌ̃²⁴tsɛ³²⁴, tɛ³¹tɕʰy³⁵tsʰa⁷²¹ɕie⁷²¹iɔ³¹.]主观方面不出力,客观帮助也会落空。

14. 扁担无荐两头空。[pe³⁵tɛ³²⁴u⁴⁴tse³²⁴lia³⁵tʰiu⁴⁴kʰuʌ̃³¹.]挑担子的扁担,没有配上荐,挑起担子,它会溜脱的。只要甲头溜脱,乙头一定难保,因而成为两头空的局面。转义为做事情如不思前想后,也会出现两头落空的情况。

15. 闭了耳朵吃海蜇——装没听见。[pi³²⁴liɔ²ɛ³⁵tɔ³⁵tɕʰi⁷²¹xɛ³⁵tɕie⁷²¹——tsɔ³¹mu²²tʰiʌ̃³¹tɕie³²⁴.]嚼海蜇会发出响声的。闭起耳朵再吃,即使听见了,也可以装的像没听见一样。与普通话里"掩耳盗铃"近义。

16. 包袱雨伞做枕头——干不长久。[pɔ³¹fu²²y³⁵sɛ³⁵tsɔ³²⁴tɕiʌ̃³⁵tʰiu²——

kɛ³²⁴puʔ²¹tɕʰia⁴⁴tɕiu³⁵.]拿了包袱雨伞到外地找事做。由于没有真才实学，加之个性倔强，动辄打人，骂人，很难找到工作。纵然有事干，也不会干得长久。因为他是一个用包袱雨伞做枕头的人：意思是很快就会回乡的。

17. 搬鞋架——嫁女儿。[pɔ³¹xa⁴⁴ka³²⁴——ka³²⁴ny³⁵ɚ².]嫁女儿要搬运妆奁，方言叫做搬鞋架。普通话叫抬嫁妆。方言用搬鞋架代替了"架女儿"的说法。

18. 半边猪头——寡妇。[po³²⁴pe³¹tɕy³¹tʰiu⁴⁴——kua³⁵fu²².]也说半个猪头。不完整的意思。旧社会用来蔑称寡妇。

19. 半世死——短命鬼。[po³²⁴ɕi³²⁴sʅ³⁵——to³⁵miʌ̃²²kue³⁵.]咒骂人短命，夭折，不长寿。

20. 半夜死老公——半途而废。[po³²⁴ia²²sʅ³⁵lo³⁵kuʌ̃³¹——po³²⁴tʰu⁴⁴ɛ⁴⁴fe³²⁴.]比喻事情办得半途而废，感到非常伤心，好像睡到半夜死了丈夫一样。

21. 布袋装针——个个想出头。[pu³²⁴tʰɛ²²tso³¹tɕiʌ̃³¹——ko³²⁴ko³²⁴sia³⁵tɕʰy³¹tʰiu⁴⁴.]比喻一个集团里面每个成员都想当头头。

22. 布供布——没钱了。[pu³²⁴tɕyʌ̃³¹pu³²⁴——mu²²tsʰe⁴⁴lo².]口袋里没有钱了，只有前后两片布了。

23. 不贬责——大气。[puʔ²¹pe³⁵tse²¹——tʰa²²tɕʰi³²⁴.]为人大气，不在小事上斤斤计较。

24. 不服嚣蛮——敢于斗争。[puʔ²¹fu²²ɕiɔ³¹me⁴⁴——kɛ³⁵yʌ⁴⁴tiu³²⁴tsɛ³¹.]性格倔强，不服输，敢于同恶势力斗争。"嚣蛮"即非常嚣张且蛮不讲理的人。

25. 不打紧[puʔ²¹ta³⁵tɕiʌ̃³⁵]有"快了"的意思。如问"书看完不曾？"答："不打紧了。"还有"蛮好"的意思。如问某器物好不好？也可答曰："不打紧。"

26. 不当不的[puʔ²¹ta³²⁴puʔ²¹ti²¹]该做的不做，不该做的却做了；该说的不说，不该说的却说了。

27. 不搭牙——不同意。[puʔ²¹taʔ²¹ŋa⁴⁴——puʔ²¹tʰʌ̃⁴⁴i³²⁴.]不答应，不表示态度。例如，和他商量一件事情，他不搭牙。实际上就是拒绝。

28. 不得人——不受欢迎。[puʔ²¹teʔ²¹iʌ⁴⁴——puʔ²¹ɕiu²²xuɛ³¹iʌ̃⁴⁴.]人品不好，

不受人欢迎。

29.不端重——轻浮。[puʔ²¹to³¹tsʰx̃²²——tɕʰix̃³¹fu⁴⁴.]行为或情态不端庄不稳重，有些轻佻的样子。与普通话的"不稳重"同义。

30.不同样——异样。[puʔ²¹tʰx̃⁴⁴ia²²——i²²ia²².]骂孩子异样，与众不同。

31.不停当——不听话。[puʔ²¹tʰix̃⁴⁴ta³²⁴——puʔ²¹tʰix̃³¹ua²².]儿童或孩子很顽皮，不听话谓之"不停当"。

32.不利落——不便利。[puʔ²¹li²²lɔ²²——puʔ²¹pʰe²²li²².]办事拖沓。形容老年人做事不便利。

33.不看新人上轿，要看老来收成。[puʔ²¹kʰɛ³²⁴six̃³¹ix̃⁴⁴ɕia³⁵tɕʰiɔ²²，iɔ³²⁴kʰɛ³²⁴lɔ³⁵lɛ⁴⁴ɕiu³¹tɕʰix̃⁴⁴.]"新人"是指新娘子。新人坐轿出嫁，个个都很风光，都好。可是到年老的时候，每个人变化会有不同，每个人的收成也不一样了。有好、坏之分。我们不要看她一时之盛，一定要看她的结果如何，再做结论。

34.不知虾儿哪头放屁？——不懂事。[puʔ²¹tɕi³¹xa³¹n̩³⁵na³⁵tʰiu⁴⁴fɔ³²⁴pʰi³²⁴？——puʔ²¹tx̃³⁵sʅ²².]不知道虾儿是在前头或是后头放屁，比喻不懂事。不懂事的人，切不可装懂。

35.不昌顺[puʔ²¹tɕʰia³¹ɕyx̃²²]此人做了为风俗习惯所不容的大坏事，众人会谴其家庭为"不昌顺"（即不昌盛，不顺利）。

36.不出头的笋——幕后操纵者。[puʔ²¹tɕʰyʔ²¹tʰiu⁴⁴ti²sx̃³⁵——mɔ²²xiu²²tsʰɔ³¹tsx̃³²⁴tɕiɛ³⁵.]笋儿不露出地面，会在地下作怪。比喻幕后操纵者。

37.不情不愿——很勉强。[puʔ²¹tsʰix̃⁴⁴puʔ²¹ue²²——xx̃³⁵me³⁵tɕʰia⁴⁴.]非常勉强，很不自愿的样子。

38.不晓得葫芦里卖么唉药——耍么儿花招？[puʔ²¹ɕiɔ³⁵teʔ²¹xu⁴⁴lu⁴⁴i³⁵ma²²me²²ɛ²iɔ²²——sua³⁵me²²ɛ²xua³¹tɕiɔ³¹？]不知道他在这里搞什么名堂？耍什么花样？

39.不爽撇——拖沓。[puʔ²¹sa³⁵pʰeʔ²¹——tʰɔ³¹tʰaʔ²¹.]说话做事拖沓，不爽快。

40.不撵不跌，不跌不死——追根求源。[puʔ²¹sɛ³¹puʔ²¹teʔ²¹，

pu²²¹te²²¹pu²²¹sŋ³⁵——tɕye³¹kʌ̃³¹tɕʰiu⁴⁴ue⁴⁴.]这里的攮是推操的意思。如果不推他，他就不会跌倒，不跌倒就不会死。（攮同"搦"《唐韵》苏才切。《博雅》动也。）

41.不斯挺——事情办得不好。[pu²²¹sŋ³¹tʰiʌ̃³⁵——sŋ²²tsʰiʌ̃⁴⁴pʰɛ²²te²²¹pu²²¹xɔ³⁵.]事情办得很好谓之"斯挺"，事情办得不怎么好谓之"不斯挺"。

42.不要记性割驴草。[pu²²¹iɔ³²⁴tɕi³²⁴siʌ̃³²⁴kɔ²²¹ly⁴⁴tsʰɔ³²⁴.]这里曾有一个传说故事：一个从外地回乡的人，拜托正在河边割驴草的人捎带口信，结果这个割驴草的人把口信忘记传达了，以致三个人被斩。它告诉人们一定要讲信用，千万不要忽视别人托你做的任何事情，答应了就要办到。否则会误大事的。

[pʰ] 43—66

43. 螃蟹捧西瓜——连滚带爬。[pʰa⁴⁴kʰa³⁵pʰʌ̃³⁵ɕi³¹kua³¹——le⁴⁴kuʌ̃³⁵ta³²⁴pʰa⁴⁴.]形容动作非常狼狈！

44. 扒着一个栗，夹壳吃——吃法不对。[pʰa⁴⁴tɕʰiɔ²²i²²¹ko³²⁴li²²，ka²²¹kʰɔ²²¹tɕʰi²²¹——tɕʰi²²¹fa²²¹pu²²¹tɛ³²⁴.]"扒"是拾的意思。拾到一颗栗子，没有剥壳就连壳一起噍。实在是好东西没有当好东西吃。太可惜了。它告诉我们：做事情要得到好的结果，方法是很重要的。

45.拔完了萝卜地皮光——还清了债，一身轻。[pʰa²²uɛ⁴⁴liɔ²lo⁴⁴pʰu²²¹tʰi²²pʰi⁴⁴ko³¹——xuɛ⁴⁴tsʰiʌ̃³¹liɔ²tsɛ³²⁴，i²²¹ɕiʌ̃³¹tɕʰiʌ̃³¹.]拔完了萝卜，地里光了。比喻偿清了债务，一身轻快了。

46.霹雳打死蚂蚁——声势很大，效果很小。[pʰa²²¹la²²ta³⁵sŋ³⁵ma³⁵ni³⁵——ɕiʌ̃³¹ɕi³²⁴xʌ̃³⁵tʰo²²，ɕiɔ²²ko³⁵xʌ̃³⁵siɔ³⁵.]比喻动作、言语声势很凶猛，但是效果却很小。与"雷声大雨点小"同义。

47.陪着太子游花园——好差事。[pʰɛ⁴⁴tɕʰiɔ²²tʰa³²⁴tsŋ³⁵iu⁴⁴xua³¹ue⁴⁴——xɔ³⁵tsʰa³¹sŋ²².]陪皇帝的儿子一起玩儿，既有功劳，又快乐。

48.盘古八百代哪有乌炭洗得白？盘古八百春哪有乌炭洗得清？[pʰɛ⁴⁴ku³⁵pa²²¹pɛ²²¹tʰɛ²²la³⁵iu³⁵u³¹tʰɛ³²⁴si³⁵te²²¹pʰɛ²²？　pʰɛ⁴⁴ku³⁵pa²²¹pɛ²²¹tɕʰyʌ̃³¹la³⁵iu³⁵ u³¹tʰɛ³²⁴si³⁵te⁷²¹tsʰĩ³¹?]"乌炭"即"木炭",因其为黑色,歙县通常称其为"乌炭",是很形象的。想改变木炭的黑色是不可能的,所以会有这样的熟语。

49.白杨十八村,好男好女不出村,猪头猪脚往外拎。[pʰɛ²²ia⁴⁴ɕi²²pa⁷²¹tsʰʌ̃³¹,xɔ³⁵lɛ⁴⁴xɔ³⁵ny³⁵pu⁷²¹tɕy⁷²¹tsʰʌ̃³¹,tɕy³¹tʰiu⁴⁴tɕy³¹tɕia⁷²¹o³⁵uɛ²²lĩ³¹.]意思是好的男女不与外村人结亲,不好的(猪头猪脚之类),人品欠佳的才可以与外地人结亲。

50.拍马腿——拍马屁不内行。[pɛ⁷²¹ma³⁵tʰe³⁵——pʰɛ⁷²¹ma³⁵pʰi³²⁴pu⁷²¹nɛ²²xa⁴⁴.]拍马屁是奉承人。拍马屁不内行,拍到马腿上被马踢了一脚,吃了大苦。此乃讥讽那些拍马屁者。

51.撇浮油[pʰe⁷²¹fu⁴⁴iu⁴⁴]在汤水面上很费力地舀点浮油,说明捞油水也不容易。转义为吃了大亏以后,找回少量油水以弥补损失。

52.披蓑衣救火——引火(祸)上身。[pʰi³¹so³¹i³¹tɕiu³²⁴xo³⁵——ĩ³⁵xo³²⁴ɕia³⁵ɕĩ³¹.]蓑衣是农家常用的雨具,用棕毛制作的,易燃。穿着这东西去救火,很有可能引火烧身。寓意为自找麻烦,引祸上身。

53.皮令嫌[pʰi⁴⁴lĩ²²ɕie⁴⁴]既顽皮,又令人讨嫌!这是指责顽皮捣蛋好与人纠缠闹事的孩子时常说的话。

54.鼻头困扁了[pʰi²²tʰiu⁴⁴kʰũ³²⁴pe³⁵lo²]用于讥笑新婚后睡懒觉的人。例如,对新郎说:"尔(n̩³⁵)起这的(n̩³¹ti²)早哇?快中饭啰。尔(n̩³⁵)的鼻头都困扁啰!"

55.鼻头上有汗的——掌权的人。[pʰi²²tʰiu⁴⁴ɕia²²iu³⁵xɛ²²ti²——tɕia³⁵tɕʰyẽ⁴⁴ti²ĩ⁴⁴.]指有本领的人,有实权的人。比如有事要与对方交涉,就可以说:"你们快把鼻头上有汗的请出来谈谈。"

56.鼻头眼朝天——死了。[pʰi²²tʰiu⁴⁴ŋɛ³⁵tɕʰiɔ⁴⁴tʰe³¹——sʅ³⁵lo².]寓意人已死去。

57.鼻扎大——很大方。[pʰi²²kʰuʌ̃³⁵tʰo²²——xʌ̃³⁵tʰo²²fo²².]寓意某人对财物很大方,不吝啬。

58.破里破络索[pʰo³²⁴li²pʰo³²⁴lo²²sɔ⁷²¹]形容衣衫破旧褴褛。

59. 破船多揽杂 —— 自不量力。[pʰo³²⁴tɕʰye⁴⁴to³¹lɛ³⁵tsʰa²²——tsʰŋ²²pu²²¹lia²²li²².]本来就是一艘破船，还要包揽来许多生意。比喻自不量力，自找麻烦，自找苦吃。

60. 捧着老虎睡觉 —— 胆子太大。[pʰʌ̃³⁵tɕʰiɔ²²lɔ³⁵xu³⁵ɕy²²kɔ³²⁴——tɛ³⁵tsŋ²tʰɛ³²⁴tʰo²².]"捧着"就是搂抱的意思。搂抱着老虎睡觉胆子实在太大了。形容胆子大的超乎常人。

61. 拼锅——同居。[pʰiʌ̃³¹ko³¹——tʰʌ̃⁴⁴tɕy³¹.]单身汉和单身妇同居，谓之他俩"拼锅"。

62. 瓶里养花——好景不长。[pʰiʌ̃⁴⁴li²ia³⁵xua³¹——xɔ³⁵tɕiʌ̃³⁵pu²²¹tɕʰia⁴⁴.]花瓶里养着折枝的花，虽然是活着的，可是已为时不长或好景不长。也比喻带病延年的人，不久于人世了。

63. 平日有得忙，过年有得尝。[pʰiʌ̃⁴⁴ni²²iu³⁵te²²¹mɔ⁴⁴, ko³²⁴ne⁴⁴iu³⁵te²²¹ɕia⁴⁴.]

64. 平时不烧香，急时拜折腰。[pʰiʌ̃⁴⁴sŋ⁴⁴pu²²¹ɕiɔ³¹ɕia³¹, tɕi²²¹sŋ⁴⁴pa³²⁴ɕie²²¹iɔ³¹.]意思是平时不做好准备，到需要的时候即使求人或求神拜折了腰，也不一定能解决问题。

65. 莆吃馍头三口生。[pʰu³⁵tɕʰi²²¹mɔ⁴⁴tʰiu⁴⁴sɛ³¹kʰiu³⁵sɛ³¹.]"莆"是方言同音字，是起初、开始的意思。开始学蒸馒头时，还把握不准火候，难以控制馍的生熟。借指只要坚持总结经验，干任何新的工作都会成功的。

66. 孵绿豆芽[pʰu²²lu²²tʰiu²²ŋa⁴⁴]那些无能力外出干事，老呆在家里坐着等吃的人，被讽刺为"孵绿豆芽"。

[m] 67—104

67. 痲豆鬼[ma⁴⁴tʰiu²²kue³⁵]方言称天花为"痲豆"，把染天花的孩子蔑称为"痲豆鬼"。方言有时也用痲豆鬼咒骂不听话的孩子。

68. 马桶里放炮竹 —— 响声不大。[ma³⁵tʰʌ̃³⁵li²fa³²⁴pʰɔ³²⁴tsu²²¹——ɕia³⁵ɕiʌ̃³¹pu²²¹tʰo²².]在马桶里放鞭炮，人家听不见多大的响声，也起不到扩大影响的作用。

69. 蚂蚁驮豆黄——不辞辛劳。[ma³⁵ni³⁵tʰo⁴⁴tʰiu²²xo⁴⁴——pu²²¹tsʰŋ⁴⁴siʌ̃³¹lɔ⁴⁴.]

"豆黄"普通话叫"豆踏子"（是碾碎的豆子）。蚂蚁会不辞辛苦地把它一粒儿一粒儿地驮走。借喻任务虽然繁重，对于有恒心有毅力的人，照样可以胜利完成。

70. 卖老婆贴枕头——吃大亏了。[ma²²lɔ³⁵pʰo⁴⁴tʰe⁷²¹tɕiʌ̃³⁵tʰiu⁴⁴——tɕʰi⁷²¹tʰɔ²²kʰue³¹lo².]比喻生意赔本了，吃了大亏了。

71. 卖稀——搞砸了。[ma²²ɕi³¹——kɔ³⁵tsa⁷²¹lo².]原是"红帮"里的黑话。意思是："没有了""尽头了""搞糟了"。

72. 鳗鲤冲大水——充好汉。[mɛ²²li³⁵tsʰʌ̃³¹tʰɔ²²ɕy³⁵——tsʰʌ̃³¹xɔ³⁵xɛ³²⁴.]鳗鲤就是鳗鱼。鳗鱼在洪水中横冲直撞，游来游去。"充"与"冲"字同音。借指冒充、假借。例如，某人跟随有技能的人在一起办事，原是好事。可是有人讽刺他"鳗鲤充大水"，冒充好老，假充好汉。

73. 棉花店里挂弓——不弹（谈）了。[me⁴⁴xua³¹te³²⁴li² kua³²⁴kuʌ̃³¹——pu⁷²¹tʰɛ⁴⁴lo².]挂弓就是"不弹了。"不弹"与"不谈"同音，故曰"不谈了（不商讨、不谈判）"。

74. 猫儿洗面——马虎。[mɔ³¹ŋ̩²sŋ̍³⁵me²²——ma³⁵xu².]孩子洗脸马虎，洗不干净，大人责备他"猫儿洗面"。

75. 猫儿擤屎自家搐。[mɔ³¹ŋ̩²tsʰa²²ɕi³⁵tsʰʅ²²ka³¹ŋʌ̃³⁵.]"擤屎"就是拉屎。意思是自己做的事，自己负责，不拖累别人。（擤《集韵》崇怀切，倒损也。搐《集韵》乌感切，严覆也。）

76. 猫肉啦[mɔ³¹niu²²la²]"猫肉"是比较软的。通常用来形容物品软或吃的东西不脆了变得很柔软了。

77. 毛核桃打嘴。[mɔ⁴⁴xɛ⁴⁴tʰɔ⁴⁴ta³⁵tɕy³⁵.]有两种意思：①自责不该乱说，该打嘴；②问而不答，老不开腔。

78. 忙忙分狗食，步步给狗咬——以怨报德。[mɔ⁴⁴mɔ⁴⁴fʌ̃³¹kiu³⁵ɕi²²，pʰu²²pʰu²²xe²²kiu³⁵ŋɔ³⁵——i³⁵ue²²pɔ³²⁴te²¹ʔ.]

79. 忙里解贡——不情愿。[mɔ⁴⁴li³⁵kɛ³²⁴kuʌ̃³²⁴——pu⁷²¹tsʰiʌ̃⁴⁴ue²².]"贡"是进贡皇上的东西（包括吃的、用的、玩的等等）。"解贡"是把进献给皇上的东西解（押送）走。"忙里解贡"即个人的活计很忙，还要解运贡品。

说明内心极不情愿和非常厌恨。

80.茅缸板上钉铜钉——不配。[mɔ⁴⁴ka³¹pɛ³⁵ɕia³⁵tiʌ̃³²⁴tʰʌ̃⁴⁴tiʌ̃³¹——pu²²¹pʰɛ³²⁴.]不配：浪费。只要竹钉或铁钉就可以。

81.模糊煞——难得糊涂。[mɔ⁴⁴xu⁴⁴sa²²¹——lɛ⁴⁴te²²¹xu⁴⁴tʰu⁴⁴.]做事马虎一点，不一定要追求彻底。

82.芒种端午前，点灯夜耕田；芒种端午后，慢慢推，慢慢悠。[mɔ⁴⁴tsʌ̃³²⁴to³¹u³⁵tsʰe⁴⁴，te³⁵tʌ̃³¹ia²²kɛ³¹tʰe⁴⁴；mɔ⁴⁴tsʌ̃³²⁴to³¹u³⁵xiu²²，mɛ²²mɛ²²tʰɛ³¹，mɛ²²mɛ²²iu³¹.]芒种之前应该抓紧耕作。芒种过后只要做好田间管理就行了。

83.芒种端午晴，苞芦、粟草下手耘；芒种端午落，苞芦粟草光薄薄。[mɔ⁴⁴tsʌ̃³²⁴to³¹u³⁵tsʰiʌ̃⁴⁴，pɔ³¹lu⁴⁴、su²²¹tsʰɔ³⁵xa³⁵ɕiu³⁵yʌ̃⁴⁴；mɔ⁴⁴tsʌ̃³²⁴to³¹u³⁵lɔ²²，pɔ³¹lu⁴⁴su²²¹tsʰɔ³⁵ko³¹pʰɔ²²pʰɔ²².]需要"下手耘"说明田里的草很多，急需用手拔了。"光薄薄"说明田里的草很少，只要加以管理即可。

84.茅厕上打拳头——有股子臭劲。[mɔ⁴⁴sŋ³¹ɕia³⁵ta³⁵tɕʰye⁴⁴tʰiu⁴⁴——iu³⁵ku³⁵tsŋ²tɕʰiu³²⁴tɕiʌ̃³²⁴.]有一股臭劲。自以为是，高高在上。（注：歙县老式公厕大都建在山崖边，用木板和蹲缸做成的，像个小舞台。）

85.满天星斗——麻子。[mɔ³⁵tʰe⁴⁴siʌ̃³¹tiu³⁵——ma⁴⁴tsŋ².]原是指满天星星。比喻脸上长麻子的人。特别是用来讥笑妇女：好一个漂亮妇女，就是满天星斗。可惜！可惜！

86.满山巴垰[mɔ³⁵sɛ³¹pa³¹ka³²⁴]满山遍岭。"垰"是山梁的意思。（歙县话"垰"与"降"同音）

87.末代——绝后。[mɔ²²tʰɛ²²——tɕye²²¹xiu²².]诅咒恶人坏到了尽头，是最后一代，断子绝孙的家伙。

88.目连娘赶殿——没空儿。[mɔ²²le⁴⁴nia⁴⁴kuɛ³⁵tʰe²²——mu²²kʰuʌ̃³²⁴ŋ².]目连的母亲在世胡作乱为，死后被十殿阎王一殿一殿提去阴审，十分忙碌。工作繁忙的妇女就会用此比喻自己说："我是目连娘赶殿，一点空功夫都没有。"

89.木匠做枷枷自家——自作自受。[mɔ²²tsʰia²²tso³²⁴ka³¹ka³¹tsʰŋ²²ka³¹——tsʰŋ²²tso²²¹tsʰŋ²²ɕiu²².]比喻自己害自己，自作自受。

90.望着咸鱼吃淡饭——白想。[mɔ²²tɕʰio²xɛ⁴⁴ny⁴⁴tɕʰi²²¹tɛ³⁵fɛ²²——pʰɛ²²¹sia³⁵.]看得见，吃不着。引申为没有指望，没有效果的白想。

91.望人锅面上下——卑鄙相。[mɔ²²iʌ̃⁴⁴ko³¹me²²ɕia³⁵xa³⁵——pe³¹pʰi³⁵sia³²⁴.]仰面求人，要观看别人的眉毛眼色。形容寒酸人的卑鄙相。

92.望夫塘边有双绣花鞋。[mɔ²²fu³¹tʰa⁴⁴pe³¹iu³⁵so³¹siu³²⁴xua³¹xa⁴⁴.]

离徽城不远的村庄，村前有一个很大的水塘。当地人把它叫作"望夫塘"。为什么叫"望夫塘"呢？相传村里有一个小青年新婚之后，就随着亲友跨过大塘的堤坝，沿着官道到江浙一带当学徒做生意去了。细新妇（新娘子）在家里孝敬双亲，勤俭持家，很受亲友的称赞。小青年在城市里受到了大老板的栽培，很快就出师了，并成了老板的得力助手。转眼就到了年底了，老板说他要回乡探访亲友，叫他留店照看生意。小青年不能回家，只好托人捎信告诉父母妻室。第二年，店里的生意照样兴隆繁忙，使本想返乡探亲的小青年依然离不开店，家里的亲人闻讯甚是难过。已婚两年的细新妇怎么能不加重思念之情呢？

又是新年将至，她也像村里其他姊妹一样，穿着打扮来到村前的望夫塘堤坝上迎候亲人归来。几天过去，人家的亲人已归，唯有自己的男人还未到家。她想：前天他还捎口信，今年一定要回家过年的呀！正在这时，东边过来一个背背褡子的人，那人笑着说："你别等了！他……。"当晚学徒归来的青年回到家中拜见了双亲，却未见到爱妻。他随即奔向大塘，只见塘边摆着一双绣花鞋！

93.目鹰不打窠下食。[mɔ²²iʌ̃³¹pu²²¹ta³⁵kʰo³¹xa³⁵ɕi²².]"目鹰"就是老鹰。它捕猎食物要到远处找，窝下的东西它不吃。比喻行为不正，专门害人的人，一般是不害近处人的。他要远出再干坏事的。

94.眉毛上一点灰——不费力。[me⁴⁴mɔ⁴⁴ɕia²i²²¹tɛ³⁵xuɛ³¹——pu²²¹fe³²⁴li²².]把事情看得轻描淡写，简单、不费力。

95.门徒和尚——品当一样。[mʌ̃⁴⁴tʰu⁴⁴xo⁴⁴ɕia²²——pʰiʌ̃³⁵ta³²⁴i²²¹ia²².]旧社会把门徒（道士）和和尚都认为是低三下四的人，与奴才、仆人一样，低人一等。"品当"是品德地位的意思。

96. 门槛上滚鸡子——进出未定。[mᴀ̃⁴⁴kʰɛ³⁵ɕia²kuᴀ̃³⁵tɕi³¹tsɿ³⁵——tsiᴀ̃³²⁴tɕʰy²²¹ue²²tʰiᴀ̃²².]在门槛上滚鸡蛋，滚进就在门里，滚出就在门外。比喻：行踪未定，不能落实。

97. 门口长青草，板凳起青苔。[mᴀ̃⁴⁴kʰiu³⁵tɕia³⁵tsʰiᴀ̃³¹tsʰɔ³⁵, pe³⁵tᴀ̃³²⁴tɕʰi³⁵tsʰiᴀ̃³¹tʰɛ⁴⁴.]比喻此户人家已穷困到无人来往了！

98. 懵里懵懂[mᴀ̃²²li²mᴀ̃²²tᴀ̃³⁵]糊里糊涂，神志不清。例如，孩子尿在床上就可以说：孩子，你太懵懂了！

99. 懵铳硝[mᴀ̃²²tsʰᴀ̃³²⁴siɔ³¹]本是火枪的硝药。比喻言行莽撞，轻率、急躁的人。

100. 蟆虫叮菩萨——叮错了人。[miᴀ̃⁴⁴tsʰᴀ̃⁴⁴tiᴀ̃³¹pʰu⁴⁴sa²²¹——tiᴀ̃²²tsʰɔ³²⁴liɔ³⁵niʌ⁴⁴.]蟆虫即蚊子。蚊子叮菩萨——叮错了人，或者说认错了对象。

101. 没有三尺长的韭菜。[miu³⁵sɛ³¹tɕʰi²²¹tɕʰia⁴⁴ɛ²tɕiu³⁵tsʰɛ³²⁴.]"韭"读音如"久"，取其音而定义。意思是再长的"韭"也不会有三尺长的。实际的意思是它不会长久（韭）的。此话与"兔子尾巴长不了"同义。

102. 昒干货[m̩⁴⁴kɛ³²⁴xɔ³²⁴]"干"读去声看kɛ³²⁴。比喻此人是一个没有用的东西。

103. 昒魂浪荡[m̩⁴⁴xuᴀ̃⁴⁴la²²tʰa²²]好像是失去灵魂的家伙，成天东飘西荡地不务正业。

104. 没式法[m̩²²ɕi²²¹fa²²¹]没式法或没设（ɕie²²¹）法。意思是没办法，没有方式方法。

[f] 105—119

105. 伐神捣鬼[fa⁴⁴ɕiᴀ̃⁴⁴tɔ³⁵kue³⁵]形容那些惹是生非，到处制造矛盾的家伙。

106. 翻了盐船捞草包——得不偿失。[fɛ³¹liɔ²ie⁴⁴tɕʰye⁴⁴lɔ³¹tsʰɔ³⁵pɔ³¹——te²²¹pu²²¹ɕia⁴⁴ɕi²²¹.]旧时食盐大都是用草袋包装的。运盐的船翻了，盐全融化到河里去了。再去捞回的只会是草包了。得不偿失！

107. 翻花石榴[fɛ³¹xua³¹ɕi²²liu⁴⁴]石榴花开得虽然茂盛，但是开翻了。转义指说话不算数的人，说了又翻，翻了又说，没有信用。例如："这个人是翻花石榴，说话不算数。"

108. 反穿皮马褂——装羊。[fɛ³⁵tɕʰye³¹pʰi⁴⁴ma³⁵kua³²⁴——tso³¹ia⁴⁴.]把马褂有毛的一面反穿在外面叫"装羊"。意思是明明知道内情，硬是装着不懂。

109. 饭盆里吃饭，饭盆里摞屎——自害自。[fɛ²²pʰʌ̃⁴⁴li²tɕʰi²²¹fɛ²²，fɛ²²pʰʌ̃⁴⁴li²tsʰa²²ɕi³⁵——tsʰʅ²²xɛ²²tsʰʅ²².]"摞"音"杂"，在饭盆里吃饭，又在饭盆里解大便。比喻，自害自。此乃团体中的败类。

110. 犯人大是解差——搞颠倒了。[fɛ²²iʌ̃⁴⁴tʰo²²ɕi³⁵ka³²⁴tsʰa³¹——kɔ³⁵te³¹tɔ³⁵lo².]解差本是押送犯人的，如今犯人却命令、指挥起解差来。看来关系一定是搞反了，搞颠倒了。

111. 放青的[fo³²⁴tsʰiʌ̃³¹ɛ⁰]喻指那些好偷人家菜地里蔬菜或树上果子的贼。

112. 肥坱不如瘦弯。[fe⁴⁴lʌ̃³⁵pu²²¹y⁴⁴ɕiu³²⁴uɛ³¹.]比喻一个名气很大的人，还不如一个平凡的人；一件影响很大的事，也不如一件平凡的事。

113. 斧头打凿，凿入木——循序渐进。[fu³⁵tʰiu⁴⁴ta³⁵tsʰɔ²²，tsʰɔ²²y²²mɔ²²——tsʰiʌ̃⁴⁴tɕʰy²²tsʰe²²tsiʌ̃³²⁴.]一环紧扣一环：一道工序跟着一道工序。做事必须循序渐进。

114. 父子不晒麦——互相信不过。[fu²² tsʅ³⁵ pu²²¹sa³²⁴mɛ²²——xu²²sia³¹siʌ̃³²⁴pu²²¹ko³²⁴.]刚脱粒的麦子含水分较多，经太阳一晒，干耗很大。父子不敢同时晒麦子，是怕互相信不过。这是历史上当地个体小农生产水平低，生活比较贫困的情况下可能出现的现象。

115. "福寿馃"的故事。[fu²²¹ɕiu²²ko³⁵ɛ²ku³²⁴sʅ²².]徽州府城东门外有一条叫练江的河。河面上横跨着用石条砌成的大桥。在石桥北头的岸上，有一家很简陋的小饭店。店主是一对年迈的夫妻。来吃饭的大多数是街坊邻居和少数游客。这一天快中午的时候，桥边停靠了一条很漂亮的新船。从船上下来了一个穿着衙役服装的人。他走到饭店的门前，对店主老头说："我的主人说你家的这种饼很好吃！今天经过此地，想再买两个！""可以！

可以！这就为你做起。"老妪加柴点火，老伯揉面抹料，一时间饼就放到油香四溢的平底锅里，再将浸透了香油的古砖压在面饼上。一会就几个炙香四溢的煎馃就起锅了！乾隆皇帝和船上的贵客们吃得很满意。当问到这种饼叫什么名字时，老人答曰："馃。"乾隆皇帝随手写了"福""寿"两个字送给老人："那就叫"福寿馃"吧！"从此"福寿馃"就成了徽州的名特食品！

116.风吹箬笠告诉天——无济于事。[fʌ³¹ tɕʰy³¹ nioʔ²² li²² kɔ³²⁴ su³²⁴ tʰe³¹——u⁴⁴ tsi³²⁴ y⁴⁴ sʅ²².]箬笠被风吹走了，自己不去找，反而去跟天讲，天无语，空费力，无济于事。

117.粉板上写字——不作数。[fʌ³⁵ pe³⁵ ɕia³⁵ se³⁵ tsʰʅ²²——puʔ²¹ tsɔʔ²¹ su³²⁴.]可以不作数。因为在黑板上写的字是可以揩掉的，作不了定论。

118.粪桶也生耳朵。[fʌ³²⁴ tʰʌ³⁵ ie³⁵ seʔ³¹ ɛ³⁵ to³⁵.]粪桶耳朵是用来拴夹，便于挑抬。转义为不听话的人，虽生耳朵，不如粪桶。

119.粪槽叉[fʌ³²⁴ tsʰɔ⁴⁴ tsaʔ²¹]本义是厕所里的插粪的工具。比喻此人是挑拨是非、制造矛盾，搞不团结的家伙。与"搅屎棍"同义。

[t]120—190

120.当着不着[ta³¹ tɕʰiɔ²² puʔ²¹ tɕʰiɔ²²]该做的不做，不该做的反倒抢着做。

121. 当柴不能烧，当料不能取——废物。[ta³¹ sa⁴⁴ puʔ²¹ nʌ⁴⁴ ɕiɔ³¹, ta³¹ liɔ²² puʔ²¹ nʌ⁴⁴ tɕʰy³⁵——fe³²⁴ u²².]没有用的东西，废物！

122.打不了壶，还锡——损失不大。[ta³⁵ puʔ²¹ liɔ³⁵ xu⁴⁴, uɛ⁴⁴ siʔ²¹——sʌ³⁵ ɕiʔ²¹ puʔ²¹ tʰo²².]叫锡工打壶，壶没打好，锡还在。比喻事情虽未办成，但损失不大。

123.打半日[ta³⁵ po³²⁴ ni²²]过去打摆子的人很多。而且很多人半日无病，半日在病中，所以当地话把疟疾叫"打半日"。

124. 打飘和——没把握。[ta³⁵ pʰiɔ³¹ xu⁴⁴——mu²² pa³⁵ uʔ²¹.] "飘和"（"和"读如"胡"）是旧社会赌纸牌的名称。内容完全是碰对子的。当对事情成功与否，没有一定把握时，就说"打飘和"（碰碰看）。

125.打马颈[ta³⁵ ma³⁵ tɕiʌ̃³⁵]小孩子骑在大人颈上，这个动作就叫"打马颈"。

126.打闷锤[ta³⁵ mʌ̃²² tɕʰy⁴⁴]突然给他一拳，使其难以承受，这叫"打闷锤"。另外有比喻义是提出使人意想不到的或莫须有的事情突击他一下。例如："你借我的钱，该还我了吧！""实际上并无此事。

127.打对台[ta³⁵ te³²⁴ tʰɛ⁴⁴]原是两个戏班子在一块唱对台戏。后引申为凡是出现对立、对抗的局面都说成"打对台"。

128.打塌笑话柄[ta³⁵ tʰa⁷²¹ sio³²⁴ xua²² piʌ̃³⁵]人家正在谈话说事，第三者却插入讲其他不相干的事情，打断了别人的谈话。

129.打痛脚[ta³⁵ tʰʌ̃³²⁴ tɕia⁷²¹]和他人斗殴的时候，首先应该打他最软弱的部位。其中包括玩手段、挑眼儿、找茬儿、揭短处等。

130.打调[ta³⁵ tʰio²²]计划、安排、筹划谋虑。

131.打雷堆[ta³⁵ lɛ⁴⁴ tɛ³¹]闹纠纷，办交涉。

132.打冷嘴[ta³⁵ lɛ³⁵ tɕy³⁵]正在计划一件事情，被他一说，大家歇手，不再干了。与"泼冷水"同义。

133.打赖皮[ta³⁵ lɛ²² pʰi⁴⁴]耍赖皮，不承认债务了。如：向他讨钱，他打赖皮说不欠你的。

134.打路数[ta³⁵ lu²² su³²⁴]做生意的打听市面行情，侦察商业情况。

135.打露水[ta³⁵ lu²² ɕy³⁵]一大早开门做生意，来了一个只问货价（问这问那），却不买东西的。店主就不满意地骂这种人是"露水鬼"，起早来"打露水"的。

136.打了眼[ta³⁵ lio² ŋɛ³⁵]事先去实地了解一下，然后动手。例如：我的一件毛衣晒在这里，只有一个要饭的来了一下，怎么现在衣服不见了？可能是那个要饭的"打了眼"，给偷去了。

137.打锣求得雨。[ta³⁵ lo⁴⁴ tɕʰiu⁴⁴ te⁷²¹ y³⁵.]打锣求雨，是欺人又非自救的行为。农民明知求雨无效，偏要打锣敲鼓。这是在告诉主子们：今年是干旱年，你们收租不能还是那样凶狠了。

138.打夹账[ta³⁵ ka⁷²¹ tɕia³²⁴]伪造单据或诳骗别人，从中捞取好处。这种贪污行为就叫"打夹账"。

139. 打官堆[ta³⁵kuɛ³¹tɛ³¹] 把好的、差的货品掺和一起。例如将细茶、粗茶和在一起卖，就叫"打官堆"。

140. 打个阿呦，舌头给别人剟掉哩——动作迅速。[ta³⁵ko²a³¹io², tsʰe²²tʰiu⁴⁴xe²²iɐ̃⁴⁴kua³¹tio³²⁴li²——tʰɐ̃³⁵tsɔ²²¹siɐ̃³²⁴su²²¹.]打哈欠一张嘴，舌头就被别人割走了。说明扒手的盗窃本领大，动作迅速巧妙。

141. 打孤寡唉[ta³⁵ku³¹kua³⁵ɛ²]孤儿寡妇是应该受社会重视和保护的。但是冒充这样孤寡的人，到处招摇撞骗、捞油水得好处。这类人就叫"打孤寡唉"。

142. 打孤寡打到孤寡行里来啰！[ta³⁵ku³¹kua³⁵ta³⁵tɔ³²⁴ku³¹kua³⁵xa⁴⁴li²lɛ⁴⁴lo²！] 居然跑到内行人的窝里来显摆自己，真是班门弄斧，不自量力！

143. 打丫头羞小姐——旁敲侧击。[ta³⁵ŋa³¹tʰiu⁴⁴ɕiu³¹siɔ³⁵tse³⁵——pʰo⁴⁴kʰɔ³¹tsʰɛ²²¹tɕi²²¹.]虽然是打在丫头婢女身上，而实际上是有意羞辱小姐。含有旁敲侧击的意思。

144. 打夜作[ta³⁵ia²²tsɔ²²¹]加夜班干活。

145. 打摇枷板[ta³⁵iɔ⁴⁴ka³¹pɛ³⁵]"打摇枷板"原是沿街叫卖，或串门卖唱的人能用的竹板等。这里是借指妇女不喜欢呆在家中，喜欢东走西跑地到处串。讽刺这样的女人是"打摇枷板"的货色。

146. 打一跤[ta³⁵i²²¹kɔ³¹]就是跌一跤，摔一跤。"跌倒"也说"打跤"。

147. 打见鬼[ta³⁵tɕie³²⁴kuɛ³⁵]双方由于闹矛盾动手打架。这种"吵死打架"谓之"打见鬼"。

148. 打急醮[ta³⁵tɕi²²¹tsiɔ³²⁴]原意是家中有得重病的人，请道士先生来"打醮"（拜神佛），是紧急的很。也可以借生活紧急、窘迫，家中无钱无米，身上分文无着也叫"打急醮"。

149. 打痴心[ta³⁵tɕʰi²²¹siɐ̃³¹]为了获得或占有而痴心妄想。

150. 打欠金[ta³⁵tɕʰie³²⁴tɕiɐ̃³¹]双方由于债务闹纠纷。

151. 打苋菜[ta³⁵ɕie²²tsʰɛ³²⁴]苋读现，取其音。打苋菜，现打现。掐了苋菜马上就施肥，这样苋菜才会生长得更好，收获更多。

152. 打早朝[ta³⁵tsɔ³⁵tɕiɔ³¹]早上起早加班干活。

153. 打中觉[ta³⁵tsʌ̃³¹kɔ³²⁴]中觉指午睡。把中午的一段时间用来午休。

154. 打三个喷嚏——令人作呕。[ta³⁵sɛ³¹ko²pʻʌ̃³²⁴tsʰ]³²⁴——liʌ̃²²iʌ̃⁴⁴tsoʔ²¹ŋiu³¹。]打三个喷嚏。比喻事物、东西、文章、图画都看不上眼。质量不够水平，看了会令人打三个嚏：令人作呕。

155. 打死板[ta³⁵sŋ³⁵pɛ³⁵]讽刺那些死搬硬套不会灵活处理问题的人。

156. 打死和尚贴跟辫。[ta³⁵sŋ³⁵xo⁴⁴ɕia²²tʰeʔ²¹kʌ̃³¹pɛ³⁵.]把和尚打死了，既要赔他一个人，还要倒贴他一根辫子。比起赔偿别人的损失，还要多赔偿一些才行。

157. 打死在夹墙里——冤枉了中间人。[ta³⁵sŋ³⁵tsʰɛ³²⁴kaʔ²¹tɕʰia⁴⁴li²——ye³¹o³⁵lɔ²tsʌ̃³¹kɛ³¹iʌ̃⁴⁴.]"夹墙"又叫"夹壁墙"。是双层而中间空的墙。里面大多用来储藏东西。这里的意思是甲乙两人发生了纠纷，双方都埋怨中间人。其实是冤枉责怪了中间人。在这种情况下，把中间人说成"打死在夹墙里。"

158. 打鼓出杨梅，永世不回来。[ta³⁵ku³⁵tɕʰyʔ²¹ia⁴⁴mɛ⁴⁴, yʌ̃³⁵ɕi³²⁴puʔ²¹xuɛ⁴⁴lɛ⁴⁴.]出梅那天要是打雷，以后就极少下雨。

159. 打洋包[ta³⁵ia⁴⁴pɔ³¹]敲诈、欺骗，索取钱财。

160. 打完鼓，送完船——没责任了。[ta³⁵uɛ⁴⁴ku³⁵, sʌ̃³²⁴uɛ⁴⁴tɕʰye⁴⁴——mu²²tsɛʔ²²iʌ̃²²lɔ².]打鼓送船是敲锣打鼓送神佛。"明船纸烛照天烧"。好了，完成拜神任务了。意思是把许多麻烦事情都办好了，不再承担任何责任了。

161. 搭山头[taʔ²¹sɛ³¹tʰiu⁴⁴]人家正在谈话，第三者来多嘴插话。另外，也有寻开心的意思。

162. 担萝卜去上锉——自投罗网。[tɛ³¹lo⁴⁴pʰɔʔ²¹tɕʰi³²⁴ɕia³⁵tsʰo³²⁴——tsʰ²²tʰiu⁴⁴lo⁴⁴mo³⁵.]把萝卜锉成丝，晒干可以当菜。别人有锉，你把萝卜拿到别人的锉上去锉成丝。这样萝卜丝不就成了别人的了？比喻义为自投罗网。

163. 担虾钓鳖——本轻利重。[tɛ³¹xa³¹tiɔ³²⁴peʔ²¹——pʌ̃³⁵tɕʰiʌ̃³¹li²²tsʰʌ̃³⁵.]

"担"拿也。拿虾子去钓鳖，是本轻利重的事！

164.担回喜[tɛ³¹ xue⁴⁴ ɕi³⁵]成亲后，第一次给岳父母家送礼，叫担回喜。

165.担恭喜[tɛ³¹ tɕyã³¹ ɕi³⁵]"恭"读如"君"。送礼物，送礼品。

166.呆惰富贵[tɛ³¹ tʰo²² fu³²⁴ kue³²⁴]并不聪明能干的人，他却有福气享受到富贵的生活待遇。

167.对着板壁哈口气——不算数。[tɛ³²⁴ tɕʰiɔ²² pe³⁵ pi²²¹ xa³¹ kʰiu³⁵ tɕʰi³²⁴——pu²²¹ so³²⁴ su³²⁴.]因为哈出的气一会儿就化为乌有了。比喻说话不算数，不起作用。

168.对不住[tɛ³²⁴ pu²²¹ tɕʰy²²]你给我办了一桩好事或为我出了很大力气，我会诚心诚意地感谢你，忙说："对不住！对不住！"与普通话"谢谢你"同义。

169.跌股[te²²¹ ku³⁵]在舞台上演出时，本是出风头得赞扬的好机会，结果却造成了丢人现眼的后果。"跌股"也有写作"跌鼓"的。前者认为演员在演出时摔跤了，后者认为演奏者把指挥乐队的扁鼓击落到地上了。

170.得人嫌[te²²¹ iã⁴⁴ ɕie⁴⁴]遭受到别人的厌恶、讨嫌。例如，大家在静听广播，他却大声讲话，干扰了别人。别人会斥责："得人嫌！"

171.刀门火门都过来了——斗争经验丰富。[tɔ³¹ mã⁴⁴ xo³⁵ mã⁴⁴ to³¹ko³²⁴lɛ⁴⁴ lo²——tiu³²⁴ tsã³¹ tɕiã³¹ ne²² fã³¹ fu³²⁴.]形容经过许多风险，见过许多世面。说明此人有丰富的斗争经验。

172.刀快水滚[tɔ³¹ kʰua³²⁴ ɕy³⁵ kuã³⁵]这是杀猪前的准备工作。刀磨快了，水烧滚沸了，快点动手，不要拖延。意思是干工作要干脆、利索、快捷。

173.到泥洲府去了——死了。[tɔ³²⁴ ni⁴⁴ tɕiu³¹ fu³⁵ tɕʰi³²⁴ lo²——sɿ³⁵ lo².]这是臆造的地名。人死了，埋在泥土里，说成到"泥洲府"。例如有人问："你的祖父还好吗？""他到泥洲府去了。"

174.灯盏火——照前不照后。[tã³¹ tse³⁵ xo³⁵—— tsɔ³²⁴ tsʰe⁴⁴, pu²²¹ tsɔ³²⁴ xiu²².]灯盏火的亮光，只能照到前面，不能照到后面。比喻不知道以后的事情。后事既看不到，也料不准，对未来的也不可能有把握。

175.灯消火灭[tã³¹ siɔ³¹ xo³⁵ me²²]这是咒骂人时常用的狠毒话语。"灯消"

是方言把摆在棺材头上的那灯盏叫作"蹬消"。"消"与"屑"同音,"灯消"即"蹬屑",人死了即"归天"了。

176.东处无花西处采——多方面动手。[tɑ̃³¹ tɕʰy³²⁴ m⁴⁴ xua³¹ si³¹ tɕʰy³²⁴ tsʰɛ³⁵——to³¹ fo³¹ me²² tʰɑ̃²² ɕiu³⁵.]

177.冬瓜肚里烂出来——有内奸。[tɑ̃³¹ kua³¹ tu³⁵ li³⁵ lɛ²² tɕʰy²²¹ lɛ⁴⁴——iu³⁵ nɛ²² kɛ³¹.]冬瓜从里向外烂出来,是蠹虫在内部为害造成的。比喻团体内部有坏蛋、内奸,与外人勾结,才会使组织受到破坏。

178.冬至月头,冻死老牛。[tɑ̃³¹ tɕi³²⁴ ue²² tʰiu⁴⁴,tɑ̃³²⁴ sŋ³⁵ lɔ³⁵ niu⁴⁴.] "冬至"如果在月头(农历上旬),就会冻死老牛。

179.冬至月尾,冻死老鬼。[tɑ̃³¹ tɕi³²⁴ ue²² ue³⁵,tɑ̃³²⁴ sŋ³⁵ lɔ³⁵ kue³⁵.] "冬至"如在月尾(农历下旬)天气就会变得很冷,就会冻死体弱的老人。

180.冬笋没有出头日。[tɑ̃³¹ sɑ̃³⁵ miu³⁵ tɕʰy²²¹ tʰiu⁴⁴ ni²².]冬笋是生长不出高耸挺拔的毛竹的。用来比喻某个人永远没有出人头地的希望。

181.钉对钉,凿对凿——棋逢对手。[tiɑ̃³¹ tɛ³²⁴ tiɑ̃³¹,tsʰɔ²² tɛ³²⁴ tsʰɔ²²——tɕʰi⁴⁴ fɑ̃⁴⁴ tɛ³²⁴ ɕiu³⁵.]英雄对英雄,好汉对好汉,棋逢对手。

182.顶步臼唱戏——吃力不讨好。[tiɑ̃³⁵ pʰu²² tɕʰiu³⁵ tɕʰia³²⁴ ɕi³²⁴——tɕʰi²²¹ li²² pu²²¹ tʰɔ³⁵ xɔ³⁵.] "步臼"就是"石臼"。把石臼当成帽子戴在头上演唱大戏,实在是吃力不讨好的事。

183.倒灶——倒霉![tɔ³⁵ tsɔ³²⁴——tɔ³⁵ mɛ⁴⁴!] 锅灶倒塌了,实在是不吉利的事情。"倒霉透了!"

184.倒尸[tɔ³⁵ sŋ³¹] 原意是人死了,倒下了。骂好睡觉的懒人,也说"倒尸"。

185.到首是功名。[tɔ³²⁴ ɕiu³⁵ ɕi³⁵ kuɑ̃³¹ miɑ̃⁴⁴.] 只有乌纱帽戴在头上了,那才是功名。一切未经落实的虚名都靠不住。

186.多见人头,少见树头。[to³¹ tɕie³²⁴ iɑ̃⁴⁴ tʰiu⁴⁴,ɕiɔ³⁵ tɕie³²⁴ ɕy²² tʰiu⁴⁴.] 皖南山区树木很多,但是青年应该到广阔的社会中去,多与人接触,才能增长见识和才干。

187.貂蝉嘴——见人说人话,见鬼说鬼话。[tiɔ³¹ tɕʰie⁴⁴ tɕy³⁵——

tɕie³²⁴iʌ̃⁴⁴ ɕye²²¹iʌ̃⁴⁴xua²², tɕie³²⁴kue³⁵ɕye²²¹kue³⁵xua²².] 三国貂蝉巧使连环计，说明她会说话。比喻这个人会说话，嘴很刁：见人说人话，见鬼说鬼话。

188.底下人[ti³⁵xa²²iʌ̃⁴⁴]旧社会把当地的小姓小户人家叫"底下人"。遇有婚丧、喜庆大事，底下人家一定要去做义务工，还要勤快、努力工作。如抬棺材、抬花轿、提红灯……。

189.丢掉功夫磨刀背——浪费时间。[tiu³¹tio³²⁴kuʌ̃³¹fu²mɔ⁴⁴tɔ³¹pɛ³²⁴——la²²fe³²⁴sŋ⁴⁴kɛ³¹.]白白浪费时间，磨的却是刀背。无用！

190.丢撂讨饭棒，忘记叫街时——忘本。[tiu³¹tʰa²²¹tʰɔ³⁵fɛ²²po³⁵, mɔ²²tɕiɔ³²⁴tɕiɔ³²⁴ka³¹sŋ⁴⁴——mɔ²²pʌ̃³⁵.]

[tʰ]191—230

191.都不是省油的灯草。[tʰu³¹pu²²¹ɕi³⁵ɕiʌ̃³⁵iu⁴⁴ti²²¹tʌ̃³¹tsʰɔ³⁵.]灯草是点植物油灯的灯芯。许多灯芯里面，没有一根是省油的。比喻都不是让人省心省事的人。

192.独子不教，终身无靠。[tʰu²²tsŋ³⁵pu²²¹kɔ³²⁴,ts³¹ʌ̃³¹ɕiʌ̃³¹u⁴⁴kʰɔ³²⁴.]独生子女更应该加强教育。在旧社会时，父母会终身无依靠。

193.汤鼓络[tʰa³¹ku³⁵lo²²]手工编织的竹器用具。形状如较大的手提小竹篮。篮中可以放置包汤用的汤锅，所以叫"汤鼓络"。当地人常把一些荤菜放在篮中，以防被猫偷吃。所以当地人又把它叫作"猫叹气"！

194.塘里有，窟里有。[tʰa⁴⁴li²iu³⁵, kʰu²²¹li²iu³⁵.]塘里有水，窟里才有水。比喻集体好，个人才会好。

195.堂前交椅团团转。[tʰa⁴⁴tsʰe⁴⁴kɔ³¹i³⁵tʰo⁴⁴to⁴⁴tɕye³²⁴.]堂屋里的椅子端来端去，位置会经常移动变换的。比喻某种情况或事情早晚会轮到你的头上的。

196.唐僧肉[tʰa⁴⁴sʌ̃³¹niu²²]比喻非常好、非常宝贵的东西。另外的意思是讽刺别人吝啬，舍不得把东西给人家，就说他的东西比唐僧肉还宝贵。

197.太婆不管三代事——无能为力。[tʰa³²⁴pʰo⁴⁴pu²²¹kuɛ³⁵sɛ³¹tʰɛ²²sŋ²²——u⁴⁴nʌ̃⁴⁴ue⁴⁴li²².]老太婆年老了，啥事也管不了了。对于下三代的事更无能为力了。

198.天亮了还挶尿到床上——不应该。[tʰe³¹ lia²² lɔ² ue⁴⁴ tsʰa²² sʅ³¹ tɔ³²⁴ so⁴⁴ ɕia²²——puʔ²¹ iʌ̃³²⁴ kɛ³¹.]睡到天亮了，还把尿撒到床上，真不应该！比喻千口之功，废于一旦，白受辛苦，劳而无功。

199.天干无露水，老来无人情。[tʰe³¹ kɛ³¹ u⁴⁴ lu²² ɕy³⁵，lɔ³⁵ lɛ⁴⁴ u⁴⁴ iʌ̃⁴⁴ tɕʰiʌ̃⁴⁴.]干旱时，露水也没有了；人老了，人情也没有了。比喻老年人待人处事，都无能为力。

200.天呀！天呀！[tʰe³¹ ia²！tʰe³¹ ia！]妻子痛哭死去的丈夫，常用的词语。据说，《神话》女娲氏补天，找了一个助手是男的。直到天补好了，男的被阻隔在天上，不能下来了。他的老婆女娲只能在天底下哭喊。由于没有喊丈夫名字的习惯，也没有勇气冲破老婆喊"老公"的封建框框，她只好哭喊"天呀！天呀！"，相传至今！

201.驮石头进山——劳而无功。[tʰo⁴⁴ ɕi²² tʰiu⁴⁴ tsiʌ̃³²⁴ sɛ³¹——lɔ⁴⁴ ɛ⁴⁴ u⁴⁴ kuʌ̃³¹.]石头原出于山区，山里有的是石头。驮（背）石头进山，真是劳而无功的事情。

202.驮牌啰[tʰo⁴⁴ pʰa⁴⁴ lo²]原来是指犯人临刑时，插在犯人背上的罪刑牌子。驮了牌的犯人，很快就会受到惩罚。比喻为某人把事情搞砸了，或者把贵重的东西弄丢了或打碎了，人家就会讲你"驮牌啰！"

203.铜钱眼里打跟斗——小气鬼。[tʰʌ̃⁴⁴ tsʰe⁴⁴ ŋe³⁵ li² ta³⁵ kʌ̃³¹ tiu³⁵——siɔ³⁵ tɕʰi³²⁴ kue³⁵.]咒骂那些只看钱不讲人情的小气鬼。

204.铜将军把门——家里没人。[tʰʌ̃⁴⁴ tɕia³¹ tɕyʌ̃³¹ pa³⁵ mʌ̃⁴⁴——ka³¹ li² mu²² iʌ̃⁴⁴.]人不在家，门锁了，遇到"铜将军把门"。旧时当地的锁都是铜的，所以把铜锁戏称"铜将军"。

205.铁抓抓出，挖耳扒进——不会过日子。[tʰeʔ²¹ tsua³¹ tsua³¹ tɕyʔ²¹，uaʔ²¹ ɛ³⁵ pʰa⁴⁴ tsiʌ̃³²⁴——puʔ²¹ xuɛ²² kɔ³²⁴ ni²² tsʅ².]挖耳是掏耳朵的用具。用大铁抓把东西往外抓，用掏耳朵的挖耳把东西扒进来，这是典型的出多入少。比喻不会当家过日子的人。

206.陶皿砂锅打下地——没得一块好的。[tʰɔ⁴⁴ miʌ̃³⁵ sa³¹ ko³¹ ta³⁵ xa³⁵ tʰi²²——mu²² teʔ²¹ iʔ²¹ kʰua³²⁴ xɔ³⁵ ti²¹.]砂锅打到地上，会摔得粉碎，哪里还有一块好的。

比喻所有的东西中没有一样是好的。

207.桃花飞过垅，正好下豆种。[tʰɔ⁴⁴xua³¹fe³¹ko³²⁴lã³⁵, tɕiã³²⁴xɔ³⁵xa³⁵tʰiu²² tsã³⁵.]桃树开花的时候，正是种豆的时候。

208.讨得起媳妇，嫁不起女——只进不出。[tʰɔ³⁵te⁷²¹tɕʰi³⁵ si⁷²¹fu²², ka³²⁴pu⁷²¹tɕʰi³⁵ny³⁵—— tɕi⁷²¹tsiã³²⁴pu⁷²¹tɕʰy⁷²¹.]进则高兴，出则不乐意。讨媳妇是进，高兴。嫁女是出，不乐意。讥讽那些只想得好处，不愿意付出的人。

209.讨饭唉懒得上槛沿——懒极了！[tʰɔ³⁵fɛ²²ɛ˙lɛ³⁵te⁷²¹ɕia³⁵kʰɛ³⁵ie⁴⁴—— lɛ³⁵tɕʰi²²lɔ².!]

210.稻草窠里登龙位，太阳出来保驾臣——聊以自慰。[tʰɔ²²tsʰɔ³⁵kʰo³¹ li²tã³¹lã⁴⁴ue²², tʰa³²⁴ia⁴⁴tɕʰy⁷²¹le⁴⁴pɔ³⁵ka³²⁴tɕʰiã⁴⁴——liɔ⁴⁴i³⁵tsʰŋ²²ue³²⁴.] 这是穷人聊以自慰的说法。寒冷的夜晚，缩在稻草窝里，犹如皇帝的金銮殿。太阳出来温暖了，犹如有了保驾的臣子。

211.挑水洗菜，外婆家的功夫——自个儿没损失。[tʰiɔ³¹ ɕy³⁵si³⁵tsʰɛ³²⁴, ŋa²² pʰo⁴⁴ka³¹ti²kuã³¹fu³¹ ——tsʰŋ²²ko³²⁴mu²²sã³⁵ɕi⁷²¹.]挑水和洗菜本是可以同时干的工作，但偏要分为两次干。只因是帮外婆家干事，浪费点时间，那是别人家的（外婆家的），对于自个儿没什么损失。

212.大细[tʰo²² si³²⁴] 这是大人对男孩子的昵称。另一种爱称的叫法是"爱儿" [ŋe³²⁴n⁴⁴]。

213.大有油，小有油，不大不小快快打，慢慢流。[tʰo²² iu³⁵iu⁴⁴, siɔ³⁵iu³⁵iu⁴⁴, pu⁷²¹tʰo²²pu⁷²¹siɔ³⁵ kʰuɛ³²⁴kʰuɛ³²⁴ta³⁵, mɛ²²mɛ²²liu⁴⁴.]这里指的都是可以榨油的原料。大的是桐子，小的是芝麻，不大不小的是黄豆。黄豆油必须快快打才慢慢地流出来。

214.大虫变狗，狐狸变鸡——落魄了。[tʰo²²tsʰã⁴⁴pe³²⁴kiu³⁵, xu⁴⁴li⁴⁴pe³²⁴ tɕi³¹——lɔ²²pʰɛ⁷²¹lɔ².] "大虫"指的是"老虎"。狐狸是爱捉鸡的。老虎和狐狸的地位都是很高的。如今却变得与"狗""鸡"一样了。比喻义是曾经地位很高，生活条件很好的人，如今地位下降了，过起潦倒落魄的生活。

215.头九晴，九九晴，头九落，九九落。[tʰiu⁴⁴tɕiu³⁵tsʰiã⁴⁴,

tɕiu³⁵tɕiu³⁵tsʰiɣ̃⁴⁴, tʰiu⁴⁴tɕiu³⁵lɔ²², tɕiu³⁵tɕiu³⁵lɔ²².] "头九"指的是第一个"九"天，从冬至算起每九天是一个"九"天，一直数到九"九"为止，这时已到春季。"落"即"落雨"、下雨。这则农谚告诉我们，徽州地区的气候特征就像这则农谚所说的这个样子。

216.头都耕破了——碰壁。[tʰiu⁴⁴ to³¹ ke³¹ pʰo³²⁴ lɔ²——pʰɣ̃³²⁴ pi²²¹.] "耕"读"该"，钻的意思。设法四处求援，却到处碰壁，毫无收获。

217.头天晚上想了千条路，第二天早上照样挑水磨豆腐——空想。[tʰiu⁴⁴ tʰe³¹ ue³⁵ ɕia² sia³⁵ liɔ² tsʰe³¹ tʰiɔ⁴⁴ lu²², tʰi²²ɛ²²tʰe⁴⁴tsɔ³⁴ɕia²tɕiɔ³²⁴ia²²tʰiɔ³¹ɕy³⁵mo²² tʰiu²²fu²——kʰuɣ̃³¹sia³⁵.] 想法多，计划多，无法落实，依然落空。

218.豆腐衣蒙面——脸皮厚。[tʰiu²² fu³⁵ i³¹ mɣ̃⁴⁴ me²²——le³⁵ pʰi⁴⁴ xiu³⁵.] 豆腐衣又叫豆腐油。它是豆浆表层上面凝结成的豆腐油皮。将它蒙在脸上比喻此人脸皮厚，不要脸。

219. 同船如合命——同舟共济。[tʰɣ̃⁴⁴ tɕʰye⁴⁴ y⁴⁴ kɔ²²¹miɣ̃²²——tʰɣ̃⁴⁴ tɕiu³¹kuɣ̃²²tsi³²⁴.]同在一条船上，生命就搁在一起了。因此，一定要同舟共济。

220.瘏竹根头出好笋。[tʰɣ̃⁴⁴ tsu²²¹ kɣ̃³¹ tʰiu⁴⁴ tɕʰy²²¹xɔ³⁵ sɣ̃³⁵.] "瘏"《集韵》徒东切，音同，创溃也。"瘏竹"指受过伤害的竹子。这里用来比喻家境贫寒、地位卑微的人家，反而会养育出有出息的子孙。

221. 桐子花开，老蕨老笋打堆。[tʰɣ̃⁴⁴ tsʅ³⁵ xua³¹ kʰe³¹, lɔ³⁵ tɕye²²¹ lɔ³⁵ sɣ̃³⁵ ta³⁵ te³¹.] 桐子树开花的时候，蕨、笋也老了，不能吃了，没人要了。

222. 桐籽桐籽，三年生，两年死。[tʰɣ̃⁴⁴tsʅ¹³⁵tʰɣ̃⁴⁴tsʅ¹³⁵, sɛ³¹ne⁴⁴sɛ³¹, lia³⁵ne⁴⁴sʅ³⁵.]桐籽树只有三年结果实的时期。

223.铜钱眼里翻跟斗。[tʰɣ̃⁴⁴ tsʰe⁴⁴ ŋɛ³⁵ li² fe³¹ kɣ̃³¹ tiu².] 形容成天为钱想点子打圈圈。其他事情不闻不问，十足的拜金主义者。

224.地皮真薄[tʰi²² pʰi⁴⁴tɕiɣ̃³¹ pʰɔ²²] 有两种意思。其一，正在说张三，张三就到。（与"说曹操，曹操就到"同义）其二，是长得快，来得快。

225. 土里蛤蟆——不知世上事。[tʰu³⁵ li² kʰa⁴⁴ma²——pu²²¹ tɕi³¹ ɕi³²⁴ ɕia³⁵ sʅ²².] 原来说的是躲在地下冬眠的蛤蟆。这里比喻那些只知埋头干活，不知世上事的人。

226.肚大喉咙细[tu³⁵tʰɔ²²xiu⁴⁴lʌ̃⁴⁴si³²⁴]吃得多但又吃得很慢。

227. 肚里急得都爬出脚来啰 。 [tu³⁵li² tɕi²²¹te²²¹tʰu³¹pʰa⁴⁴tɕʰy²²¹ tɕia²²¹lɛ⁴⁴lɔ².] 形容非常焦急，急着要处理事情。

228. 褪 裤 放 屁 —— 自 找 麻 烦 。 [tʰʌ̃³²⁴kʰu³²⁴fo³²⁴pʰi³²⁴——tsʰʅ²² tsɔ³⁵ma⁴⁴fɛ⁴⁴.] 比喻多事，自找麻烦。

229.抻手抻脚[tʰiʌ̃³¹ɕiu³⁵tʰiʌ̃³¹tɕia²²¹]睡姿展开仰卧，姿态难看。

230.停当[tʰiʌ̃⁴⁴ta³²⁴] 大人赞美小孩乖、听话：停当！还有"有干""可以"也很常用。

[n] 231—244

231.软毛[ne³⁵mɔ⁴⁴] 爱称生下来不久的婴孩。

232.碾麦皮十八遍。[ne³⁵mɛ²²pʰi⁴⁴ɕi²²pa²²¹pe³²⁴.] 比喻说话重复，太啰嗦。

233.日里汉汉哄，到夜哄老公。[ni²²li²xɛ³²⁴xɛ³²⁴xuʌ̃³⁵, tɔ³²⁴ia²²xuʌ̃³⁵lɔ³⁵kuʌ̃³¹.]旧时是指一些，白天东靠西靠，跟那些不正派的男人骂俏，晚上再来做针线，假装勤劳，哄骗丈夫。

234. 日头底下点灯笼——多此一举。[ni²²tʰiu⁴⁴ti³⁵xa²²te³⁵tʌ̃³¹lʌ̃⁴⁴——to³¹tsʰʅ³⁵i²²¹tɕy³⁵.] 多此一举，没有必要。

235. 箬皮垫脚——无济于事。[niɔ²²pʰi⁴⁴tʰe²²tɕia²²¹——u⁴⁴tsi³²⁴y⁴⁴sʅ²².] 箬皮就是箬竹的叶子。讥讽矮个子的人，瞧不见或够不着高地方的东西。好说讽刺话的人就会说，快去弄张箬皮垫脚。意思是：无济于事。

236.牛毛长不过牛角。[niu⁴⁴mɔ⁴⁴tɕʰia⁴⁴pu²²¹ko³²⁴niu⁴⁴kɔ²¹.] 小一辈的人很难强过老一辈的人。儿子的本领再大，也大不过父亲。这是典型的守旧而保守的看法。

237. 牛肉筋，牛肉膜 —— 切不断，烧不烂。[niu⁴⁴niu²² tɕiʌ̃³¹, niu⁴⁴niu²²mɔ²²——tsʰe²²¹pu²²¹to³²⁴, ɕiɔ³¹pu²²¹lɛ²².] 牛肉筋牛肉膜是不容易切断和烧烂的。比喻那说不通，听不进别人劝说或者老是纠缠不清、牵丝攀籐的人。

238.牛耕田，马吃谷；卬做儿，佢享福——不合情理。[niu⁴⁴ ke³¹ tʰe⁴⁴, ma³⁵ tɕʰi²²¹ku²²¹；a³⁵ tsɔ³²⁴ n⁴⁴, ti⁴⁴ ɕia³⁵ fu²³¹——pu²⁴xɔ²²tsʰiã⁴⁴li³⁵.] "卬"我也，（长工的自称）；"佢"，他也（指地主）。

239.肉麻——难为情。[niu²² ma⁴⁴——nɛ⁴⁴ ue⁴⁴ tsʰiã⁴⁴.] 在大庭广众之中，做错了事或说错了话，大家哄然大笑。这时多么肉麻，多么难为情。

240.肉呀！肉呀！[niu²² ua²！ niu²² ua²！] 这是母亲痛苦死去孩子时，常哭诉的伤心话。因为儿女都是母亲的心头肉。失去了儿女就是失去了她的心头肉。

241.尔是梅良玉——倒霉的人。[n³⁵ ɕi³⁵ mɛ⁴⁴ lia⁴⁴ y²²——tɔ³⁵ mɛ⁴⁴ ti²² iã⁴⁴.] 梅良玉是《二度梅》故事中的主人翁。时运不通，命运多舛，特别是婚姻大事，多受折磨。人们把梅良玉比作倒霉（梅）的人。你倒霉，就叫你梅良玉，或"你是梅良玉"。

242.鱼不死，多下把药——投资多，获利才多。[ny⁴⁴ pu²²¹ sʅ³⁵, tɔ³¹ xa²² pa³⁵ iɔ²²——tʰiu⁴⁴ tsʅ³¹ tɔ³¹, xua²² li²²tsʰɛ⁴⁴tɔ³¹.] 鱼死得不多，是药鱼的药少了；要鱼死得多，就得多下药。比喻只有投资多，才能获利多。

243.鱼有鱼路，虾有虾路，螃蟹有的是横路——天下无绝路。[ny⁴⁴ iu³⁵ ny⁴⁴ lu²², xa³¹ iu³⁵ xa³¹ lu²², pʰa⁴⁴kʰa³⁵ iu³⁵ ti² ɕi³⁵ ue⁴⁴ lu²²——tʰe³¹ xa³⁵ u⁴⁴ tɕʰye²² lu²².] 意思是各有各的出路，各有各的前程。只要肯努力奋斗，老天是无绝人之路的。

244.鱼鳅到走不生鳞——天生的。[ny⁴⁴ tsʰiu³¹ tɔ³²⁴ tsɔ³⁵ pu²²¹ sɛ³¹ liã⁴⁴——tʰe³¹ sɛ³¹ ti²²¹.] "鱼鳅"又叫"尾鳅"。是不长鳞的小鱼。"到走"是到老死的意思。这话的比喻义是不正派的人，到老还是不正派的。

[1]245—299

245.哪只老虎不驮人？[la³⁵ tɕi²²¹ lɔ³⁵ xu³⁵ pu²²¹ tʰo⁴⁴ iã⁴⁴？] "驮人"就是吃人的意思。这里用来比喻人都是有私心贪心的。

246.哪个背后无人讲，哪个面前不讲人？——应严于律己！

[la³⁵ ko³²⁴ pɛ³²⁴ xiu²² u⁴⁴ iʌ̃⁴⁴ ka³⁵，la³⁵ ko³²⁴ me²² tsʰe⁴⁴ pu⁷²¹ ka³⁵ iʌ̃⁴⁴？——iʌ̃³²⁴ ne⁴⁴ y⁴⁴ ly²² tɕi³⁵！]人人都会有缺点，不要只指责别人，也应该严格要求自己。

247. 瘌痢头 戴 箬 笠 —— 无法无天 。[la²² li²² tʰiu⁴⁴ ta³²⁴ niɔ²² li²²——u⁴⁴ fa⁷²¹ u⁴⁴ tʰe³¹.]瘌痢头又称秃子。秃子无发又要戴箬笠，当然也看不见天。即谓"无发（法）又无天"。方言常用这个歇后语形容毫无顾忌，胡作非为的人。

248. 瘌痢头 讨花鸡 —— 艳福不浅 。[la²² li²² tʰiu⁴⁴ tʰɔ³⁵ xua³¹ tɕi³¹——ie²² fu⁷²¹ pu⁷²¹ tsʰe³⁵.] 以花鸡比喻美丽的妻子。 瘌痢头是貌丑的秃子。可秃子偏娶了一个漂亮的老婆。借指福气好，艳福不浅。

249. 瘌疙宝吞火练蛇——胃口真大。[la²² ke⁷²¹ pɔ³⁵ tʰʌ̃³¹ xo³⁵ le²² ɕia⁴⁴ ue²² kiu³⁵ tɕiʌ̃³¹ tʰo²².] "瘌疙宝"即癞蛤蟆。

250. 瘌 疙 宝 跳 上 秤 —— 自秤 （ 称 ） 自 。 [la²² ke⁷²¹ pɔ³⁵ tʰiɔ³²⁴ ɕia³⁵ tɕʰiʌ̃³²⁴——tsʰʅ²² tɕʰiʌ̃³¹ tsʰʅ²².]实际含义是：自己称赞自己。

251. 癞蛤蟆爬竹——攀高枝。[la²² kʰa⁴⁴ ma⁴⁴ pʰa⁴⁴ tsu⁷²¹——pʰɛ³¹ kɔ³¹ tɕi³¹.]意思是结高亲。门不当，户不对，是高攀不上的。

252. 辣椒——表里不一。[la²² tsiɔ³¹——piɔ³⁵ li³⁵ pu⁷²¹ i⁷²¹.]原是蔬菜的一种，有青色的、红色的，外貌清新，其味辛辣。比喻 外貌和善，内心阴险的人。

253. 离壶太远——准头差。[li⁴⁴ xu⁴⁴ tʰa³²⁴ ue³⁵——tɕyʌ̃³⁵ tʰiu⁴⁴ tsʰa³¹.] 距离目的太远了。"壶"是箭靶子，射箭的人没有射准，称之离壶了。

254. 里怀裾贴肉。[li³⁵ xua⁴⁴ tɕy³¹ tʰe⁷²¹ niu²².] "里怀裾"是中式上衣贴身部位的衣襟。因为里面的衣服紧贴胸前的皮肉，所以用来比喻疼爱最小的儿女。

255. 鲤鱼脱了金钩钓，摇头摆尾不回来——不上当了。[li³⁵ ny⁴⁴ tʰɔ⁷²¹ liɔ² tɕiʌ̃³¹ kiu³¹ tiɔ³²⁴，iɔ⁴⁴ tiu⁴⁴ pe³⁵ ue³⁵ pu⁷²¹ xuɛ⁴⁴ lɛ⁴⁴——pu⁷²¹ ɕia³⁵ ta³²⁴ lɔ².] 鲤鱼脱了金钩钓，比喻脱险了。再好的诱饵也不上当了。

256. 利榛开花正着力，苦荬开花空叹气。[li²² tsʰi⁷²¹ kʰɛ³¹ xua³¹ tɕiʌ̃³²⁴ tɕʰiɔ²²li²²，kʰu³⁵ me²² kʰɛ³¹ xua³¹ kʰuʌ̃³¹ tʰe³²⁴ tɕʰi³²⁴.]利榛开花的时候是农业生产中

最忙的季节，必须辛勤劳作，否则到了苦荬开花的时候就来不及了。

257. 驴儿学马放屁——自不量力。[ly⁴⁴ n² xɔ²² ma³⁵ fɔ³²⁴ pʰi³²⁴——tsʰ1²² pu²²¹ lia²² li²².] 忽视自身的基本条件，盲目的、好高骛远地追学别人，会吃亏的。

258. 凉亭虽好，不是久留之处——小憩即可。[lia⁴⁴ tĩ⁴⁴ ɕye³¹ xɔ³⁵, pu²²¹ ɕi³⁵ tɕiu³⁵ liu⁴⁴ ts1³¹ tɕʰy³²⁴——siɔ³⁵ tsʰi²²¹ tsi²²¹ kʰo³⁵.] 行色匆忙的眼前景物，是短暂的，少顷，即将别去。故以凉亭中小憩为比。"凉亭"是歙县很多村头都有的供人小憩的八角亭子：村头小景！

259. 两个钱吊在辫线上——一毛不拔。[lia³⁵ ko³²⁴ tsʰe⁴⁴ tiɔ³²⁴ tsʰɛ³⁵ pe³⁵ se³²⁴ ɕia³⁵——i²²¹ mɔ⁴⁴ pu²²¹ pʰa²².] 以前男人也是扎辫子的，所以会用扎辫子的线，把钱吊起来。比喻用钱谨小慎微，甚至一毛不拔。是一个典型的"守财奴"。

260. 亮照亮——对手。[lia²² tɕi³²⁴ lia²²——tɛ³²⁴ ɕiu³⁵.] 意思是彼此都不是外行，各人心中都有数：互为劲敌和对手。

261. 难驮三板斧。[lɛ⁴⁴ tʰo⁴⁴ sɛ³¹ pɛ³⁵ fu³⁵.] 唐代名将程咬金三板斧厉害。但除此别无他能了。转义为遭到严厉批评。例如，计划和某人谈一桩事情，知道某人秉性刚强，一见面可能会受到他严厉谴责。事情虽然会谈妥，可是难驮他的三板斧。只要驮过三板斧，事情就好办了。

262. 烂底婆娘——不会当家。[lɛ²² ti³⁵ pʰo⁴⁴ nia⁴⁴——pu²²¹ xuɛ²² ta³¹ ka³¹.] "烂底"指锅烂掉了底，漏了。烂底婆娘是说她不会节约过日子，不会当家的妇女。也有说"烂底家婆"的。

263. 烂泥糊板壁——不牢固。[lɛ²² ni⁴⁴ xu⁴⁴ pɛ³⁵ pi²²¹——pu²²¹ lɔ⁴⁴ ku³²⁴.] 形容办事粗糙、马虎。用烂泥怎么能粘贴牢固的木制墙壁呢？

264. 连累邻居喝薄粥——同甘共苦。[le⁴⁴ le²² liɛ̃⁴⁴ ɕia³²⁴ xɔ²²¹ pʰɔ²² tsu²²¹——tʰɛ̃⁴⁴ kɛ³¹ kʰuɛ̃²² kʰu³⁵.] 一场不幸的事情，使邻居们乡亲们都吃了亏。本来大家都能吃上干的，不幸的事情发生后，大家只能喝点稀的度日。比喻不幸的事情波及或殃及他人。

265. 捞下篮里都是菜。[lɔ³¹ xa² lɛ⁴⁴ li² tu³¹ ɕi³⁵ tsʰɛ³²⁴.] 经过挑选并放到篮子

里的野菜都是可以食用的。"捞下"篮里是"放进"篮里的意思。这里比喻义是不管黑猫白猫，能逮到老鼠的就是好猫。

266.牢囚[lɔ⁴⁴ tsʰiu⁴⁴] "牢囚"是关在牢房的囚犯。这里对那些蓬头垢面，浑身肮脏的人也可以称其为"牢囚"。

267.老婆寿[lɔ³⁵ pʰo⁴⁴ ɕiu²²] 无原则地把老婆抬举得很高。一切听从老婆的。这种人就是"老婆寿"。

268.老叮咚[lɔ³⁵ tiʌ̃³¹ tʌ̃³¹] 把老态龙钟样儿的人称为老叮咚。

269. 老来学木匠——有上进心。[lɔ³⁵ lɛ⁴⁴ xɔ²² mɔ²² tsʰia²²——iu³⁵ ɕia³⁵ tɕiʌ̃³²⁴ siʌ̃³¹.] 年老了还起劲地学木匠，说明此人肯干，有上进心。

270. 老来学木匠——太晏了。[lɔ³⁵ lɛ⁴⁴ xɔ²² mɔ²² tsʰia²²——tʰa³²⁴ ŋɛ³²⁴ lo².] 年老了，手脚呆笨了，学木匠已经太晚了，会受到别人讥笑的。

271.老鸦窝[lɔ³⁵ ŋa²²o³¹] 称说妇女或养长发的男人，没有把头发梳理好，乱得像"老鸦窝"。

272.老虎打雄——一回过。[lɔ³⁵ xu³⁵ ta³⁵ ɕyʌ̃⁴⁴——iˀ²¹ xuɛ⁴⁴ ko³²⁴.] "打雄"就是"交配"。据说老虎交配只有一次。借此比喻与人交往仅此一遭，并无二回。

273.老虎吞蝴蝶——简单无味。[lɔ³⁵ xu³⁵ tʰʌ̃³¹ xu⁴⁴ tʰe²²——kɛ³⁵ tɛ³¹ u⁴⁴ ue²².] 老虎张开一只血盆大口，吞吃一只蝴蝶，太简单而无味了。比喻吃东西狼吞虎咽不知其味的人。

274.老虎下山，要拜拜土地。[lɔ³⁵ xu³⁵ xa³⁵ sɛ³¹, iɔ³²⁴ pa³²⁴ pa² tʰu³⁵ tʰi²².] 传说老虎下山找吃的，首先要到土地庙里拜拜土地山神，然后行动才会有收获。否则此行会不顺利。用此比喻，工作开展前要向当地老者或权士请教，掌握情况才会达到目的。

275.老鼠掉进棺材——以大装小。[lɔ³⁵ tɕʰy³⁵ tiɔ³²⁴ tsiʌ̃³²⁴ kuɛ³¹ tsʰʌ̃ɛ⁴⁴——i³⁵ tʰo²² tsɔ³¹ siɔ³⁵.] 鼠小，棺大，老鼠掉进棺材，是以大装小。比喻脚小穿大鞋。

276.老鼠拖面糊——不顺利。[lɔ³⁵ tɕʰy³⁵ tʰo³¹ me²² u²²——puˀ²¹ ɕyʌ̃²² li²².] 形容做事慢吞吞，不顺利，不爽快，拖泥带水。

277.老鼠耕进牛角筒——死路一条。[lɔ³⁵ tɕʰy³⁵ kɛ³¹ tsiɑ̃³²⁴ niu⁴⁴ kɔ²²¹ tʰʌ̃³²⁴——si³⁵ lu²² i²²¹ tʰiɔ⁴⁴.] "耕"是钻的意思。老鼠钻进牛角里，肯定是走投无路，死路一条。

278.老鼠相——细嚼慢咽。[lɔ³⁵ tɕʰy³⁵ sia³²⁴——si³²⁴ tsʰiɔ²² mɛ²² ie³²⁴。] 指吃东西的时候，像老鼠一样，细嚼慢咽，过分缓慢的人。

279.老秋娘[lɔ³⁵ tsʰiu³¹ nia⁴⁴] 对五十岁以上老妇女常用的詈语。

280.老一十八，嫩一十八——待遇相同。 [lɔ³⁵ i²²¹ ɕi²² pa²²¹，nʌ̃²² i²²¹ ɕi²² pa²²¹——tɛ³⁵ ny²² sia³¹ tʰʌ̃⁴⁴.] 不分高低好歹，统一待遇。与"吃是三扁担，不吃也是三扁担"同义。

281.骆驼驮千斤喝粪——报酬菲薄。[lɔ²² tʰɔ² tʰo⁴⁴ tsʰe³¹ tɕiʌ̃³¹ xɔ²²¹ fʌ̃³²⁴——pɔ³²⁴ tɕʰiu⁴⁴ fe³¹ pʰɔ²².] 比喻劳苦功高的人却报酬菲薄。

282. 落雨披蓑衣 —— 越披越重 。 [lɔ²² y³⁵ piʰ³¹ so³¹ i³¹——ue²² pʰi³¹ ue²² tsʰʌ̃³⁵.] 比喻负债的人既要偿清债务，又要负担息金，债务越来越重。

283.撩不上碗，夹不上筷——无用的东西。[liɔ⁴⁴ pu²² ɕia³⁵ ue³⁵，ka²²¹ pu²² ɕia³⁵ kʰua³²⁴——u⁴⁴ yʌ̃²² ti²² tʌ̃³¹ si².] "撩"即"捞"。比喻既无能力，又无用的人。

284.箩里拣花——为难。[lo⁴⁴ li² kɛ³⁵ xua³¹——ue⁴⁴ lɛ⁴⁴.] 在稻箩里挑选好花，由于花很多，反而不知哪朵好。这与挑选其他好的东西一样，多了也会感到为难的。

285.螺蛳不进果盒——溅品。[lo⁴⁴ sŋ³¹ pu²²¹ tsiʌ̃³²⁴ ko³⁵ xo²²——tsʰe²² pʰiʌ̃³⁵.] 果盒是祭品，用来盛放祭果、祭菜的。螺蛳是溅品，不能盛放在果盒里祭祖。比喻贵贱要分清，不能混淆。

286. 螺蛳壳里做道场 —— 施展不开 。 [lo⁴⁴ sŋ³¹ kʰɔ²²¹ li³⁵ tso³²⁴ tʰɔ²² tɕʰia³⁵——sŋ³¹ tɕie³⁵ pu²²¹ kʰɛ³¹.] 螺蛳壳只有那么一点大，怎么能做道场呢？"道场"是和尚、道士做法事的场所。比喻地方太小，容纳不下，施展不开。

287.锣鼓响，脚板痒——想去看热闹。[lo⁴⁴ ku³⁵ ɕia³⁵，tɕia²²¹ pe³⁵ ia³⁵——sia³⁵ tɕʰi³²⁴ kʰɛ³²⁴ ne²² lɔ²².]一听到锣鼓响，就想跑去看热闹。

288.乱装斧头柄——不对口径。[lo²²tso³¹fu³⁵tʰiu⁴⁴piɛ̃³⁵—puʔ²¹tɛ³²⁴kʰiu³⁵ tɕiɛ̃³²⁴.]比喻不对口径，不配号码，脱离实际，乱搞一气。

289.乱插亲家母——胡搞。[lo²²tsʰa²²tɕʰiɛ̃³²⁴ka³¹mɔ³⁵—xu⁴⁴kɔ³⁵.]形容乱搞一气，不按伦理办事。

290.六月初一落，卖菜唤老婆戴金镯；六月初一晴，干死深山老树林。[lo²²ue²²tɕʰyʔ²¹iʔ²¹lɔ²²，　maʔ²²tsʰɛ³²⁴ɦlɔ³⁵pʰo⁴⁴taʔ³²⁴tɕiɛ̃³¹tsʰɔʔ；　lo²²ue²²tsʰuʔ³¹iʔ²¹tsʰiɛ̃⁴⁴，kɛ³¹sŋ³⁵ɕiɛ̃³¹sɛ³¹lɔ³⁵ɕyʔ²¹liɛ̃⁴⁴.]这则农谚告诉人们：六月初一是否下雨对当地气候的影响是很大的，它直接关系到菜农的收入和林业的兴旺。

291.六指扒痒——多了一道。[lo²²tɕiʔ³⁵pʰa⁴⁴ia⁴⁴—to³¹loʔ²iʔ²¹tʰɔ²².]

292.流纠纠[liu⁴⁴tɕiu³¹tɕiu²]形容浑身被雨水淋湿的样子，活像一只落汤鸡。

293.流怵带鬼[liu⁴⁴tɕʰiu⁴⁴ta³²⁴kue³⁵]指此人性情执拗而且坏主意多。"怵"《广韵》去球切，音惆，戾也。

294.漏针船上寻。[liu²²tɕiɛ̃³¹tɕʰye⁴⁴ɕia³⁵tsʰiɛ̃⁴⁴.]在船上掉了针，就应该在船上寻找。有谚语"船上不漏针，漏针船上寻"。

295.龙肉——罕见珍品。[lɛ̃⁴⁴niu²²—xɛ³⁵tɕie³²⁴tɕiɛ̃³¹pʰiɛ̃³⁵.]龙身上的肉是罕有珍贵的。借来讥笑吝啬的人对自己的东西非常珍惜，如同龙肉一般。

296.龙门会跳，狗缺能耕。[lɛ̃⁴⁴mn⁴⁴xuɛ²²tʰiɔ³²⁴kiu³⁵tɕʰyeʔ²¹nɛ̃⁴⁴kɛ³¹.]"狗缺"指狗洞，"耕"是钻的意思。比喻义是有才能的人必须能上能下，能适应各种情况。

297.聋子唤耳朵——摆设。[lɛ̃⁴⁴tsŋ³⁵ɛ²ɛ³⁵to³⁵—pa³⁵ɕieʔ²¹.]如一种摆设，有名无实。

298.弄怂——陷害。[lɛ̃²²sɛ̃³⁵—xɛ²²xɛ²².]捉弄，怂恿，栽赃、陷害好人，使他倒霉、吃亏。

299.灵前七碗菜，不如生前一块豆腐干。[lin⁴⁴tsʰe⁴⁴tsʰiʔ²¹ue³⁵tsʰɛ³²⁴，puʔ²¹y⁴⁴se³¹tsʰe⁴⁴iʔ²¹kʰua³²⁴tʰiu²²fu²²kɛ³¹.]上人在世时，你对他侍奉不够好，无礼貌，甚至虐待，等到上人死后再做七样菜，摆灵供献，完全是空事，死者永远不能享用。倒不如在上人未死之前买一块豆腐干给他吃。这是讥讽那些虚情假意、不孝之辈的话。

[k]300—344

300.家花没有野花香。[ka³¹xua¹¹miu³⁵ia²⁵xua³¹çia³¹.]野花香味胜过家花。这是旧社会，那些轻浮男子说自己的爱人不如别人家老婆或拼妇好，就编造出这种怪说法。"没有"在口语中连说成[miu³⁵]一个音节。

301.家鸡错不去，野鸡错不来。[ka³¹tçi³⁵tsʰo³²⁴puʔ²¹tçʰi³²⁴，ia³⁵tçi³⁵tsʰo³²⁴puʔ²¹lɛ⁴⁴.]是自己的东西，别人错不去，别人的东西也别想把它错来。比喻来去清白，光明磊落。

302.江西佬补碗——自顾自。[ka³¹si³¹lɔ ³⁵puʔ³⁵uɛ³⁵——tsʰ²²ku³²⁴tsʰ²².]过去江西人做补瓷碗生意的人很多。补碗是用钢钻在瓷片上钻出小眼，然后用铜匙卡上，连成一体。在钻瓷片时，会发出一种"嗞咕嗞"（自顾自）的声音。这里取其声，讥讽或指责那些做事只顾自己，不顾别人者。

303.江湖诀——窍门。[ka³¹xu⁴⁴tçye²¹²——tçʰiɔ³²⁴mʌ̃⁴⁴.]跑江湖的（到处飘荡的无业者）在外面混，都要有一套诀窍，谓之"江湖诀"。借指在社会上混事，一定要有一些诀窍，以便应对各种情况。

304.嫁人着[ka³²⁴iʌ̃⁴⁴tçʰiɔ²²]嫁祸于人，让别人吃亏、倒霉。

305.夹菜吃饭——轻而易举。[ka²²¹tsʰɛ³²⁴tçʰiʔ²¹fɛ²²——tçʰiʌ̃¹ɛ⁴⁴i²²tçy³⁵.]比喻这件事情好办。像夹菜吃饭一样好办。

306.干炒螺蛳——无理吵闹。[kɛ³¹tsʰɔ³⁵lo⁴⁴sŋ³¹——u⁴⁴li³⁵tsʰɔ³⁵lɔ²².]"炒"与"吵"同音。因为炒带壳的螺蛳声音格外响，就用来比喻瞎吵瞎闹，大声地无理吵闹。

307.干净冬至，邋遢年；邋遢冬至，干净年。[kɛ³¹tsʰiʌ̃²²tʌ̃³¹tçi³²⁴，la²²tʰaʔ²¹ne⁴⁴；la²²tʰaʔ²¹tʌ̃³¹tçi³²⁴，kɛ³¹tsʰiʌ̃²²ne⁴⁴.]农谚的意思是冬至若是晴天，年初一就是阴雨天，反之冬至若是雨天，年初一就是晴天。

308.耕不着，耙得着——后会有期。[kɛ³¹puʔ²¹tçʰiɔ²²，pa³²⁴teʔ²¹tçʰiɔ²²——xiu²²xuɛ²²iu³⁵tçʰi³¹.]原是农活用语。比喻人们处事，不要认为今后不会再碰头

了，不会再相遇了。其实是来日方长，是后会有期的。正如作农活一样，即使耕不着，也会把得着的。

309.拣七拣八，还是瘸脚眼瞎。[kɛ³⁵tsʰi²¹kɛ³⁵pa²²¹，uɛ²²ɕi³⁵tɕʰye⁴⁴tɕia²²¹ŋɛ³⁵xa²²¹.]费了许多时间和精力，仔细挑选，结果得来的，还是不合心意的伴儿。

310.解三朝[kɛ³⁵sɛ³¹tɕiɔ³¹]人死有三天了，请道士来念咒、拜忏、祭奠、烧纸、把一切晦气解掉，叫"解三朝"或叫"解回呼"[kɛ³⁵xuɛ⁴⁴xu³¹.]。

311.解蛮山珍——硬拼硬凑。[kɛ³²⁴mɛ⁴⁴sɛ³¹tɕiʎ̃³¹——ŋɛ²²pʰiʎ̃³¹ŋɛ²²tsʰiu³²⁴.]"解"读"盖"音，"蛮"是蛮干、硬干的意思。"山珍"指山野里出产的珍贵食品。"解蛮山珍"的意思是勉勉强强、硬拼硬凑，竭尽全力地去做。

312.隔壁敲水缸——暗示。[kɛ²²¹pi²²¹kʰɔ³¹ɕy³⁵ka³¹——ŋɛ³²⁴sʅ²².]隔壁敲水缸，这边也能听见响声。意思是隔壁人家大声地说话，是故意讲给这边人听的。有指桑骂槐的意思，明讲一套含义又是一套。

313.隔层肚皮隔重山。[kɛ²²¹tsʰʎ̃⁴⁴tu³⁵pʰi⁴⁴kɛ²²¹tsʰʎ̃⁴⁴sɛ³¹.]比喻后娘对前妻的孩子，是不可能像对自己亲生的孩子一样疼爱和关怀的。

314.关夫子面前舞剃头刀——大笑话。[kuɛ³¹fu³¹tsʅ²me²²tsʰe⁴⁴u³⁵tʰi³²⁴tʰiu⁴⁴tɔ³¹——tʰɔ²²sio³²xua²².]关夫子是对关公的称呼。关夫子的刀法好，曾过五关斩六将，屡立战功。你在他面前舞剃头刀，卖弄刀法，岂不是大笑话。与"班门弄斧"同义。

315.关起门来起国号——脱离实际。[kuɛ³¹tɕʰi³⁵mʎ̃⁴⁴lɛ⁴⁴tɕʰi³⁵ku²²¹xɔ²²——tʰɔ²²¹li⁴⁴ɕi²²tsi³²⁴.]"国号"又可以说成"年号"。这里说的是脱离实际、闭门造车的意思。

316.棺材里伸出手来——死要钱。[kuɛ³¹tsʰɛ⁴⁴li²tɕʰiʎ̃³¹tɕʰy²²¹ɕiu³⁵lɛ⁴⁴——sʅ³⁵iɔ³²⁴tsʰe⁴⁴.]讥笑贪财如命的人，即使是死在棺材里了，他还要伸出手来要钱。真是死要钱。

317.棺材里着麻布——（死孝）嗜好。[kuɛ³¹tsʰɛ⁴⁴li²tɕia²²¹ma⁴⁴pu³²⁴——（sʅ³⁵xɔ³²⁴）sʅ²²xɔ³²⁴.]"着"读[tɕia²²¹]，是穿的意思。"麻布"代指"孝衣"，寓意是"死孝"。由于方言"死孝"与"嗜好"基本同音，就以此条歇后语的本义是"嗜好"。

318.官字两个口，哪边有钱哪边走——钱有理。[kuɛ³¹tsʰŋ²²liaᵏo³²⁴kʰiu³⁵, la³⁵pe³¹iu³⁵tsʰe⁴⁴la³⁵pe³¹tso³⁵——tsʰe⁴⁴iu³⁵li³⁵.]旧社会群众打官司，那些反动官僚贪污枉法，谁有钱（可以受到贿）谁就有理。

319. 观音菩萨坛坛到——不误工。[kuɛ³¹iʌ̃³¹pʰu⁴⁴saʔ²¹tʰɛ⁴⁴tʰɛ⁴⁴tɔ³²⁴——puʔ²¹u²²kuʌ̃³¹.]传说每次做法场，观音菩萨她都要赶到。比喻每次都出力，从不旷工。

320. 观音头，强盗心——表里不一。[kuɛ³¹iʌ̃³¹tʰiu⁴⁴, tɕia⁴⁴tʰɔ²²siʌ̃²¹——piɔ³⁵li³⁵puʔ²¹iʔ²¹.]民间传说观音菩萨是慈悲为本的好神佛。比喻某人表面上是非常和善的，可是内心非常阴险狠毒，如同强盗一般。

321. 观音灯——照前不照后。[kuɛ³¹iʌ̃³¹tʰʌ̃³¹——tɕʰiɔ³²⁴tsʰe⁴⁴puʔ²¹tɕiɔ³²⁴xiu²².]观音灯是菩萨面前点的长明灯。意思是照前不照后，顾前不顾后。

322.糕上糕——高升。[kɔ³¹ɕia³⁵kɔ³¹——kɔ³¹ɕiʌ̃³¹.]吉利用语。糕与高同音。吃了糕，就会高升。

323. 搞个佛来摩，和尚没老婆——搞鬼。[kɔ³⁵koʔ²fu²²lɛ⁴⁴mo⁴⁴, xo⁴⁴ɕia²²mʔ²²lɔ³⁵pʰo⁴⁴——kɔ³⁵kuɛ³⁵.]比喻无事找事，胡搞、乱搞，自找麻烦。

324.告花子进砂锅——没有一个好的。[kɔ³²⁴xua³¹tsŋ²¹pʌ̃³²⁴so³¹ko³¹——mʔ²²iu³⁵iʔ²¹kɔ³²⁴xɔ³⁵ti².]几个乞丐住在一块儿，发生纠纷，把砂锅进破了，满地都是碎片，没有一块是好的。比喻一撮都是坏蛋，没有一个是好东西。

325.割断肚肠——不再牵挂了。[kɔʔ²¹tɔ³⁵tu³⁵tɕʰia⁴⁴——puʔ²¹tsɛ³²⁴tɕʰie³¹kua³²⁴lo².]犹如快刀斩乱麻，不再牵挂了。例如，死去了心爱的人，或损失了一件最可爱的东西，下决心从此不再记挂它了。

326.过桥掀板——不留后路。[ko³²⁴tɕʰiɔ⁴⁴ɕie³¹pɛ³⁵——puʔ²¹liu⁴⁴xiu²²lu²².]

327.过水望前人。[ko³²⁴ɕy³⁵mɔ²²tsʰe⁴⁴iʌ̃⁴⁴.]过河蹚水时，不知水的深浅，要看走在前面的人。他是怎样走的，你也跟着样儿走。比喻以前人为鉴，以防出问题。

328. 鬼门关上算账——找鬼要。[kuɛ³⁵mʌ̃⁴⁴kuɛ³¹ɕia²so³²⁴tɕia³²⁴——tsɔ³⁵kuɛ³⁵iɔ³²⁴.]钱借出去了，那人老是不归还。这笔账只好到鬼门上去算了。

意思是落空了。

329. 鬼打锣——误会。[kue³⁵ta³⁵lo⁴⁴——u²²xuɛ²².]鬼打锣哪里会有统一的节奏呢？当然是乱敲一气。"误会"是避免不了的。一件事情与另一件事情的情况有了出入，当然会造成误会。

330. 鬼都叫到后门头了——倒霉到家了。[kue³⁵tʰu³¹tɕiɔ³²⁴tɔ³²⁴xiu²²mʌ⁴⁴tʰiu⁴⁴lo²——tɔ³⁵mɛ⁴⁴tɔ³²⁴ka³¹lɔ².]

331. 鬼脸壳挂在额角头——变脸很快。[kue³⁵le³⁵kʰɔ²²¹kua³²⁴tsʰɛ³⁵ŋɛ²²¹kɔ²²¹tʰiu⁴⁴——pe³²⁴le³⁵xʌ³⁵kʰua³²⁴.]"鬼脸壳"是化装演出用的道具。套在脸上就像一个鬼。不用时就挂在额头上。借指某人容易变脸（翻脸不认人）。刚刚还是一副和善面容，很快就会变成鬼脸。

332. 鬼鬼话话——暗算。[kue³⁵kue³⁵tsʰɔ²²¹tsʰɔ²²¹——ŋɛ³²⁴so³²⁴.]行为诡秘，暗地算计人。

333. 狗肚三缸樽——吃得多。[kiu³⁵tu³⁵sɛ³¹ka³¹tsʌ̃³¹——tɕʰi²²¹ti²²¹to³¹.]狗一顿要吃三缸樽。形容某人吃得多或咒骂那个人像狗一样吃得太多。

334. 狗头朝外吠 —— 为别人辩解。[kiu³⁵tʰiu⁴⁴tɕʰiɔ⁴⁴ŋa²²pʰi²²——ue²²pʰe²²iʌ̃⁴⁴pʰe²²ka³⁵.]原是同一观点同一立场的人，忽然改口为别人说话辩解。讥讽这样的人是狗头朝外吠。

335. 狗屎不挑不臭。[kiu³⁵ɕi³⁵pu²²¹tʰiɔ³⁵pu²²¹tɕʰiu³²⁴.]陈旧多时的狗屎，已不怎么臭，如果去挑动一下，马上就会重新臭起来。比喻某事不提尚可，再提起来反而丑态百出，令人讨厌。

336. 狗肉不上阶沿 —— 雅俗要分清。[kiu³⁵niu²²pu²²¹ɕia³²⁴kɛ³¹ie⁴⁴—ia³⁵su²²iɔ³²⁴fʌ̃³¹tsʰiʌ̃³¹.]当地风俗习惯，认为吃狗肉是不正规的事，不许到堂屋里吃，只许站在阶级下吃。比喻雅俗要分清，不可混淆。

337. 狗眼看人低——势利眼。[kiu³⁵ŋɛ³⁵kʰɛ³²⁴iʌ̃⁴⁴ti³¹——ɕi³²⁴li²²ŋɛ³⁵。]狗一见到穿破衣服的人，就要狂吠起来，看见衣冠楚楚的人，就摇头摆尾。比喻用势力眼看人的人，如狗一样下贱。

338. 狗咬吕洞宾 —— 不识好人心。[kiu³⁵ŋɔ³⁵ly³⁵tʰʌ̃²²piʌ̃³¹——pu²²¹ɕi²²¹xɔ³⁵iʌ̃⁴⁴siʌ̃³¹.]相传吕洞宾是一个大大的好人。狗要咬他，那才是一大

冤事。比喻错怪好人了。

339.狗衔骨头——主人家破斋了。[kiu³⁵xɛ⁴⁴ku²²¹tʰiu⁴⁴——tɕy³⁵iʌ̃⁴⁴ka²pʰo³²⁴ tsa³¹lɔ².]狗把骨头唧到门外来，别人才知道你家吃肉了——破斋开荤了。

340.狗捉老鼠——多管闲事。[kiu³⁵tsɔ²²¹lɔ³⁵tɕy³⁵——to³¹kuɛ³⁵xɛ⁴⁴sʅ²².]狗捉老鼠是劳而无功的事。捉老鼠是猫的事。狗捕老鼠，打翻了油瓶，不但无功，还要挨打。比喻：不安分，多管闲事，自找麻烦。

341.孤幽——野鬼。[ku³¹iu³¹——ie³⁵kue³⁵.]孤魂野鬼的意思。常用来骂人。

342.鼓上掷骰子——挨揍！[ku³⁵ɕia²tɕi³¹se²²¹tsʅ³⁵——ŋɛ⁴⁴tso³²⁴！]两只鼓槌在鼓皮上挥舞。讽刺闹不正常男女关系的人，将来总有被揍的可能。

343.古里古董[ku³⁵li²ku³⁵tʌ̃³⁵]指某种人顽固守旧，损人利己的坏主意多。

344.谷雨豆，夹雨漏。[ku²³¹y³⁵tʰiu²²，ka²²¹y³⁵liu²².]谷雨是种豆的最后时节，哪怕是下雨也要种完才好。

[kʰ]345—360

345.糠皮里榨油——捞不到油水。[kʰa²¹pʰi⁴⁴li²tsa³²⁴iu⁴⁴——lɔ³¹pu²²¹tɔ³²⁴iu⁴⁴ɕye³⁵.]费了力，捞不到油水。心想敲他一家伙，可他又没有油水。与"榨油头熬油"近义。

346.蛤蟆跳上秤——自秤（称赞）自。[kʰa⁴⁴ma⁴⁴tʰiɔ³²⁴ɕia³⁵tɕʰiʌ̃³²⁴—tsʰʅ²²tɕʰiʌ̃³¹tsʰʅ²².]引申义为自高自大或自己抬高自己。

347.掐虱养子——留有后患。[kʰa²²¹se²²¹ia³⁵tsʅ³⁵—liu⁴⁴iu³⁵xiu²²xuɛ²².]把虱掐死了，再从卵养起。意思是把成材成器的弄倒了，再来培养幼小的。留下了后患！

348.快当快疾[kʰua³²⁴ta³¹kʰua³²⁴tsʰi²²]动作迅速，行为麻利。

349.开包见货——便知分晓。[kʰɛ³¹pɔ³¹tɕie³²⁴xo³²⁴——pʰe²²tɕi³¹fʌ̃³¹ɕiɔ³⁵.]把包裹打开，就会看到里面东西的好与坏了。比喻义是不要胡乱猜测，只要把话说明白或打开包裹一看，便知分晓。

350.阽亭亭——人生起点。[kʰɛ³⁵tʰiʌ̃⁴⁴tʰiʌ̃⁴⁴——iʌ̃⁴⁴sɛ³¹tɕʰi³⁵te³⁵.]"阽"就

是站立。形容快要满周岁的孩子刚会站立，有了亭亭站立的样子。（陆《集韵》柯开切，《杨子方言》陆企立也。）

351. 砍高难为树，砍低难为功——为难。[kʰɛ³⁵kɔ³¹nɛ⁴⁴ue⁴⁴ɕy²²，kʰɛ³⁵ti³¹nɛ⁴⁴ue⁴⁴kuʌ̃³¹——ue⁴⁴nɛ⁴⁴.]砍树砍高了，浪费了木材，砍低了树围粗大，要多费时间和力气。看来要做到利弊并存是很矛盾的。比喻遇到为难的事，大伤脑筋。

352. 陆在故山头，望着那山高——好高骛远。[kʰɛ³⁵tsʰɛ²²ku³²⁴sɛ³¹tʰiu⁴⁴，mɔ²²tɕiɔ²na²²sɛ³¹kɔ³¹——xɔ²²kɔ³¹u²²ue³⁵.]寓意为见异思迁，好高骛远，不安于现状。"故"[ku³²⁴]是近指"这"的意思。

353. 看酒不如看糟——抓住关键。[kʰɛ³²⁴tsiu³⁵pu⁷²¹y⁴⁴kʰɛ³²⁴tsɔ³¹——tsua³¹tɕʰy²²kue³¹tɕie³²⁴.]看酒的成色好坏，不如看酒糟。糟好，酒自然好。糟坏，酒自然不好。比喻看准了问题紧要的关键，全局就可以连带得到好的结果。

354. 敲锣卖糖，各有一行——互不干涉。[kʰɔ³¹lo⁴⁴ma²²tʰa⁴⁴，kɔ⁷²¹iu³⁵i⁷²¹xa⁴⁴——xu²²pu⁷²¹kɛ³¹ɕie⁷²¹.]你做你的手艺，我干我的行当。你不扰我，我不犯你，咱们各干各的。

355. 考不到官，秀才在——损失不大。[kʰɔ³⁵pu⁷²¹tɔ³²⁴kɔ³¹，siu³²⁴tsʰɛ⁴⁴tsʰɛ³²⁴——sʌ̃³⁵ɕi⁷²¹pu⁷²¹tʰa²².]以秀才身份去考官，官虽未中，秀才依旧，没有什么大不了的损失。比喻事虽未成，但损失不大。

356. 靠背山[kʰɔ³²⁴pɛ³²⁴sɛ³¹]倚仗别人的权势，作为自己的靠山。

357. 科知——料到了。[kʰo³¹tɕi³¹——liɔ²²tɔ³²⁴lɔ².]事先已清楚地告诉你，你不听，坚持自己的想法和做法，结果失败了。此人回来又对先前告诉他事情的人说："失败了，吃亏了。"那人会说："科知"。"我早判定你会失败的。"

358. 窠里老——早熟。[kʰo³¹li²lɔ³⁵——tsɔ³⁵su²².]意思是生物发育不正常，提早成熟了。"窠"窝也。

359. 可以！[kʰo³⁵i³⁵]称赞孩童之词。与此同义的说法还有：有干！[iu³⁵kɛ³²⁴]停当！[tʰiʌ̃⁴⁴ta³²⁴]好佬！[xɔ³⁵lɔ³⁵]

360. 咳嗽多痰——费口舌。[kʰeʔ²²¹sɔ³²⁴to³¹tʰɛ⁴⁴——feʔ³²⁴kʰiu³⁵tɕʰie²².]比喻多费口舌。"痰"与"谈"同音，"多痰"即"多谈"。事实是难谈妥的而偏要前去试探。结果未成，因而就说"咳嗽多痰"嘛！

[ŋ]361—368

361. 牙齿药——粮食。[ŋa⁴⁴tɕʰi³⁵iɔ²²——lia⁴⁴ɕi²².]原指医治牙病的药。有时借指吃的粮食。例如买了粮食揹回家，途中有人问他："你买了什么？"他会说："牙齿药。"

362. 牙齿咬舌头——内斗。[ŋa⁴⁴tɕʰi³⁵ŋɔ³⁵tɕʰie²²tʰiu⁴⁴——nɛ²²tiu³²⁴.]比喻同室操戈，自己人相互打斗。

363. 哑巴唉吃滚水粿——心里有数。[ŋa³⁵paʔ³¹ɛ²tɕʰiʔ²²¹kuʌ̃³⁴ɕy³⁵ko³⁵——siʌ̃³¹li²iu³⁵su³²⁴.]"滚水粿"即"汤圆儿"。意思是哑巴口里说不出，心中却是有数的。

364. 矮子打拳——高不了。[ŋa³⁵tsɔ²taʔ³⁵tɕʰy⁴⁴——kɔ³¹puʔ²²¹liɔ³⁵.]矮子打拳，总是打低桩拳，不打高桩拳。比喻该高都高不了。

365. 咬牙龂龂——非常恼怒。[ŋɔ³⁵ŋa⁴⁴tsi³¹tsi³¹——feʔ³¹tɕʰia⁴⁴lɔ³⁵lu²².]形容发怒时咬牙切齿貌。

366. 咬人狗不吠，吠人狗不咬——表里不一。[ŋɔ³⁵iʌ̃⁴⁴kiu³⁵puʔ²²¹pʰi²²,pʰi²²iʌ̃⁴⁴kiu³⁵puʔ²²¹ŋɔ³⁵——piɔ³⁵li³⁵puʔ²²¹iʔ²²¹.]会咬人的狗它不叫，会叫的狗它不咬人。有的人外形凶狠，心地却很慈善，有的人外形和善，内心却很狠毒。说明人的表里并不是完全一致的。

367. 嚚鬼——笨蛋。[ŋʌ̃⁴⁴kue³⁵——pʰʌ̃²²tʰɛ²².]教他学一个手艺，老教不会，骂他"嚚鬼"。（"嚚"为方言常用字，读音如[ŋeng⁴⁴]，愚笨的意思。）

368. 嚚石头，嚚石埭——大笨蛋。[ŋʌ̃⁴⁴ɕiʔ²²tʰiu⁴⁴,ŋʌ̃⁴⁴ɕiʔ²²tʰa²²——tʰo²²pʰʌ̃²²tʰɛ²².]"嚚"的意思是呆笨。比喻此人呆笨得像大块石头一样。

[x]369—427

369. 哈巴阆[xa³⁵pa³¹lo³²⁴]"哈巴阆"即哈巴狗。比喻没有才能，只会阿谀奉承而无实际才华的人。（注："闪"是方言字，意思是会看家守门的狗。）

370. 下分金炉——检验真假。[xa³⁵fʌ̃³¹tɕiʌ̃³¹lu⁴⁴——tɕie³⁵ne²²tɕiʌ̃³¹ka³⁵.]故事出于《西游记》，孙悟空大闹天宫，被下分金炉用火炼。为的是要分清真假孙悟空。比喻要在试金石上分真假，在实践中检验真理。

371. 下场头[xa³⁵tɕʰia³⁵tʰiu⁴⁴]原是舞台上的术语，指演员下场的这一边。还可以用于咒骂那些不正派，不光明正大的人为"下场头"。

372. 下水思命，上水思财——要钱不要命。[xa³⁵ɕy³⁵sʅ³¹miʌ̃²²，ɕia³⁵ɕy³⁵sʅ³¹tsʰɛ⁴⁴——iɔ³²⁴tsʰe⁴⁴puʔ²¹iɔ³²⁴miʌ̃²².]提钱包的人，失足落水了，很危急！大呼"救命！"被人救起以后，发觉钱包失落在水里，大哭大闹："你不该救我，我的钱包要紧！"

373. 巷里驮竹，巷里抬轿——直来直去。[xa²²liʔtʰo⁴⁴tsuʔ²¹，xa²²liʔtʰɛ⁴⁴tɕʰiɔ²²——tɕʰiʔ²²lɛ⁴⁴tɕʰiʔ²²tɕʰiʔ³²⁴.]"巷"是狭窄的街道，小胡同。"驮"是肩扛的意思。在巷里抬轿或驮竹，只能直来直去，不能转弯。这里用来形容人的心地直爽，说话不绕弯子。也可以单说"巷里驮竹"。

374. 夏布裤没得过冬——穷光蛋。[xa²²puʔ³²⁴kʰuʔ³⁵muʔ²²teʔ²¹koʔ³²⁴tʌ̃³¹——tɕʰyʌ̃⁴⁴koʔ³¹tʰɛ²².]夏布裤是过夏穿的，不是冬季穿的。比喻做生意失败后，一筹莫展，直到冬季，连夏布裤都穿不上。

375. 夏至雨绵绵，高山好种田。[xa²²tɕiʔ³²⁴yʔ³⁵me⁴⁴me⁴⁴，kɔ³¹sɛ³¹xɔ³⁵tsʌ̃³²⁴tʰe⁴⁴.]"夏至"要是下雨的话，皖南山区的雨水就充沛，会有好的收成。

376. 瞎嚼死蛆[xaʔ²²¹tsʰiɔ²²sʅ³⁵tɕʰy³¹]胡说八道。又可说"瞎嚼"。

377. 瞎舞金刚钻——胡作非为。[xaʔ²²¹uʔ³⁵tɕiʌ̃³¹kaʔ³¹tsɔ³²⁴——xoʔ⁴⁴tsɔ³²⁴feʔ³¹ue⁴⁴.]金刚钻是很宝贵的工具，是不可乱舞动的。比喻不能违反规律、胡施乱为。

378. 瞎子望天光——无法看到。[xaʔ²²¹tsʅ³⁵mɔ²²tʰeʔ³¹koʔ³¹——uʔ⁴⁴faʔ²²¹kʰɛ³²⁴tɔ³²⁴.]事情虽然难以办到，但还没有到绝望的程度，还在盼望着。"天光"就是"天亮"。

379. 瞎子见钱，眼也开——贪心大。[xaʔ²²¹tsʅ³⁵tɕie³²⁴tsʰe⁴⁴，ŋe³⁵ie³⁵kʰɛ³¹——tʰɛ³¹siʌ̃³¹tʰo²².]

380. 瞎子打铳——无法瞄准。[xaʔ²²¹tsʅ³⁵taʔ³⁵tsʌ̃³²⁴——uʔ⁴⁴faʔ²²¹miɔ⁴⁴tɕyʌ̃³⁵.]"铳"

旧时的火器，农村多用于狩猎。"瞎子打铳"怎么瞄准？还不是瞎打一阵。借指老年人穿针引线，乱穿乱插，讥为"瞎子打铳"。

381.瞎子念文章——劳而无功。[xa²²¹tsʅ³⁵neⁿ²²uʌ̃⁴⁴tɕia³¹——lɔ⁴⁴ɛ⁴⁴u⁴⁴kuʌ̃³¹.]白费力气，一无所获，劳而无功。

382.瞎子死儿子——不心痛。[xa²²¹tsʅ³⁵sʅ³⁵ɛ⁴⁴tsʅ³⁵——pu²²¹siʌ̃³¹tʰʌ̃³²⁴.]瞎子从未见过自己的儿子，不心痛。比喻，没有见过，无动于衷。

383.胡大海——浮夸。[xu⁴⁴tʰa²²xɛ³⁵——fu⁴⁴kʰua³¹.]"胡大海"传说是历史名将的名字。方言"胡、浮"同音，故借"胡"表"浮"，讥称浮夸不踏实的人为"浮（胡）大海"。

384.猢狲头[xu⁴⁴sʌ̃³¹tʰiu⁴⁴]膝盖。由于膝盖与猢狲（猴子）的头形状相似，所以方言就把人的膝盖直接叫作"猢狲头"了。

385.狐皮擦痒——劳而无功。[xu⁴⁴pʰi⁴⁴tsʰa²²¹ia³⁵——lɔ⁴⁴ɛ⁴⁴u⁴⁴kuʌ̃³¹.]"狐皮"是软而有毛的，拿来擦痒既不痛快，又无功效。

386.虎面塌屪[xu³⁵me²²ta²²¹tu²²¹]满面怒容，非常气愤的样子。"屪（屪）"：①屁股，②蜂或蝎子的尾部。（屪，《集韵》都木切，引博雅臀也。）

387.花配花，柳配柳，粪箕配笤帚。[xua³¹pʰɛ³²⁴xua³¹, liu³⁵pʰɛ³²⁴liu³⁵, fʌ̃³²⁴tɕi³¹pʰɛ³²⁴tʰiɔ⁴⁴tɕiu³⁵.]这些物件搭配得有条有理。旧社会比喻男女婚姻，门当户对，合情合理。

388.花色鬼[xua³¹sɛ²²¹kue³⁵]咒骂调皮捣蛋的小青年和暗算坑人的家伙。

389.画眉跳架——难行。[xua²²me⁴⁴tʰiɔ³²⁴ka³²⁴——nɛ⁴⁴ɕiʌ̃⁴⁴.]画眉（鸟）经常在笼子里跳来跳去。比喻行走山路高一脚低一脚的非常困难。

390.坏物[xua²²u²²]咒骂孩子的常用词。是"坏东西"或"坏家伙"的意思。

391.寒露菜籽，霜降麦。[xɛ⁴⁴lu²²tsʰɛ³²⁴tsʅ³⁵, sɔ³¹ka³²⁴mɛ²².]到了寒露节气要种油菜，到了霜降节气要种小麦。

392.寒天喝冷水，点滴在心头——激励奋进。[xɛ⁴⁴tʰe³¹xɔ²²¹lɛ³⁵ɕy³⁵, te³⁵ti²²¹tsʰɛ³⁵siʌ̃³¹tʰiu⁴⁴——tɕi²²¹li²²fʌ̃³²⁴tsiʌ̃³²⁴.]不忘艰苦，努力创造好生活。

393.海龙王报水荒——瞎讲。[xɛ³²⁴lʌ̃⁴⁴o⁴⁴pɔ³²⁴ɕy³⁵xo³¹——xa⁴⁴ka³⁵.]海龙王有什么水荒好报。真是胡说八道，脱离事实的瞎讲。

394.害饿消——饿得快。[xɛ²²ŋɔ²²siɔ³¹——ŋɔ²²ti²²¹kʰua³²⁴.]也有"害饿痨"的说法。它是一种消化过强的胃病。吃下的东西很快就消化掉，一会儿就感到饿了。

395.害高兴[xɛ²²kɔ³¹ɕiʌ̃³²⁴]女人怀孕了，出现呕吐等生理情况。由于"怀孕"了可以添丁增口了，所以全家都高兴！

396.回呼——祭拜亡魂。[xuɛ⁴⁴xu³¹——tsi³²⁴pa³²⁴o⁴⁴xuʌ̃⁴⁴.]人死过后，立即由阴阳先生根据死者出生年月日，排标那天晚上，焚香献俎。设宴祭拜亡魂。

397.回肉啰——不脆了。[xuɛ⁴⁴niu²²lo²——pu²²¹tɕʰye³²⁴li².]晒干或烘干了的食品，因吸收了湿气又回潮了，吃起来不那么干爽、松脆，谓之"回肉啰"！

398.茴香萝卜爪——返乡务农的人。[xuɛ⁴⁴ɕia³¹lo⁴⁴pʰɔ²²¹tsɔ³⁵——fɛ³⁵ɕia³¹u²²lʌ̃⁴⁴ti²²¹iʌ̃⁴⁴.]"茴香"与"回乡"同音。萝卜爪是把萝卜切成爪形，用盐、茴香粉一起腌起来，外加一点辣味。是吃稀饭、泡饭的可口小菜。当地人通常用它讽刺外出学徒或外出做生意没有取得成就而回乡务农的人，称其为"茴香（回乡）萝卜爪"。

399.好马不配二鞍——烈妇不再嫁。[xɔ³⁵ma³⁵pu²²¹pʰɛ³²⁴ɛ²²ŋɛ³¹——le²²fu²²pu²²¹tsɛ³²⁴ka³²⁴.]一匹好马不愿意配两种不同的马鞍。意思是忠于一个主人。比喻旧社会里烈妇，丈夫死了，不再嫁人。

400.好狗不拦路。[xɔ³⁵kiu³⁵pu²²¹lɛ⁴⁴lu²².]好狗是不睡在路中间的。睡在大路上的不是好狗。转义为好干部决不阻拦群众前进途径的。

401.好狗卫三村。[xɔ³⁵kiu³⁵uɛ²²sɛ³¹tsʰʌ̃³¹.]一只好狗，要护卫附近几个村庄。比喻义为不爱乡土的人不如狗。

402.喝墨水的人——懂道理。[xɔ²²¹mɔ²²ɕy³⁵ti²iʌ̃⁴⁴——tʰʌ̃³⁵tʰɔ²²li³⁵.]指读过书的人，是有知识懂得道理的人。

403.黄头啼咻咻，吃的大块肉。[xo⁴⁴tʰiu⁴⁴tʰi⁴⁴ɕiu³¹ɕiu³¹, tɕʰi²²¹ti²tʰo²²kʰuɛ³²⁴ niu²².] "黄头"鸟名，过去多作为赌博工具。主人都以肉食喂养。比喻义是不劳而获的人为什么吃穿反而都是好的呢？

404.黄泥萝卜，掐一节，吃一节——得过且过。[xo⁴⁴ni⁴⁴lo⁴⁴phɔ²²¹，khaʔ²²¹iʔ²²¹tse²²¹，tɕhiʔ²²¹iʔ²²¹tse²²¹—teʔ²²¹ko³²⁴tshe³⁵ko³²⁴.]萝卜有泥，没有清洗，要吃它只得掐去一节萝卜皮，才能啃一节萝卜。比喻过一时，讲一时，没有长期地、全盘地打算。

405.黄牛角，水牛角，各管各。[xo⁴⁴niu⁴⁴kɔ²²¹，ɕy³⁵niu⁴⁴kɔ²²¹，kɔ²²¹kuɛ³⁵kɔ²²¹.]每个人只管每个人的事。

406.黄牛叫街[xo⁴⁴niu⁴⁴tɕiɔ³²⁴kɛ³¹]黄牛发情了，会冲出牛栏，在街上边叫边跑的。讥讽沿途嚎啕大哭的妇女或比喻用粗涩的嗓子大声叫卖东西的小贩。

407.黄鼪屁——最后一招。[o⁴⁴siɑ̃³²⁴phi³²⁴——tɕye³²⁴xiu²²iʔ²²¹tɕiɔ³¹.]黄鼪（鼪《广韵》所庚切，音生。）即黄鼠狼。当狗正在追赶它，将要被捉的时候，黄鼠狼会放射臭屁。狗受不住臭味刺激，就会放慢脚步。黄鼠狼因而得以保住了性命。黄鼠狼的屁又叫救命屁，也是黄鼠狼最后的一招。人也要有自己的拳术，才会立于不败之地！

408.和尚拜丈母——罕见。[xo⁴⁴ɕia²²paʔ³²⁴tɕia³²⁴mɔ³⁵——xɛ³⁵tɕie³²⁴.]罕见；破天荒的事情。

409.和尚不进寺，进寺就有事——能者多劳。[xo⁴⁴ɕia²²puʔ²²¹tsiɑ̃³²⁴tshɿ²²，tsiɑ̃³²⁴tshɿ²²tshiu²²iu³⁵sɿ²²——lʌ⁴⁴tɕie³⁵to³¹lɔ⁴⁴.]和尚一进了寺院，马上就要干活。比喻①有才干、有能力的要能者多劳。②要服从工作需要，不辞劳苦。

410.和尚头顶水缸——没水了。[xo⁴⁴ɕia²²thiu⁴⁴tiɑ̃³⁵ɕy³⁵ka³¹——mu²²ɕy³⁵liɔ².]水缸里断水了，"和尚"头儿要吵闹了。

411.和尚能过江，钵盂能过海——形影不离。[xo⁴⁴ɕia²²lɑ̃⁴⁴ko³²⁴ka³¹，pɔ²²¹y⁴⁴nɑ̃⁴⁴ko³²⁴xɛ³⁵——ɕiɑ̃⁴⁴iɑ̃⁴⁴puʔ²²¹li⁴⁴.]和尚能到的地方，钵盂也准能到。因为和尚和钵盂是如影随形的。

412.河里呒鱼市上有。[xo⁴⁴li³⁵m⁴⁴ny⁴⁴sɿ²²ɕia²iu³⁵.] "呒"是方言字，"无"的俗写。这话的意思是，有钱就能买到需要的东西。

413.何样搞？——没法答。[xo⁴⁴ia²²kɔ³⁵——mu²²fa²²¹ta²²¹.]怎么搞？怎么办？

414.禾苗见铁三分肥。[xo⁴⁴miɔ⁴⁴tɕie³²⁴tʰe²²¹sɛ³¹fʌ̃³¹fe⁴⁴.]用锄头锄草松土等都有利于禾苗的生长。

415.荷叶命——悲哀！[xo⁴⁴ie²²¹miʌ̃²²——pe³¹ŋɛ³¹！]这是一句在封建制度压迫下妇女们的哀叹话。自叹命为荷叶，叶面上很不容易积了一点水，一阵风来又被吹翻倒掉了。伤心！悲哀！

416.火到猪头烂。[xo³⁵tɔ³²⁴tɕy³¹tʰiu⁴⁴lɛ²².]火候到了猪头自然会烧烂（熟）的。意思是做事不宜过急，要遵循和掌握它的规律，自然会得到好结果的。

417.火烧茅司——大红脸。[xo³⁵ɕiɔ³¹mɔ⁴⁴sŋ³¹——tʰa²²xuʌ̃⁴⁴le³⁵.]上厕所解大便的人，一定要褪下裤子，露出屁股。火烧茅司是火光映着屁股会出现红色。通常用来讥笑脸好发红的人。说他是"火烧茅司"了。

418.火烧萝卜——里生外熟。[xo³⁵ɕiɔ³¹lo⁴⁴pʰɔ²²¹——li³⁵sʌ̃³¹ŋa²²su²².]外焦里生，或里生外熟。比喻有些人对待自己人，横里横气；对待外人倒很客气、和睦。

419.火烧子都——丑相。[xo³⁵ɕiɔ³¹tsŋ³⁵tu³¹——tɕʰiu³⁵sia³²⁴.]子都是我国古时的美男子。由于火烧了他的脸，烧得乌黑，变成丑相。就叫"火烧子都"。比喻为脸上不清洁，沾有墨渍或炭灰的人，都可以说他是"火烧子都"。

420.火烧乌麦萁。[xo³⁵ɕiɔ³¹u³¹mɛ²²tɕʰi⁴⁴.]"乌麦萁"指荞麦萁秸。它包含的水分较多，短时间内是不会干燥的。用它来烧锅，它是一时不易燃的。不要它燃时，它突然又会自燃起来。比喻某人办事，该出力时，偏不出力，不需出力时，他偏要瞎起劲。因而把这种人叫作"火烧乌麦萁"。

421.火烧乌龟肚里痛——有苦难言。[xo³⁵ɕiɔ³¹u³¹kue³¹tʰu³⁵li²tʌ̃³²⁴——iu³⁵kʰu³⁵lɛ⁴⁴ne⁴⁴.]比喻吃了亏，受了苦，内心痛苦，有苦难言，无法诉说。

422.货到地头死——卖不出去。[xo³²⁴tɔ³²⁴tʰi²²tʰiu⁴⁴sŋ³⁵——ma²²pu²²¹tɕʰy²²¹tɕʰi³²⁴.]买卖做到了尽头，不得不贬低价格出售。

423.货高招远客——好卖。[xo^{324}kɔ^{31}tɕiɔ^{31}ue^{35}kʰɛ^{ʔ21}——xɔ^{35}ma^{22}.]货高是货的名声好，货色好，买主再远都要来买。比喻义是只要你有本领，再远的路也会有人来聘请你，有求于你。

424.红老虎，黑老虎——纸老虎。[xuʌ̃^{44}lɔ^{35}xu^{35}, xe^{ʔ21}lɔ^{35}xu^{35}——tɕi^{35}lɔ^{35}xu^{35}.]通常用此来吓唬人。但也可以用于蔑视地说，什么“红老虎，黑老虎”都是纸老虎：假的！

425.浑身掉下井，鼻头挂不住——无法挽救。[xuʌ̃^{44}ɕiʌ̃^{31}tiɔ^{324}xa^{35}tsiʌ̃^{35}, pʰi^{44}tʰiu^{44}kua^{324}pu^{ʔ21}tɕʰy^{22}——u^{44}fa^{ʔ21}ue^{35}tɕiu^{324}.]大势已去，并非小功夫可以挽回得了的。

426.浑水不出窟——好歹留（流）自家。[xuʌ̃^{44}ɕy^{35}pu^{ʔ21}tɕʰy^{ʔ21}kʰu^{ʔ21}——xɔ^{35}ta^{35}liu^{44}(liu^{44})tsʰɿ^{22}ka^{31}.]虽然是浑水，可它不会往外流，流不出窟（洞穴）的。借指好来好去，还是好在自己的家里。

427.哄瞎子过桥——骗人。[xuʌ̃^{35}xa^{ʔ21}tsɿ^{2}ko^{324}tɕʰiɔ^{44}——pʰe^{324}iʌ̃^{44}.]比喻义为欺骗人。

[tɕ]428—468

428.鸡不吃食，肚里有绊。[tɕi^{31}pu^{ʔ21}tɕʰi^{ʔ21}ɕi^{22}, tu^{35}li^{35}iu^{35}pʰɛ^{324}.]鸡不吃东西，腹中必有毛病。比喻二人彼此面上不和，心中必定有鬼。

429.鸡母作鸡公叫——反常。[tɕi^{31}m^{35}tsɔ^{ʔ21}tɕi^{ʔ21}kuʌ̃^{31}tɕiɔ^{324}——fɛ^{35}tɕʰ ia^{44}.]女子当家，男子落魄。意思是反常。

430.鸡打鼓，鸭敲锣——毫无节奏。[tɕi^{31}ta^{35}ku^{35}, ŋa^{ʔ21}kʰɔ^{31}lo^{44}——xɔ^{44}u^{44}tse^{ʔ21}tso^{324}.]不伦不类，毫无节奏，乱七八糟，瞎搞一气。

431.鸡公打屁——很快解决问题。[tɕi^{31}kuʌ̃^{31}ta^{35}pʰi^{324}——xʌ̃^{35}kʰua^{324}kɛ^{35} tɕye^{ʔ21}mʌ̃^{22}tʰi^{44}.]“打屁”指公鸡交配。此说意为很快地就能解决问题。

432.鸡公排屎——前硬后软。[tɕi^{31}kuʌ̃^{31}tsʰa^{22}ɕi^{35}——tsʰe^{44}ŋɛ^{22}xiu^{22}ne^{35}.]“排屎”指拉屎。鸡公的屎，绝大多数是开始比较硬，末了仅仅是一些水。比喻：前硬后不硬，先紧后松，有始无终的工作。

433.鸡搳狗舞——乱搞！[tɕi^{31}xa^{31}kiu^{35}u^{35}—lo^{22}kɔ^{35}！]“鸡搳”就是鸡挠

的意思。"狗舞"就是狗扒的意思。形容人为地把东西搞得乱七八糟，或把所办的事情搞得很乱，很糟糕。

434.鸡颈望得鸭颈长——久等了。[tɕi³¹tɕiɑ̃³⁵mɔ²²te²²¹ŋa²²¹tɕiɑ̃³⁵tɕʰia⁴⁴——tɕiu³⁵tɑ̃³⁵lo².]这是等久了，等得非常恼火时的怒言。

435.鸡子嗉，鸭子嗉——没数（没底）。[tɕi³¹tsʅ³⁵su³²⁴，ŋa²²¹tsʅ³⁵su³²⁴——mu²²su³²⁴.]方言里"数"与"嗉"同音。事先一再要你留意某事情的来龙去脉，你很轻率地说："有数，有数！"事后失败了。会有人责备他："你说有数，有数。有什么数？数在那里？还不是"鸡子嗉、鸭子嗉"！"

436. 鸡栅里养狐狸——自食恶果。[tɕi³¹se³¹li²ia³⁵xu⁴⁴li⁴⁴——tsʰʅ²²ɕi²²ŋɔ²²¹ko³⁵.]鸡栅里养狐狸，鸡会被咬死的。把鸡与狐狸养在一起，肯定会受到损害的。这是自取其咎，自食恶果的做法。与"引狼入室"同义。

437.只顾羊卵子，不顾羊性命——考虑不周到。[tɕi²²¹ku³²⁴ia⁴⁴lo³⁵tsʅ²，pu²²¹ku³²⁴ia⁴⁴siɑ̃³²⁴miɑ̃²²——kʰɔ³⁵ly²²pu²²¹tɕiu³¹tɔ³²⁴.]实际意思是只顾这一方面，不顾那一方面；只顾自己，不顾别人。

438.只听楼梯响，不见人下阁——言行不一。[tɕi²²¹tʰiɑ̃³¹liu⁴⁴tʰi³¹xia³⁵，pu²²¹tɕie³²⁴iɑ̃⁴⁴xa³⁵kɔ²²¹——ie⁴⁴ɕiɑ̃⁴⁴pu²²¹i²²¹.]只听人应答声，不见人走来。比喻只闻其声，不见其人；空谈理论，脱离实际，言行不一致。

439.急惊疯偏遇着慢郎中——你急他不急。[tɕi²²¹tɕiɑ̃³¹fɑ̃³¹pʰe³¹ny²²tɕiɔ²²me²²la⁴⁴tsɑ̃³¹——ni³⁵tɕi²²¹tʰa³¹pu²²¹tɕi²²¹.]害了急性病，偏偏遇着一位慢吞吞的大夫。真是你急他不急。

440.捡毛货——偷鸡。[tɕie³⁵mɔ⁴⁴xo³²⁴——tʰiu³¹tɕi³¹.]原是红帮中的黑话。"毛货"就是鸡。"捡毛货"就是大白天去偷鸡。

441.脚板底朝天——人死了。[tɕia²²¹pɛ³⁵ti³⁵tɕʰiɔ⁴⁴tʰe³¹——iɑ̃⁴⁴sʅ³⁵lo².]形容人已绝气。

442.脚是亲，手是亲，捏起拳头靠自身。[tɕia²²¹ɕi³⁵tsʰiɑ̃³¹，ɕiu³⁵ɕi³⁵tsʰiɑ̃³¹，ne²²tɕʰi³⁵tɕʰye⁴⁴tʰiu⁴⁴kʰɔ³²⁴tsʰʅ²²ɕiɑ̃³¹.]手脚是自己的，只要手脚勤快，比央求别人强得多。寓意是只要自力更生就能获得成功。

443.招子不灵——眼力差。[tɕiɔ³¹tsʅ²pu²²¹liɤ⁴⁴——ŋɛ³⁵li²²tsʰa³¹.]"招子差"指眼睛差。眼力不行，既会看得不仔细，也会看得不全面。

444.招魂引鬼——自作自受。[tɕiɔ³¹xuɤ⁴⁴iɤ³⁵kue³⁵——tsʰʅ²²tsɔ²²¹tsʰʅ²²ɕiu²².]招魂设祭，结果把鬼引到家里来了。比喻自找烦恼，自食其果，自作自受。

445.照卵子一脚尖——致命伤。[tɕiɔ³²⁴lo³⁵tsʅ³⁵i²²¹tɕia²²¹tse³¹——tɕi³²⁴miɤ²²ɕia³¹.]照准卵子踢他一脚。比喻在关键性上，或要紧关头卡他一把，给他一个致命伤。

446.猪八戒吃人参果——食而不知其味。[tɕy³¹pa²²¹kɛ³²⁴tɕʰi²²¹iɤ⁴⁴sɤ³¹ko³⁵——ɕi²²e⁴⁴pu²²¹tɕi³¹tɕʰi⁴⁴ue²².]喻指狼吞虎咽的人乱吃乱喝，食而不知其味。把好东西糟蹋了。

447.猪八戒散伙——要各奔前程。[tɕy³¹pa²²¹kɛ³²⁴sɛ³⁵xo³⁵——iɔ³²⁴kɔ²²¹pɤ³¹tsʰe⁴⁴tɕʰiɤ⁴⁴.]唐僧西天取经时，中途师徒们闹矛盾，猪八戒要散伙，要各奔前程。比喻一个团体或组织闹不团结、搞分裂，绝无好结果。

448.猪头三[tɕy³¹tʰiu⁴⁴sɛ³¹]指称不动脑子，做事粗野莽撞，不考虑后果的人。

449.猪吃豆腐粕——眼饱腹中饥。[tɕy³⁵tɕʰi²²¹tʰiu²²fu³⁵pʰɛ²²¹——ŋɛ³⁵po³⁵fu²²¹tsɤ²²tɕi³¹.]豆腐粕是泡黄豆时冒出来的水分。看起来很多，吃起来啥东西也没有。猪吃了也捞不到好处。比喻看得到，吃不到。结果还是眼饱、腹中饥。

450.猪头肉三不精——没大用的人。[tɕy³¹tʰiu⁴⁴niu²²se³¹pu²²¹tsiɤ³¹——me⁴⁴tʰa²²yɤ²²ti²²¹iɤ⁴⁴.]借指此人没有真本事，无大用场。

451.猪尿脬打人——欺人太甚。[tɕy³¹si³¹pʰɔ³¹ta³⁵iɤ⁴⁴——tɕʰi³¹iɤ⁴⁴tʰa³²⁴ɕiɤ²².]猪尿脬灌满气，如同气球一般。用来打人，虽然不痛，可是欺人太甚，令人气恼，让人难以接受。

452.朱砂嗒嗒[tɕy³¹sa³¹ta²²¹ta²²¹]方言把神经病患者称为"朱砂鬼"（当地有个说法："神经病"患者是服用"朱砂"这种中药造成的后遗症。把那些像是得了神经病一样人的言行形容为"朱砂答答"。）

453.嘴儿甜，当得钱。[tɕy³⁵ŋ⁴⁴tʰe⁴⁴, ta³¹te⁷²¹tsʰe⁴⁴.]嘴甜指的是会称呼人。他嘴甜如蜜，会得到很多的方便和好处。

454.九番十二调——说话前后不一致。[tɕiu³⁵fe³¹ɕiɛ²²ɛ²²tʰiɔ²²——ɕye⁷²¹ua²²tsʰe⁴⁴xiu²²pu⁷²¹i⁷²¹tɕi³²⁴.]花样多，变得快，形容此人说话前后不一致。

455.九分九——危险。[tɕiu³⁵fʌ³¹tɕiu³⁵——ue⁴⁴ɕie³⁵.]即九分九厘，少一厘不到整数。例如，病情九死一生，亦即九分九厘。因而引申到"险"字。形容情况很危险："九分九"。

456.九嚚十恨[tɕiu³⁵ŋʌ⁴⁴ɕi²²xʌ²²]嚚（yín，蠢而顽固），从九岁到十岁的孩子，多数是嚚鬼笨蛋，令人厌恨。

457.九九归原——恢复原状。[tɕiu³⁵tɕiu³⁵kue³¹ue⁴⁴——xuɛ³¹fu⁷²¹ue⁴⁴tsʰo²².]原是珠算口诀。意思归根到底还是要恢复原状的。

458.九子不如十指好。[tɕiu³⁵tsʅ³⁵pu⁷²¹y⁴⁴ɕi²²tsʅ³⁵xɔ³⁵.]依靠自己勤劳的双手，比依靠自己的子女好。

459.九子不如石子好。[tɕiu³⁵tsʅ³⁵pu⁷²¹y⁴⁴ɕi²²tsʅ³⁵xɔ³⁵.]有九个儿子怎么没有"石子"好呢？这是出现在府城郊区沿江村的一个故事。村上有位江大爷自打老伴过世以后，他的九个儿子就不管他的吃喝了。他只好到亲友家蹭吃蹭喝。过了一段时间，有位老友对他说："你这样过不是个办法呀?! 我帮你出个点子，你看行不行？"三天以后江大爷就收拾好行李，称说要到苏杭一带探望老朋友。上路这天有不少老友前来送行。

转眼间两年过去了，江大爷给亲友们捎信：不想在外地奔波了，要回乡安度晚年了。三天后江大爷包乘的篷船来到了码头。老朋友们热情地前来帮忙，搬抬了十来个大皮箱。有个老朋友大声说："这么多银圆你这个老头子怎么花得完呢？"江老大声说："是呀！我这九个孩子哪个有良心，对我好，我也愿意帮衬他一些！"

孩子们看到老爷子带了大量的财宝归来，都变得很热情。江老回到家中，为了财产安全，自己住到了楼上。十来个皮箱就放在自己的床下和床背后容易看到的地方。从此之后老头子每晚入睡前，都要拿出一扎银圆，敲一敲，打一打。让清脆悦耳的银圆声音传到孩子们的耳朵里。从此之后九个孩子都变了样儿，给老爷子端吃端喝，嘘寒问暖关心备至。

为此，江老非常感谢老朋友为自己想出的绝妙方法：将石子装满箱子冒充银圆，只将不多的银圆放在腰间，随时摆弄，蒙骗了九个孩子！达到了"九子没有石子好"的效果！

460. 九月重阳卖臭肉。[tɕiu³⁵ue²²tsʌ̃⁴⁴ia⁴⁴ma²²tɕʰiu³²⁴niu²².]到了农历九月初九，气温还高。每到下午，鲜肉（旧时无冷藏设备）就要发酵、变味。

461. 舅母好白腿——妄想。[tɕiu³⁵m̩³⁵xɔ³⁵pʰɛ²²tʰe³⁵——mʌ̃²²ɕia³⁵.]舅母白腿，姑夫白想。任你怎样痴心妄想，想入非非，都是空想、白想。

462. 韭菜灌气当葱卖——冒葱（充）。[tɕiu³⁵tsʰɛ³²⁴kuɛ³²⁴tɕʰi³²⁴ta³²⁴tsʰʌ̃³¹ma²²——mɔ²²tsʰʌ̃³¹.]方言"葱、充"同音。比喻假充、冒充。

463. 正月雷打雪，二月烂稭稭。[tɕiʌ̃³¹ue²²lɛ⁴⁴ta³⁵ɕye⁷²¹，ɛ²²ue²²lɛ²²kɛ³¹kɛ³¹.]正月里又下雪又打雷，就没有好天气了。很多农作物的秸秆也要因潮湿而烂掉。

464. 正月挖金，二月挖银，三月挖尸挖灵。[tɕiʌ̃³¹ue²²ua⁷²¹tɕiʌ̃³¹，ɛ²²ue²²ua⁷²¹niʌ̃⁴⁴，sɛ³¹ue²²ua⁷²¹ɕi³¹ua⁷²¹liʌ̃⁴⁴.]指的是挖蕨根制作淀粉。

465. 金银包[tɕiʌ̃³¹iʌ̃⁴⁴pɔ³¹]指的是每年七月半上坟给死者送去的用锡箔纸做的元宝状物，装入袋内，上坟祭拜用。

466. 真佛咒[tɕiʌ̃³¹fu⁴⁴tɕiu³²⁴]真心佛家的咒语，丝毫不带假，完全是地道的真货色。

467. 金銮殿上撒屎——胆大包天。[tɕiʌ̃³¹lo⁴⁴tʰe²²ɕia³⁵tsʰa²²ɕi³⁵——te³⁵tʰa²²pɔ³¹tʰe³¹.]金銮殿是皇帝登位的地方，是多么珍贵、尊严！竟敢在大殿上撒屎（拉大便），糟蹋万岁，真是胆大包天！

468. 金针挑不出螺蛳肉——吝啬鬼。[tɕiʌ̃³¹tɕiʌ̃³¹tʰiɔ³¹puʔ²¹tɕʰy⁷²¹lo⁴⁴sɿ³¹niu²²——niʌ̃²²se⁷²¹kuɛ³⁵.]螺蛳肉藏在壳里，用金针都很难挑出来。比喻吝啬的人，一毛不拔，什么办法都搞不出来。

[tɕʰ]469—511

469. 痴而带踢[tɕʰi³¹ɛ⁴⁴ta³²⁴⁴³⁵fe³²⁴]。指责那些不聪明又顽皮好动的孩子。

"蹳"《集韵》末韵，方未切，引疾貌。又见于《说文解字》：跳也。

470. 吃了雄黄酒——原形毕露。[tɕʰi²²¹liɔ²ɕyʌ̃⁴⁴xo⁴⁴tsiu³⁵——ue⁴⁴ɕiʌ̃⁴⁴pi²²¹lu²².]传说端午节那天，妖魔鬼怪，一经吃了雄黄酒，必定会现出原形的，牠是无法躲藏的。所以说："吃了雄黄酒，看你哪里躲？"

471.吃夹皮粿[tɕʰi²²¹ka²²¹pʰi⁴⁴ko³⁵]"粿"是当地带馅儿的油煎圆饼。"夹皮"是双层皮的意思。双层皮的粿当然没有单层皮的油煎馃好吃。这里用来形容不应承受的双重负担。例如，买东西已付过钱了，他说你没有付钱，为了免去争吵，只好再付一次。这就叫"吃夹皮粿"。

472.吃起来动炉大，做起来往后隑——好吃懒做的人。[tɕʰiʔ²¹tɕʰi³⁵lɛ⁴⁴tʌ̃³⁵lu⁴⁴tʰo²²,tso³²⁴tɕʰi³⁵lɛ⁴⁴o³⁵xiu²²kʰɛ³⁵——xɔ³²⁴tɕʰi²²¹lɛ³⁵tso³²⁴tiʔ²¹iʌ̃⁴⁴.]"动炉大"就是拿大碗吃饭，"往后隑"就是往后站。意思是光吃不干活或好吃懒做的人。（隑《集韵》柯开切，《杨子方言》隑，陭立也。）

473.吃生米的遇着吃生谷的——强强相遇。[tɕʰiʔ²¹sɛ³¹mi³⁵tiʔ²ny²²tɕʰiɔ²²tɕʰiʔ²¹sɛ³¹ku²²¹tiʔ²——tɕʰia⁴⁴tɕʰia⁴⁴sia³¹ny²².]能吃生米，本领大，能吃生谷，本领更大。意思是强中还有强中手。

474.吃素遇着月大——倒霉！[tɕʰi²²¹su³²⁴ny²²tɕʰiɔ²²ue²²tʰo²²——tɔ³⁵mɛ⁴⁴！]许愿要吃一个月的斋，机会不巧遇到了月大，要吃足三十天。言下之意：倒霉！得不到巧了，要硬碰硬啦！

475.吃是三扁担，不吃也是三扁担——不合理。[tɕʰi²²¹ɕi³⁵sɛ³¹pe³⁵tɛ³¹，pu²²¹tɕʰi²²¹ie³⁵ɕi²²sɛ³¹pe³⁵tɛ³¹——pu²²¹xo²²li³⁵.]比喻处理问题，不公平不合理。错误的受批评，没错的也要受批评。不分青红皂白，同样处理。与"老一十八，嫩一十八"同义。

476.吃早饭看夜戏——没时间概念。[tɕʰi²²¹tsɔ³⁵fɛ²²kʰɛ²²ia³²tɕi³²⁴——mu²²sʅ⁴⁴kɛ³¹kɛ³²⁴ne²².]吃过早饭就等要看夜戏，为时太早了吧！说明此人做事太缺少时间观念了。

477.吃引子不用酱油——省钱省事。[tɕʰi²²¹iʌ̃³⁵tsʅ²pu²²¹yʌ̃²²tɕia³²⁴iu⁴⁴——sʌ̃³⁵tsʰe⁴⁴sʌ̃³⁵sʅ²².]"引子"指的是水产中的鱼虾之类。这里用来比喻吃它们便宜省钱，还不花大工夫。

478.赤䐗胳洁洁——不雅。[tɕʰiʔ²¹kuʔ²¹liʔ²²tɕieʔ²¹tɕieʔ²¹——puʔ²¹ia³⁵.]"赤䐗胳"即赤膊。"赤䐗胳洁洁"即光背赤膊即太粗俗，很不雅观。

479.吃冷粥[tɕʰiʔ²¹lɛ³⁵ tsu²¹]喻指未婚夫妇之间发生的偷情行为。

480.长长病，不伤命。[tɕʰia⁴⁴tɕʰia⁴⁴pʰiã²²,puʔ²¹ɕia³¹miã²².]一般情况下慢性病只是拖的时间较长，不会很快影响性命的。

481.长工不识秤，单看箩里鱼——心里有数。[tɕʰia⁴⁴kuã³¹puʔ²¹ɕiʔ²¹tɕʰiã³²⁴,te³¹kʰɛ³²⁴lo⁴⁴li²ny⁴⁴——siã³¹li²iu³⁵su³²⁴.]"长工"是旧社会出卖劳力的人，大多没有文化，有可能不识秤。但是不管是多少分量，有经验的劳动者只要一看东西也就有数了。

482.扯被盖脚——顾此失彼。[tɕʰia³⁵pʰi³⁵kɛ³²⁴tɕʰiaʔ²¹——ku³²⁴tsʰ³⁵ɕiʔ²¹pi³⁵.]被条短了，盖了头，盖不了脚。与普通话的"顾此失彼"，"拆东墙补西墙"意思相近。方言里与此相近的说法还有"挖肉补疮"、"拆墙补壁"。

483.扯裹脚[tɕʰia³⁵ko³⁵tɕia²¹]两亲家母话不投机，发生冲突或殴打起来。就叫"亲家母扯裹脚"。此话来自当地的小戏剧《骑驴看女》。戏中说一个乡下亲家婆骑毛驴到城里探望亲生女儿。见女遭受婆婆的虐待，很不服气。双方由口斗升级到打斗。乡下亲家婆被打倒在地，城里亲家婆趁机脱下乡下亲家婆的鞋子，还扯散了她的裹脚。

484.丈母见女婿，犹如见皇帝。[tɕʰia³⁵m̩³⁵tɕie³²⁴ny³⁵ɕy³²⁴,iu⁴⁴y⁴⁴tɕie³²⁴oʔ⁴⁴ti³²⁴.]心情非常愉快，高兴得很。

485.舌头无骨——说话不硬。[tɕʰie²²tʰiu⁴⁴m̩⁴⁴kuʔ²¹——ɕyeʔ²¹ua²²puʔ²¹ŋã³²⁴.]意思是舌头无骨说话不硬，容易反复、反悔。

486.桥归桥，路归路——一定要分清。[tɕʰiɔ⁴⁴kue³¹tɕʰiɔ⁴⁴,lu²²kue³¹lu²²——iʔ²¹tʰiã²²iɔ³²⁴fã³¹tsʰiã³⁴.]桥与路是两码事，一定要分清。比喻不同的事情，一定要分清楚。

487.翘嘴白——丑陋。[tɕʰiɔ³²⁴tɕy³⁵pʰɛ²²——tɕʰiu³⁵liu²².]原来是指嘴巴向上翘起的白鱼。借指讥笑那些嘴巴生得丑陋，像翘嘴白（鱼）一样的翘嘴巴的人。

488.球成一拉拉[tʰɕʰiu⁴⁴tɕʰiã⁴⁴iʔ²¹la²²la²².]形容因寒冷、惧怕或痉挛而使身躯蜷缩成一团的状况。

489.轻骨头——骄傲。[tɕʰiʌ̃³¹kuʔ²¹tʰiu⁴⁴——tɕiɔ³¹ŋɔ²².]骂那些轻狂、骄傲自大的人。此外对那些既骄傲又举止轻佻、不庄重者也说：轻骨头唏唏。[tɕʰiʌ̃³¹kuʔ²¹tʰiu⁴⁴ɕi³¹ɕi³¹.]

490.轻嘴薄舌[tɕʰiʌ̃³¹tɕy³⁵pʰɔ²²tɕʰie²²]形容讲话尖酸刻薄，随意乱说不负责任之人。

491.秤钩打钉——必须拉直。[tɕʰiʌ̃³²⁴kiu³¹ta³⁵tiʌ̃³¹——piʔ²¹ɕy³¹laʔ³¹tɕʰi²².]秤钩打成钉一定要把它拉直才行。例如，债务人向债权人理清债务，两方必须扯直。可说成"秤钩打钉"。

492.吹火筒[tɕʰy³¹xo³⁵tʰʌ̃³²⁴]本是用来吹火的工具。用来比喻好传话的人。一听到什么消息，他很快地就传出去了。

493.出门看天色，进门看面色——察言观色。[tɕʰyʔ²¹mʌ̃⁴⁴kʰɛ³²⁴tʰe³¹sɛʔ²¹，tsiʌ̃³²⁴mʌ̃⁴⁴kʰɛ³²⁴me²²sɛʔ²¹——tsʰaʔ²¹ne⁴⁴kuɛ³¹sɛʔ²¹.]意思是要观察情况，随机应变，见机行事。

494.出头椽先烂。[tɕʰyʔ²¹tʰiu⁴⁴tɕʰye⁴⁴se³¹lɛ²².]出于瓦外面的椽头，先受到雨淋，会先霉烂。比喻好出风头的人，会先受到打击。

495.穿破绫罗是我衣，送老归山是我儿。[tɕʰye³¹pʰo³²⁴liʌ̃⁴⁴lo⁴⁴ɕi³⁵a³⁵i³¹，sʌ̃³²⁴lo³⁵kuɛ³¹sɛ³¹ɕi³⁵aᵉ³⁵ɛ⁴⁴.]牢靠的丰硕果实，要在大结局上来肯定。最初和先前都应该作为一个开端。结局就不同了，是要归纳和总结才能决定的。

496.拳头往外打，手板往里弯——内外有别。[tɕʰye⁴⁴tʰiu⁴⁴o³⁵uɛ²²ta³⁵，ɕiu³⁵pe³⁵o³⁵li³⁵uɛ³¹——nɛ²²uɛ²²iu³⁵pʰe²².]处理事情一定要里外分清，内外有别。

497.船到桥门舵自直。[tɕʰye⁴⁴tɔ³²⁴tɕʰiɔ⁴⁴mʌ̃⁴⁴to³⁵tsʰŋ̩²²tɕʰi²².]不管是歪船、斜船，到了快要钻桥洞时，自会摆舵撑直，让船钻过桥门。比喻到了一定时候，情况会好起来的，事情会办妥的。

498.春东风，雨祖宗。[tɕʰyʌ̃³¹tʌ̃³¹fʌ̃³¹，y³⁵tsu³⁵tsʌ̃³¹.]这则农谚告诉我们，春天东风将海洋上的暖湿气流吹向干冷的大陆，由于冷暖气流交汇，自然就会生成雨。

499.穷在街头无人问，富在深山有人倩。[tɕʰyʌ̃⁴⁴tsʰɛ³⁵kɛ³¹tʰiu⁴⁴u⁴⁴iʌ̃⁴⁴mʌ̃²²，

fu³²⁴tsʰɛ³⁵ɕiɑ̃³¹sɛ³¹iu³⁵iɑ̃⁴⁴tsʰiɑ̃⁴⁴.]"倩",请也。(请人代替自己做事):倩人执笔。又:倩《广韵》仓甸切,美好也。

500.穷人不生病,就是皇帝命。[tɕʰyɑ̃⁴⁴iɑ̃⁴⁴puʔ²¹sɛ³¹pʰiɑ̃²², tɕʰiu²²ɕi³⁵oʔ⁴⁴ti³²⁴miɑ̃²².]穷人只要不生病,能天天干活就很幸福了。

501.穷汉一条牛,性命在上头。[tɕʰyɑ̃⁴⁴xɛ³²⁴iʔ²¹tʰiɔ³⁵niu⁴⁴,siɑ̃³²⁴miɑ̃²²tsʰɛ²²ɕia³⁵tʰiu⁴⁴.]牛是农民生产中最关键的财产。

502.欺三打两[tɕʰi³¹sɛ³¹ta³⁵lia³⁵]欺压一方,打击一方,蛮横无理,到处树敌!

503.骑马坐船三厘命——怕死鬼。[tɕʰi⁴⁴ma³⁵tsʰo³⁵tɕʰye⁴⁴sɛ³¹li⁴⁴miɑ̃²²——pʰa³²⁴sŋ³⁵kue³⁵.]是说胆小鬼怕死。意思是骑马、坐船,已丢掉了九分七厘,只剩下三厘命了。懦夫!

504.气恼块[tɕʰi³²⁴nɔ³⁵kʰua³²⁴]骂那些让人生气的淘气包(小孩子)。

505.气觩哈觩[tɕʰi³²⁴xiu³¹xa³¹xiu³¹]"觩"读如"休"。气喘吁吁的样子或有气无力的样子。

506.气数——命运。[tɕʰi³²⁴su³²⁴——miɑ̃²²yɑ̃²².]气数是指命运。它是指命运到了的简说。意思是命运注定是要这样的。说"你这只(个)家伙真气数!"就是你这个人应该要倒霉了。

507.吃不落[tɕʰiʔ²¹puʔ²¹lɔ²²]吃不消,受不了。

508.吃大块肉——下人吃的。[tɕiʔ²¹tʰo²²kʰua³²⁴niu²²——xa²²iɑ̃⁴⁴tɕʰiʔ²¹ti².]指底下人吃的肉,是切成大块的,盛大碗。但只允许他们在堂屋阶下坐,不许坐在堂屋上,更不允许坐正位。

509.吃的锅边饭,要到锅边跽。[tɕʰiʔ²¹ti²ko³¹pe³¹fɔ²²,iɔ³²⁴tɔ³²⁴kɔ³¹pe³¹kʰɛ³⁵.]"跽"是站立。意思是拿谁的钱,就要听从谁的使唤,就要为谁干活。

510.吃桐油吐生漆——退赔。[tɕʰiʔ²¹tʰɑ̃⁴⁴iu⁴⁴tʰu³²⁴sɛ³¹tsʰiʔ²¹——tʰɛ³²⁴pʰɛ⁴⁴.]喻指贪污,退赔。

511.吃了酒,软了口。[tɕʰiʔ²¹liɔ²tsiu³⁵,ne³⁵liɔ²kʰiu³⁵.]喝了别人的酒,再和他交涉事情或者谈判问题,立场就会不够稳定,或者出现迁就,甚至碍于情面不好力顶。这就是"软了口"。"吃人家的嘴软,拿人家的手短。"

同义。

[ç]512—549

512.世事颠倒颠，石头烧灰泥做砖。[çi³²⁴sʅ²²te³¹tɔ³⁵te³¹, çi²²tʰiu⁴⁴çiɔ³¹xuɛ³¹ni⁴⁴tsɔ³²⁴tçye³¹.]把整块的石头烧成灰，把泥土烧成砖。整的要变碎，碎的要它整，实在是颠倒世事。事实说明宇宙间的事情，都是由人主宰的。

513.十个指头有长短。[çi²²ko³²⁴tçi³⁵tʰiu⁴⁴iu³⁵tçʰia⁴⁴to³⁵.]比喻人的能力有大小的不同。

514.十日滩头坐，一日过九滩。[çi²²ni²²tʰɛ³¹tʰiu⁴⁴tsʰo³²⁴, iʔ²¹ni²²ko³²⁴tçiu³⁵tʰɛ³¹.]比喻做事要乘机，抓住机会。

515.十二月铜钱，六月儿雪——非常宝贵。[çi²²ɛ²²ue²²tʰʌ̃⁴⁴tsʰe⁴⁴, lo²²ue²²ɛ²se²¹——fe³¹tçʰia⁴⁴pɔ³⁵kue³²⁴.]非常珍贵，非常稀罕。

516.石埭不让船——绕行。[çi²²tʰa²²puʔ²¹nia²²tçʰye⁴⁴——niɔ³⁵çiʌ̃⁴⁴.]"石埭"是河流中的巨石。它是不会给船让行的。只有船绕过石埭才行。喻指遇事不能硬干。想法绕行也是可以达到目的的。（埭《唐韵》徒耐切。地名在池州东南《寰宇记》贵池之源有两石横亘溪上如"埭"。当地通常把"埭"写作"塔"。）

517.石灰药鱼——不死不活。[çi²²xuɛ³¹iɔ²²ny⁴⁴——puʔ²¹sʅ³⁵puʔ²¹ua²².]由于用石灰药鱼的效力不强。所以被药的鱼呈现出不死不活的状态。以此用来比喻干活时有气无力的样子。

518. 香炉灰一捧——无人传代了。[çia³¹lu⁴⁴xuɛ³¹iʔ²¹pʰʌ̃³⁵——u⁴⁴iʌ̃⁴⁴tçʰye⁴⁴tʰɛ²²lɔ².]"捧"倒掉的意思。把香炉灰一倒。借指那个人家只有一个男孩子（男孩子可以接枝传代）。如今一病不治死了。"香炉灰一捧"，无人接枝传代了，无人祭拜祖先了。

519.香炉脚[çia³¹lu⁴⁴tçia²¹]香炉总是三只脚。借用唱京剧常用的术语。所唱的戏曲，不是一句上腔，一句下腔，形成了上下句不分的情况，就说此人唱戏"香炉脚"。

520.伤阴骘[çia³¹iʌ̃³¹tçi²¹]当地老人（多为妇女）看到别人肢体上遭受到

惨重的创伤或听到别人的悲惨遭遇时，常常会同情地说"伤阴骘！"认为他前世做了缺德的事，故遭报应。它与佛教用语"造孽"（作孽）近义。

521. 社前不出头，社后喂黄牛。[ɕia³⁵tsʰe⁴⁴puʔ²²¹tɕy²²¹tʰiu⁴⁴, ɕia³⁵xiu²²ue³²⁴o⁴⁴niu⁴⁴.]"社"指春分、秋分叫社。秋分前农作物不出穗是无收的了，只能喂牛了。

522. 上堂教囝下堂乖——一举两得。[ɕia³⁵tʰa⁴⁴kɔ³¹ny³⁵xa³⁵tʰa⁴⁴kua³¹——iʔ²²¹tɕy³⁵lia³⁵teʔ²²¹.]"堂"即堂前（堂屋）。在堂屋里教育了囝（孩子），也影响到了下堂的人，一举两得。

523. 上台一炉火，下台一炉灰——有始有终。[ɕia³⁵tʰɛ⁴⁴iʔ²²¹lu⁴⁴xo³⁵, xa³⁵tʰɛ⁴⁴iʔ²²¹lu⁴⁴xuɛ³¹——iu³⁵sɿ³⁵iu³⁵tsᴀ̃³¹.]比喻做事情要有始有终，有头有尾。有始无终，虎头蛇尾都是不可取的。

524. 上了强盗的船，就帮强盗摇橹——没有立场。[ɕia³⁵lɔʔ²tɕʰia⁴⁴tʰɔ²²tɕʰye⁴⁴, tsʰiu²²pɔ³¹tɕʰia⁴⁴tʰɔ²²iɔ⁴⁴lu³⁵——m̩²²iu³⁵li²²tɕʰia³⁵.]身在秦卫秦，身在楚卫楚。是一个没有立场的家伙。

525. 上桌一捧[ɕia³⁵tsɔʔ²²¹iʔ²²¹pʰᴀ̃³⁵]"捧"是倾倒的意思。旧社会邀客上席喝酒，女客大多难请。一下子到不齐。可是一到齐了，她们吃起东西来狼吞虎咽，就像是一倒似的，一下子就吃光了。

526. 上无心事，下无忧愁。[ɕia³⁵m̩⁴⁴siᴀ̃³¹sɿ²², xa³⁵m̩⁴⁴iu³¹tsʰiu⁴⁴.]不论家里发生了什么事，即使天塌下来了，他也不管。专指那些醉生梦死，毫无奋斗目标和从不知忧愁的人。

527. 烧热灶不烧冷灶——势利眼。[ɕiɔ³¹ne²²tsɔ³²⁴puʔ²¹ɕiɔ³¹lɛ³⁵tsɔ³²⁴——ɕi³²⁴li²²ŋe³⁵.]指烧窑灶的人，趁热灶再烧第二窑，既省时省力又省本。烧冷灶多费力，很多人不愿意这样干。转义为势利小人对于"马上"的人都是奉承拍马（烧热灶），对于"马下"的人却是冷淡、鄙视（冷灶）。

528. 烧脚挺骨[ɕiɔ³¹tɕia²²¹tʰiᴀ̃⁴⁴kuʔ²²¹]家中没有柴火举炊了，再要烧只好烧脚挺骨。"脚挺骨"是膝下到脚踝一段的小腿骨。这是当地家庭主妇常说的一句地地道道的方言土语。

529. 馊茶医百病。[ɕiu³¹tsʰa⁴⁴i³¹pɛʔ²¹pʰiᴀ̃²².]意思是喝馊了的茶水，可以医

治很多的疾病。（注：这种说法不够科学。）

530. 手长衫袖短——力不从心。[ɕiu³⁵tɕʰia⁴⁴sɛ³¹tsʰiu²²to³⁵——li²²puʔ²¹tsʰʌ̃⁴⁴siʌ̃³¹.]寓意是心有余而力不足。实在是力不从心。

531. 手掌是肉，手心也是肉。[ɕiu³⁵tɕia³⁵ɕi³⁵niu²², ɕiu³⁵siʌ̃³¹ie³⁵ɕi³⁵niu²².]不偏爱任何一方。

532. 手指甲长——好捞油水。[ɕiu³⁵tsŋ³⁵kaʔ²¹tɕʰia⁴⁴——xɔ³⁵lɔ³¹iu⁴⁴ɕye³⁵.]手指甲长，便于为自己搔痒。借指自私自利者，为自己捞取好处。

533. 寿头寿脑[ɕiu²²tʰiu⁴⁴ɕiu²²lɔ³⁵]形容既老实又迂腐的人。

534. 身上匹呀匹，家里无柴米。[ɕiʌ̃³¹ɕia²pʰiʔ²¹ia²pʰiʔ²¹, ka³¹li²m̩⁴⁴sa⁴⁴mi³⁵.]“匹呀匹”是穿绫罗绸缎的意思。讲的是只顾表面穿着排场，不顾家中缺柴缺粮。

535. 身上无衣狗要欺，肚里无食人不知。[ɕiʌ̃³¹ɕia²u⁴⁴i³¹kiu³⁵iɔ³²⁴tɕʰi³¹, tu³⁵li²u⁴⁴ɕi²²iʌ̃⁴⁴puʔ²¹tɕi³¹.]狗的本性是见到身穿破烂衣服的人就要吠，但是饿肚子的人是不一定能让人看得出的。

536. 身上洗[ɕiʌ̃³¹ɕia²si³⁵]指妇女的月经期。即月经来了。本县深渡话还说“客人来”。

537. 深山僻坞里念书，不如十字街头听打讲。[ɕiʌ̃³¹sɛ³¹pʰiʔ²¹u³⁵li²neʔ²²ɕy³¹, puʔ²¹y⁴⁴ɕi²²tsʰŋ²²kɛ³¹tʰiu⁴⁴tʰiʌ̃³¹ta³⁵ka³⁵.]深山坞里念书虽是罕见少闻的，但肯定是读死书，死读书，脱离现实的；在十字街头听群众的呼声、讲说，辩论都是经过实践的经验之谈。听来的要比读死书得来的知识更有用。

538. 神仙法，鬼画佛——棋逢对手。[ɕiʌ̃⁴⁴sɛ³¹faʔ²¹, kue³⁵xua²²fu²²——tɕʰi⁴⁴fʌ̃⁴⁴te³²⁴ɕiu³⁵.]神仙有法，鬼会画符，足以相互对抗。神仙法虽然可怕，画符的力量也很强。比喻棋逢对手。

539. 虚空八只脚。[ɕy³¹kʰuʌ̃³¹paʔ²¹tɕiʔ²¹tɕia²¹.]意思是无中生有，胡说八道。

540. 虚空跟斗[ɕy³¹kʰuʌ̃³¹kʌ̃³¹tiu³⁵]比喻办事不踏实，无根蒂。

541. 水过地皮湿，经手三分肥。[ɕy³⁵kɔ³²⁴tʰi²²pʰi⁴⁴ɕiʔ²¹, tɕiʌ̃³¹ɕiu³⁵sɛ³¹fʌ̃³¹fe⁴⁴.]都是获得好处，捞取油水的机会。

542.水豆腐垫脚。[ɕy³⁵tʰiu²²fu³⁵tʰe²²tɕia⁷²¹.]无济于事！另外水豆腐太软，站在上面不稳当，太危险！

543.水牛不刁人，相貌难看。[ɕy³⁵niu⁴⁴pu⁷²¹tiɔ³¹iɣ̃⁴⁴,sia³²⁴mɔ²²nɛ⁴⁴kʰɛ³²⁴.]横角水牛，虽不用角伤害人，但就相貌来看，已是相当丑恶，相当凶狠的。比喻：长相难看，态度也不太好的人。

544. 水鬼骗上岸——骗术高明。 [ɕy³⁵kue³⁵pʰe³²⁴ɕia³⁵ŋɛ²²——pʰe³²⁴ɕy⁷²¹kɔ³¹miɣ̃⁴⁴.]讽刺会说假话的人。这种人说起假话来，确实有一套本领，能让听话人相信他说的都是"实话"，甚至能把水鬼都骗上了岸。

545. 水笕奶奶——不会过日子的主妇。 [ɕy³⁵tɕie³⁵nɛ³¹nɛ²——pu⁷²¹xuɛ²²kɔ³²⁴ni²²tsʅ³⁵ti⁷²¹tɕy³⁵fu²².]"水笕"是由房檐直通下水道的流雨水的竹管。有多少雨水都会很快流光。这里是指那些用钱无计划，不会量入为出节俭过日子的家庭主妇。

546. 水菜先开花——未公开先暴露。 [ɕy³⁵tsʰɛ³²⁴se³¹kʰɛ³¹xua³¹——ue²²kuɣ̃³¹kʰɛ³¹se³¹pʰɔ³²⁴lu²².]交情还没有公开，他就乱讲，先暴露。好比"水菜先开花"一样。

547. 血裤罩了眼睛——看不清真相。 [ɕye⁷²¹kʰu³²⁴tsɔ³²⁴lɔ²ŋɛ³⁵tsiɣ̃³¹——kʰɛ³²⁴pu⁷²¹tsʰiɣ̃³¹tɕiɣ̃³¹sia³²⁴.]骂人看不清事物真相，冒昧作结论。

548.雪梨斑[ɕye⁷²¹li⁴⁴pɛ³¹]雀斑。当地出产的一种大白梨，是极佳的水果，唯一的特点是白色的梨皮上布满了橙黄色的小斑点，犹如人脸上的雀斑。当地话把人面部的雀斑也叫作"雪梨斑"。

549.雪打菜花球，有籽都没油。[ɕye⁷²¹ta³⁵tsʰɛ³²⁴xua³¹tɕʰiu⁴⁴,iu³⁵tsʅ³⁵tʰu³¹m̩²²iu⁴⁴.]菜籽刚结荚时被春雪压后虽然有籽，但出油量就少了。

[ts]550—579

550.芝麻绿豆胆——胆小鬼。[tsʅ³¹ma⁴⁴lu²²tʰiu²²tɛ³⁵——tɛ³⁵siɔ³⁵kue³⁵.]胆小如芝麻、绿豆一样。比喻此人是个胆小鬼。

551.龇牙靶齿[tsʅ³¹ŋa⁴⁴pa³¹tɕʰi³⁵]牙齿外露，貌丑。

552.祭孤——祭拜野鬼。[tsʅ³²⁴ku³¹——tsʅ³²⁴pa³²⁴ia³⁵kue³⁵.]原来是祭拜孤

魂野鬼，后来转用为咒骂吃东西太多的人，也叫"祭孤"，都带有贬义色彩。

553.栽粟栽到七月半，一篮只收一篮半；载粟栽到八月一，一人栽的一人吃。[tsɛ³¹su²²¹tsɛ³¹tɔ³²⁴tsʰi²²¹ue²²pɔ³²⁴, i²²¹lɛ⁴⁴tɕi²²¹ɕiu³¹i²²¹lɛ⁴⁴pɔ³²⁴; tsɛ³¹su²²¹tsɔ³¹tɔ³²⁴pa²²¹ue²²i²²¹, i²²¹iʌ̃⁴⁴tsɛ³¹ti²²¹i²²¹iʌ̃⁴⁴tɕʰi²²¹.]意思是农作物必须按时令栽种，否则会影响收成的。

554.尖刀杪上舔血——危险！[tsɛ³¹tɔ ³¹miɔ³⁵ɕia³⁵tʰe³⁵ɕye²²¹ ——ue⁴⁴ɕie³⁵.]用舌头在尖刀杪上舔血吃，是多么危险的事。比喻在最危险的状况下捞油水。与"火中取栗"近义。

555.尖头把戏 [tsɛ³¹tʰiu⁴⁴pa³⁵ɕi³²⁴]与鬼头鬼脑、贼头贼脑同义。

556.剪点元宝边——分点好处。[tsɛ³⁵te³⁵ue⁴⁴pɔ³⁵pe³¹——fʌ̃³¹te³⁵xɔ³⁵tɕʰy³²⁴]意思是分点好处。例如：你得了大利益，我沾点光。你得了大元宝，我剪点元宝边。

557.贱坯骆驼[tsɛ³²⁴pʰe³¹lɔ²²tʰo⁴⁴]形容用死力气为别人干活的人。含有"何苦来"的意思。

558.接回喜[tsɛ²²¹xuɛ⁴⁴ɕi³⁵]结了婚，把女的或者男的，接来家中小住几天谓之接回喜。

559.接三朝[tsɛ²²¹sɛ³¹tɕiɔ³¹]神佛开光（重新油漆）三天后，接受民众烧香、烧纸跪拜。

560.枣肉不离核——不干脆利落。[tsɔ³⁵niu²²pu²²¹li⁴⁴u⁴⁴——pu²²¹kɛ³¹tɕʰy³²⁴li²²lɔ²².]枣核子还沾连着枣肉，不干脆，不利落。比喻说话的人吞吞吐吐，不直爽利落。

561.枣（早）枣（早）得子。[tsɔ³⁵tsɔ³⁵te²²¹tʂ̩³⁵.]吉利用语。敬送枣子给新婚夫妇吃。祝福他俩早早得子。

562.早雨宴晴[tsɔ³⁵y³⁵ŋɛ³²⁴tsʰiʌ̃⁴⁴]早上下雨到了晚上就会晴天的。

563.钻地狱[tsɔ³¹tʰi²²niu²²]咒骂人要死，要钻地狱。

564.妆头盖脸[tsɔ³¹tʰiu⁴⁴kɛ³²⁴le³⁵]把自己装扮起来，让别人认不出。喻义为乔装打扮，用以欺骗人。

565.装假脚[tso³¹ka³⁵tɕia²²¹]指大脚人，化装为小脚人。如舞台演员原是男性角，化装成了假小脚，扮演成女子，即大妆小。转义指假装无能为力。如：在劝酒时说：你本来酒量很大，何必要"装假脚"。

566.走麦城[tso³⁵ma²²tɕʰiʌ̃⁴⁴]麦城是关羽吃败仗的地方。比喻义是事情失败，一蹶不振。

567. 做姜姜不辣，做醋醋不酸——废料。[tso³²⁴tɕia³¹tɕia³¹pu²²¹la²²,tso³²⁴tsʰu³²⁴tsʰu³²⁴pu²²¹so³¹——fe³²⁴liɔ²².]没有用的东西。

568.做人家[tso³²⁴iʌ̃⁴⁴ka³¹]赞扬妇女很会节约过日子。

569.捉猪补狗[tsɔ²²¹tɕy³¹pu³⁵kiu³⁵]损失了一只狗，就捉一只猪来补偿。意思是这笔生意折了，指望做另外一笔生意把它赚回来。

570.捉猪下筐[tsɔ²²¹tɕy³¹xa³⁵kʰa³¹]强迫他人去做难为之事，与"强人所难"同义。

571. 祖宗不曾祭——不孝子孙。[tsu³⁵tsʌ̃³¹pu²²¹tsʰʌ̃⁴⁴tsi³²⁴——pu²²¹xɔ³²⁴tsɿ³⁵sʌ̃³¹.]对这些人可以骂他祖宗不曾祭，也可以说他"祖宗不曾积阴德。"

572.祖宗号丧[tsu³⁵tsʌ̃³¹xɔ¹sa³²⁴]你做了这么多有辱祖宗的坏事，你的祖宗都会为你感到羞辱而号啕哭泣的。

573.舂米鬼[tsʌ̃³¹mi³⁵kue³⁵]"舂"方言读"中"，见于《集韵》诸容切，《韵会》职容切：音钟。方言把那些精神不佳，好打瞌睡的人蔑称为"舂米鬼"。描述那些老人脱瞌睡的状态为舂米额额[tsʌ̃³¹mi³⁵ŋɛ²³¹ŋɛ²³¹]。

574.舂米老虎[tsʌ̃³¹mi³⁵lɔ³⁵xu³⁵]"舂"方言读"中"。"舂米"本是将稻子放入石臼里去皮壳。这里用打瞌睡的老虎，比喻某人表面上和逊、老实，骨子里却像老虎一样非常凶狠、厉害。

575.舂困不能当死。[tsʌ̃³¹kʰuʌ̃³²⁴pu²²¹nʌ̃⁴⁴ta³¹sɿ³⁵.]舂困就是打瞌睡。这话是说：睡是睡，死是死，不容混淆；装死不吭声，责任还在，还是要你担负。

576.钟不敲不响，鼓不打不鸣。[tsʌ̃³¹pu²²¹kʰɔ³¹pu²²¹ɕia³²⁴,ku³⁵pu²²¹ta³⁵pu²²¹miʌ̃⁴⁴.]满腹冤屈不说出来，人家是不知晓的。

577. 钟馗开店——鬼不上门。[tsʌ̃³¹kʰuɛ⁴⁴kʰɛ³¹te³²⁴——kue³⁵puʔ²¹ɕia³⁵mʌ̃⁴⁴.]传说"钟馗"是专门捉鬼的神。

578. 精公——不吃亏的人。[tsiʌ̃³¹kuʌ̃³¹——puʔ²¹tɕʰiʔ²¹kʰue³¹ti²niʌ̃⁴⁴.]指称会精于算计，从来自己不吃亏的人。

579. 积钱界儿孙，不如积德界子孙。[tsiʔ²¹tsʰe⁴⁴pɛ³¹ɛ⁴⁴sʌ̃³¹,puʔ²¹y⁴⁴tsiʔ²¹teʔ²¹pɛ³¹tsŋ³⁵sʌ̃³¹.]

[tsʰ]580—633

580. 自家的脚仁都是香的。[tsʰŋ²²ka³¹ti²tɕia²²¹iʌ̃⁴⁴tu³¹ɕi²²ɕia³¹ti².]自己擦脚趾间的污垢，还要用鼻子闻闻。别人看了说臭，他自己说香。民谚云：文章自己的好。酒饭别人家的好，脚仁自己的香。

581. 自筛自饮[tsʰŋ²²sa³¹tsʰŋ²²iʌ̃³⁵]本义是自己筛（斟）酒自己喝。转义为妇女嚎啕大哭，没有人去劝止她，到后来只好自己歇了，不再哭了。别人讽刺她"自筛自饮"。

582. 七月七摘水渍，七月七摘柿吃。[tsʰiʔ²¹ue²²tsʰiʔ²¹tsɛʔ²¹ɕy³⁵tsŋ³²⁴,tsʰiʔ²¹ue²²tsʰiʔ²¹tsɛʔ²¹sŋ³⁵tɕʰiʔ²¹.]摘枣子和柿子吃。

583. 七月分葱，八月蒜，七月冬科，八月菠。[tsʰiʔ²¹ue²²fʌ³¹tsʰʌ̃³¹,paʔ²¹ue²²so³²⁴,tsʰiʔ²¹ue²²tʌ̃³¹kʰo³¹,paʔ²¹ue²²po³¹.]方言里"分"是栽种的意思，这里说的是在不同的月份要栽种不同的蔬菜。

584. 七月秋风起，八月一朝寒，十月无霜地也寒。[tsʰiʔ²¹ue²²tsʰiu³¹fʌ³¹tɕʰi³⁵,paʔ²¹ue²²iʔ²¹tɕiɔ³¹xɛ⁴⁴,ɕi²²ue²²u⁴⁴so³¹tʰi²²ie³⁵xɛ⁴⁴.]

585. 七呆八顿[tsʰiʔ²¹tɛ³¹paʔ²¹tʌ̃³²⁴]当地说法，从七岁到八岁的孩子，多数是呆笨、迟钝的。

586. 七个三八个四。[tsʰiʔ²¹ko³²⁴sɛ³¹paʔ²¹ko³²⁴sŋ³²⁴.]形容此人糊涂，没有主见；说话颠三倒四，语无伦次。

587. 七七做，八八敲——消极怠工。[tsʰiʔ²¹tsʰiʔ²¹tso³²⁴,paʔ²¹paʔ²¹kʰɔ³¹——siɔ³¹tɕʰiʔ²¹tʰɛ²²kuʌ̃³¹.]做事磨蹭，消极怠工。

588. 七死八遭瘟——整人狠毒。[tsʰiʔ²¹sŋ³⁵paʔ²¹tsɔ³¹uʌ̃³¹——tɕiʌ̃³⁵iʌ̃⁴⁴xʌ̃³⁵

tʰu²².]把人整治到了极为狼狈的地步。

589.七搞八搞[tsʰi²²¹kɔ³⁵pa²²¹kɔ³⁵]随随便便地，不太经意地和不大费力地做事。

590.七七八八[tsʰi²²¹tsʰi²²¹pa²²¹pa²²¹]形容东西或事情多而零乱。

591.喊喊弄弄[tsʰi²²¹tsʰi²²¹lʌ̃²²lʌ̃²²]描述行为不光明磊落，动作偷偷摸摸。

592.漆乌八黑[tsʰi²²¹u³¹pa²²¹xe²²¹]形容很黑、很暗。也有说成"乌漆麻黑"的。

593. 粗针搭麻线——绣不出好花。[tsʰu³¹tɕiʌ̃³¹ta²²¹ma⁴⁴se³²⁴——siu³²⁴pu²²¹tɕʰy²²¹xɔ³⁵xua³¹.]粗针配粗麻线，绣不出好花样来。比喻此人粗心，粗枝大叶，不会做出好成绩的。

594.促掐鬼[tsʰu²²¹kʰa²²¹kue³⁵]指称好作弄人，好拿别人开玩笑使别人为难的人。

595. 苍蝇顶栗壳——头小帽子大。[tsʰaʔ³¹iʌ̃³¹tiʌ̃³⁵liʔ²²kʰɔ²²¹——tʰiu⁴⁴siɔ³⁵mɔ²²tsʔtʰo²².]形容某人头小戴大帽子，太不合适了。

596.苍蝇摒尿——无济于事。[tsʰaʔ³¹iʌ̃²tʰa²²si³¹——u⁴⁴tɕi³²⁴y⁴⁴sʔ²².]苍蝇撒出的尿是很细微的。当地话常用此比喻天干旱的时候，下了几滴小雨，说是苍蝇摒尿，无济于事。

597.扠鸡过渡——做贼心虚。[tsʰa³¹tɕi³¹ko³²⁴tʰu²²——tso³²⁴tsʰe²²siʌ̃³¹ɕy³¹.]"扠"是（捉、抓）偷盗的意思。比喻此人做了坏事沉不住气，表现出惊慌失措的样子。与"做贼心虚"近义。

598.扠鸡剪篓——偷偷摸摸。[tsʰa³¹tɕi³¹tse³⁵liu³⁵——tʰiu³¹tʰiu³¹mɔ³¹mɔ³¹.]意思是偷别人的鸡，掏别人口袋儿。指小偷小摸行为。

599.扠柴进圲[tsʰa³¹sa⁴⁴tsiʌ̃³²⁴u³⁵]"圲"是山圲（又写作"坞"），是山坳的意思。把柴火扠进山里去。比喻吃菜太多的人，搛了许多菜往嘴里塞，好像扠柴进山圲一般。

600.摒屎摒到尔家锅里，抹灰抹到尔家碗里——挑衅闹事。[tsʰa³¹ɕi³⁵tsʰa³¹tɔ³²⁴ŋ³⁵ka³¹kɔ³¹li²,ma²²xuɛ³¹ma²²tɔ³²⁴ŋ³⁵ka³¹ue³⁵li²——tʰiɔ³⁵ɕiʌ̃³²⁴lɔ²²sʔ²².]这都是挑衅、侵害别人的极其恶劣的行为。必然会遭受被害人的愤怒还击的。

"摚"，《唐韵》仕怀切；《集韵》崇怀切，倒损也。又《五音集韵》仕怀切，拉也。

601.插拐骑驴挡板壁——怕死鬼。[tsʰaʔ²²¹kua³⁵tɕʰi⁴⁴ly⁴⁴ta³⁵pe³⁵pi²²¹——pʰa³²⁴sŋ³⁵kue³⁵.]拄着拐棍骑在驴背上，还是用手扶着板壁（墙壁）。真是个怕死鬼，做事没勇气。

602.莱头——寻衅找茬的人。[tsʰɛ⁴⁴tʰiu⁴⁴——tsʰiʎ⁴⁴ɕiʎ³²⁴tsɔ³⁵tsʰa³²⁴ti² iʎ⁴⁴.]"莱"是指针状物，如"鱼刺"叫鱼莱。莱头是骂那些寻衅斗殴的人。与普通话的"刺儿头"同义。"莱"，《玉篇》楚革切，音册；又《集韵》七易切，同莿，草芒。

603.菜篮扩水——一场空。[tsʰɛ³²⁴lɛ⁴⁴kʰue³⁵ɕy³⁵——iʔ²¹tɕʰia⁴⁴kʰuʎ³¹.]"扩水"即提水。菜篮扩水，有两种意思：①白费力气。②用来诅咒人。例如："有朝一日，你家火烧房子了，我用菜篮扩水来救火。"

604.菜里虫菜里死。[tsʰɛ³²⁴li²tsʰʎ⁴⁴tsʰɛ³²⁴li²sŋ³⁵.]吃菜幼虫，结果还是死在菜里。例如会泅水的人，有的还会死在水里。此外，还有"酱里虫酱里死"的说法。说明一个人一生都没有什么变化。

605.在谱不在谱。[tsʰɛ²²pʰu³⁵pu²²¹tsʰɛ²²pʰu³⁵.]这是谈问题或谈价值、行情时，双方的观点、意见接近不接近的代用语。例如，"在谱"即意见接近；"不在谱"即意见距离相差很大。

606.在家千日好，出门一时难。[tsʰɛ²²ka³¹tsʰe³¹ni²²xɔ³⁵,tɕʰy²²¹mʎ⁴⁴iʔ²¹sŋ⁴⁴lɛ⁴⁴.]平时在家里生活工作，好像无所谓，一旦出门到外地就会碰到很多困难。

607.拆墙见底[tsʰɛʔ²²¹tɕʰia⁴⁴tɕie³²⁴ti³⁵]把墙拆掉，便可见到基础。比喻剥去伪装，就会暴露原形。

608.拆穿西洋镜。[tsʰɛʔ²²¹tɕʰye³¹si³¹ia⁴⁴tɕiʎ³²⁴.]西洋镜是用幻灯放大镜做的一种玩具。初看起来很神秘奥妙，可是一经知道了它的原理，把它拆穿，也就无所称奇了。

609.千刀吃肉，一刀还钱——总算账。[tsʰe³¹to³¹tɕʰiʔ²²¹niu²²,iʔ²¹to³¹uɛ⁴⁴tsʰe⁴⁴——tsʎ³⁵so³²⁴tɕia³²⁴.]平时买肉不算账，不给钱，到后来才一笔总算。比喻平时人与人之间的矛盾不处理不解决，到了问题多了非要解决不可的时候，才来个总清算。

610.千年难遇中秋社，百年难遇一朝春。[tsʰe³¹ne⁴⁴lɛ⁴⁴ny²²tsʌ̃³¹tɕʰiu³¹ɕia²²，pɛ²²¹ne⁴⁴ny²²i²²¹tɕio³¹tɕʰyʌ̃³¹.]"社"是秋分，"一朝春"是初一逢春。比喻很难遇到的事情或情况。

611.千里不带柴，万里不带水。[tsʰe³¹li³⁵puʔ²¹ta³²⁴sa⁴⁴，uɛ²²li³⁵puʔ²¹tɛ³²⁴ɕy³⁵.]意思是不可能这样做，或另有其他解决办法。

612.千日箉柴一餐腊八粥——不划算。[tsʰe³¹ni²²pʰa⁴⁴sa⁴⁴i²²¹tsʰɛ³¹la²²paʔ²¹tsuʔ²¹——puʔ²¹xua⁴⁴so³²⁴.]每逢农历腊月初八，很多人家都要煮"腊八粥"，欢度这个传统的"腊八"节日。煮"腊八粥"要费很多柴火和时间。多日辛勤捡来的柴火，一餐"腊八粥"就烧光了。比喻千日之功废于一旦，真不划算！

613.千颗天星抵不过一个月亮。[tsʰe³¹kʰo³¹tʰe³¹siʌ̃³¹ti³⁵puʔ²¹ko³²⁴i²²¹ko³²⁴ue²²lia²².]星星儿再多，总抵不过月亮的光明。借指女孩子再多，总抵不过一个男孩子。这是旧社会重男轻女的观点。

614.牵丝挂藤[tsʰe³¹sʅ³¹kua³²⁴tʰiʌ̃⁴⁴]本义为物品牵连挂缠的状况。转义为事情关联复杂，办起来很不顺利。

615.前人栽树，后人躲荫。[tsʰe⁴⁴iʌ̃⁴⁴tsɛ³²⁴ɕy²²，xiu²²iʌ̃⁴⁴to³⁵iʌ̃³¹.]前一辈人搞生产建设，总是为后一辈人造福。此乃以栽树躲荫作比喻。

616.前世一结[tsʰe⁴⁴ɕi³²⁴i²²¹tɕie²²¹]冤家相遇，要拼个你死我活。

617.贼走再关门——马后炮。[tsʰe²²tso³⁵tsɛ³²⁴kuɛ³¹mʌ̃⁴⁴——ma³⁵xiu²²pʰɔ³²⁴.]晚了，纯粹是马后炮。

618.草鞋不打脚，脚打起草鞋。[tsʰɔ³⁵xɛ⁴⁴puʔ²¹ta³⁵tɕia²²¹，tɕia²²¹ta³⁵tɕʰi³⁵tsʰɔ³⁵xɛ⁴⁴.]比喻我没找你算账，你却来找我麻烦。

619.炒冷饭[tsʰɔ³⁵lɛ³⁵fɛ²²]原来是把没有吃完的剩饭，炒热了再吃。比喻对某事讲了再讲，说了又说，令人生厌。

620.吵死打架[tsʰɔ³⁵sʅ³⁵ta³⁵ka³²⁴]相互吵骂打架。

621.诮驳鬼[tsʰiɔ³⁵pɔ²²¹kue³⁵]指称言谈诙谐风趣，喜欢开别人玩笑的人。

622.噍蛆——瞎说。[tsʰiɔ²²tɕʰy³¹——xaʔ²¹ɕye²¹.]骂人随便乱说乱讲。

623.噍舌头，烂舌根。[tsʰiɔ²²tɕʰie²²tʰou⁴⁴，lɛ²²tɕʰie²²kʌ̃³¹.]骂人胡说八道。

意思是，你瞎说，嚼你自己的舌头，烂掉你自己的舌根。

624. 坐倒懒陷起，困倒懒盖被——懒得要命！ [tsʰo³⁵tɔ³⁵lɛ³⁵kʰɛ³⁵tɕʰi³⁵，kʰuʌ³²⁴tɔ³⁵lɛ³⁵kɛ³²⁴pi³⁵——lɛ³⁵ti²²¹iɔ³²⁴miʌ̃³²⁴！]

625. 戳拐骑驴——笃笃稳。[tsʰoʔ²¹kuɛ³⁵tɕʰi⁴⁴ly⁴⁴——tu²²¹tu²²¹uʌ̃³⁵.]笃笃稳即非常稳当。

626. 瓷器棺材——滴水不漏。[tsʰʅ⁴⁴tɕʰi³²⁴kuɛ³¹tsʰɛ⁴⁴——ti²²¹ɕy³⁵pu²²¹liu²².]用瓷器棺材装水是滴水不漏的。比喻此人非常小气吝啬。

627. 村头姑[tsʰʌ̃³¹tʰiu⁴⁴ku³¹]指称已经成年但未结婚的姑娘。

628. 青头郎[tsʰiʌ̃³¹tʰiu⁴⁴la⁴⁴]指称未婚男青年。

629. 清水滚咚[tsʰiʌ̃³¹ɕy³⁵kuʌ̃³⁵tʌ̃³¹]形容吃的饭菜非常稀薄。

630. 清水澈螺蛳——清淡无味。 [tsʰiʌ̃³¹ɕy³⁵tɕʰie²²¹lo⁴⁴sʅ³¹——tsʰiʌ̃³¹tʰɛ²²u⁴⁴ue²².]做菜清清淡淡，毫无滋味。不对口味，不好吃。

631. 清明前后雨纷纷，蓑衣箬笠不离身。[tsʰiʌ̃³¹miʌ̃⁴⁴tsʰe⁴⁴xiu²²ɕy³⁵fʌ̃³¹fʌ̃³¹，so³¹i³¹nio²²li²²pu²²¹li⁴⁴ɕiʌ̃³¹.]

632. 晴天走雨路——泥泞难行。[tsʰiʌ̃⁴⁴tʰe³¹tso³⁵ɕy³⁵lu²²——ni³⁵niʌ̃²²lɛ⁴⁴ɕiʌ̃⁴⁴.]指大雪之后，已开始融化了。头上顶着太阳，脚下踏着泥泞之路。实在不好走！

633. 请三朝[tsʰiʌ̃³⁵sɛ³¹tɕiɔ³¹]这是一种礼仪。在生孩子的第三天，除了要祭拜祖宗、神佛，还要宴请宾客。

[s]634—668

634. 死肉干——既无味又无用。[sʅ³⁵niu²²kɛ³¹——tɕi³²⁴u⁴⁴ue²²iu²²u⁴⁴yʌ̃²².]一块肉虽然已经烧干了，但是没有滋味。形容那种问他无言，再问不语的没什么用的人。

635. 死人旁边有活鬼。[sʅ³⁵iʌ̃⁴⁴pʰo⁴⁴pe³¹iu³⁵xua²²kuɛ³⁵.]不要认为已死的人好讲话，要怎样就怎样。须知死人旁边还有活人，他会替死人说话的。意思是不要欺负无本领的老实人，自然会有本领大的人替他讲话的。

636. 四月八雨绵绵，高山顶上好种田。 [sʅ³²⁴ue²²pa²²¹y³⁵me⁴⁴me⁴⁴，kɔ³¹sɛ³¹tiʌ̃³⁵ɕia³⁵xɔ³⁵tsʌ̃³²⁴tʰe⁴⁴.]

637.惜儿不如惜粮。[si²²¹ŋ̩⁴⁴pu²²¹y⁴⁴si²²¹lia⁴⁴.]"儿"读ŋ̩⁴⁴。真心疼爱孩子，就不要让他吃得太多。吃多了会给孩子带来很多疾病的。

638.惜衣有衣穿，惜粮有饭吃。[si²²¹i³¹iu³⁵i³¹tɕʰye³¹, si²²¹lia⁴⁴iu³⁵fɛ²²tɕʰi²²¹.]"惜"是爱惜，珍惜的意思。节俭是人们应有的美德。

639.沙箕籣[sa³¹tɕi³¹kʌ̃³⁵]沙箕是竹篾编制的用来挑土的簸箕形工具，此地也用它挖土掩埋死了的婴儿。最后还会随手将它掩盖在土堆上。此话有时也用来咒骂不听话的孩子。"籣"《集韵》感韵，古禫切，盖也。

640.撒籽望天收。[sa³⁵tsɿ³⁵mɔ²²tʰe³¹ɕiu³¹.]把希望寄托于客观或自然，放弃了自己的努力。例如，孩子有病或病久了，医治花了许多钱和时间，老是不见好。大人在悲观情绪下会说：唉！撒籽望天收，随他去吧。

641.杀老子过年。[sa²²¹lɔ³⁵tsɿ²kɔ³²⁴ne⁴⁴.]买主故意狠狠压低价钱，卖者接受不了就会这样说。

642.杀人不知血腥——只顾自己，不管别人。[sa²²¹iʌ̃⁴⁴pu²²¹tɕi³¹ɕye²²¹siʌ̃³¹——tɕi²²¹ku³²⁴tsʰɿ²²tɕi³⁵, pu²²¹kuɛ³⁵pʰe²²iʌ̃⁴⁴.]在做生意的场合，由于买者压价太低，售货人吃亏太多，别人会说："杀人不知血腥"。意思是"只顾自己得利。不顾别人死活。"

643.生太子——艰难。[sɛ³¹tʰa³²⁴tsɿ³⁵——kɛ³¹lɛ⁴⁴.]过去人讥讽妇女临盆难产。

644.生铁死铁乱咬——诬陷人。[sɛ³¹tʰe²²¹sɿ³⁵tʰe²²¹lɔ²²ŋɔ³⁵——u³¹ɕie²²iʌ̃⁴⁴.]比喻那些顽固不化、坚持己见、胡说八道、诬陷别人的家伙。

645.生柴不如湿竹，晚爹不如亲叔。[sɛ³¹sa⁴⁴pu²²¹y⁴⁴ɕi²²¹tsu²²¹, me³⁵te³¹pu²²¹y⁴⁴tsʰiʌ̃³¹su²²¹.]生柴烧不燃，湿竹可以燃烧，所以说生柴不如湿竹。晚爹待非亲生子，不如自己的叔父好。社会上是会出现这种事情的。

646.三百摇——轻骨头。[sɛ³¹pe²²¹iɔ⁴⁴——tɕʰiʌ̃³¹ku²²¹tʰiu⁴⁴.]讽刺那些身上有了些金钱就摇晃起来，向人夸耀。别人会暗地骂他"三百摇"。

647.三分颜料开染房。[sɛ³¹fʌ̃³¹ie⁴⁴liɔ²²kʰɛ³¹ne³⁵fo³¹.]给他一点好颜色（脸色或温和口气等），他就会忘乎所以。例如，摆起架子，看不起别人，甚至欺负人。

648.三代不读书，好比一窠猪。[sɛ³¹tʰɛ²²puʔ²¹tʰu²²ɕy³¹, xɔ³⁵pi³⁵iʔ²¹kʰɔ³¹tɕy³¹.]读书很重要，不读书的人会像猪一样愚蠢。正因为认识到这一点，徽州人有重视子女教育的传统。

649.三天不洗面，赛过吃补点——邋遢鬼。[sɛ³¹tʰe³¹puʔ²¹si³⁵me²², sɛ³²⁴kɔ³²⁴tɕʰiʔ²¹pu³⁵te³⁵——la²²tʰaʔ²¹kue³⁵.]懒人说懒话。不洗脸多么脏，怎么能说赛过吃补品呢？这是讥笑不爱清洁的邋遢鬼。

650.三只蹾把脚——铁哥们儿。[sɛ³¹tɕiʔ²¹tsᴀ̃³¹paʔ³⁵tɕiaʔ²¹——tʰeʔ²¹kɔ³¹mᴀ̃n²².]"蹾把脚"是用三根棍或三根竹竿扎成的晒衣支架。方言用它形容几个人的关系是铁哥儿们儿，不分不离非常紧密。

651.三脚猫——没有真功夫。[sɛ³¹tɕiaʔ²¹mɔ³¹——mu²²iu³⁵tɕiᴀ̃³¹kuᴀ̃³¹fu³¹.]三只脚的猫本身就有残疾，还怎么会有真功夫、大本领呢？所以用它比喻没有真本领，功夫不到家的傢伙。

652.三铳打不出一个屁来。[sɛ³¹tsʰᴀ̃³²⁴ta³⁵puʔ²¹tɕʰyʔ²¹iʔ²¹kɔ³²⁴pʰi³²⁴lᴇ⁴⁴.]"铳"是旧时猎人用的像步枪一样的火器。这是形容那种怎么追问，他也不开腔，不回答话的人。

653.山中茅草成大王——稀罕。[sɛ³¹tsᴀ̃³¹mɔ⁴⁴tsʰɔ³⁵tɕʰiᴀ̃⁴⁴tʰo²²o⁴⁴—ɕi³¹xɛ³⁵.]山中树木都被砍光了，剩下的只有茅草，茅草便成了大王。真是稀罕事！

654.鲜鱼不改腥，胡椒不改辣——本性难移。[sɛ³¹ny⁴⁴puʔ²¹kɛ³⁵siᴀ̃³¹, xu⁴⁴tsiɔ³¹puʔ²¹kɛ³⁵la²²——pᴀ̃³⁵siʌ³²⁴lᴇ⁴⁴i⁴⁴.]鲜鱼总是腥的，胡椒总是辣的，永远也变不了。比喻某些人的个性倔强，坚持错误，不思悔改。

655.先上船，后出岸，先讨老婆白吃饭。[sɛ³¹ɕia³⁵tɕʰye⁴⁴, xiu²²tɕʰy²¹ŋe²², sɛ³¹tʰɔ³⁵lɔ³⁵pʰo⁴⁴pʰɛ²²tɕʰiʔ²¹fe²².]比喻后来的先走，后讨老婆的先生孩子。

656.先落雪，后下霜，一粒麦两人扛。[se³¹lɔ²²ɕye²¹, xiu²²xa³⁵so³¹, iʔ²¹li²¹mᴇ²²lia³⁵iʌ̃⁴⁴kʰa⁴⁴.]指先下雪后下霜的天气，是来年大丰收的预兆。

657.泻肚烂肠瘟——胡说八道。[sɛ³²⁴tu³⁵lᴇ²²tɕʰia⁴⁴uʌ̃³¹——xu⁴⁴ɕye²¹paʔ²¹tʰɔ²².]原来是一种肠道疾病，后来用于诅咒他人闹肚子。后来又用于咒骂那些胡说八道的人。

658.嘲鼻涕不响——无用之人。[sɔ²¹pʰi²²tʰi³²⁴puʔ²¹ɕia³⁵——

u⁴⁴yɑ̃²²tsɹ³¹iɑ̃⁴⁴.]"嘣"即吸吮比喻此人是一个没有能力，没有用处的家伙。

659.小登科——新婚。[siɔ³⁵tɑ̃³¹kʰo³¹——siɑ̃³¹xuɑ̃³¹.]原是指封建科举时代，考中了、考上了。"小登科"也可借指新婚。用于对男人说的机会比较多一些。例如："你要小登科了，我要喝你的喜酒。"

660.小小洞摸大蟹。[siɔ³⁵siɔ³⁵tɑ̃²²mɔ²²tʰo²²xɛ³⁵.]比喻小本生意难赚大钱。

661. 小鸭出大河——不知所措。[siɔ³⁵ŋa²²¹tɕʰy²²¹tʰo²²xo⁴⁴——pu²²¹tɕi³¹so³⁵tsʰo³²⁴.]一向是少见寡闻的人，一旦外出见世面、经风雨，是很慢适应的。比喻像小鸭子到了大河里不知所措一样。多用于讥讽没有见过世面的人。

662. 小怀练贴肉——偏爱最小的子女。[siɔ³⁵xua⁴⁴tɑɣ³¹tʰe²²¹niu²²——pʰe³¹ŋe³²⁴tɕye³²⁴siɔ³⁵ti²⁴tsɹ³⁵ny³⁵.]"小怀练"是妇女常穿的大襟褂子顶里面的衣襟与荷包。这里用来比喻长者疼爱或偏爱最小的子女。

663.酸不涅涅。[so³¹pu²ne²²¹ne²²¹]形容菜肴味酸；比喻讲话时候咬文嚼字装模作样。

664. 算盘底一抽再算——不赚钱。[so³²⁴pʰo⁴⁴ti³⁵i²²¹tɕʰiu³¹tsɛ³²⁴so³²⁴——pu²²¹tsʰɛ³⁵tsʰe⁴⁴.]这是生意中的常用语。出售方对购货方说："这笔生意，我是算盘底一抽再算的，根本没有赚到钱。"说此话是要取得购货方的相信，从而使生意成交。

665.怂块——无用的人。[sɑ̃⁴⁴kʰua³²⁴——u⁴⁴yɑ̃²²ti²²¹iɑ̃⁴⁴.]方言骂词。骂胆小怕事，无能无用的人。

666.新来蒲到[siɑ̃³¹lɛ⁴⁴pʰu³⁵tɔ³²⁴]刚来到不久。例如：新儿媳到婆家不久，就说她是新来蒲到。（与"初来乍到"同义。）

667.心不正，沿壁听——隔墙有耳。[siɑ̃³¹pu²²¹tɕiɑ̃³²⁴, ie⁴⁴pi²²¹tʰiɑ̃³¹——kɛ²²¹tsʰia⁴⁴iu³⁵ɛ³⁵.]自身本来就心地不够光明正大，又怕别人在背后议论自己。他不放心，就沿着墙壁悄悄地偷听。"防隔墙有耳"，正是要警惕这类人。

668.心翻忏忏[siɑ̃³¹fe³¹u³⁵u³⁵]肠胃不适，欲呕吐状。

[ø]669—764

669.二虎相争——必然皆伤。[ɛ²²xu³⁵ɕia³¹tsɛ³¹——pi⁷²¹ie⁴⁴tɕia³¹ɕia³¹.]两只老虎相互争斗，必然会相互受伤。两强相斗，后果必然皆惨！

670.二笼汤，梳子鱼——剩货。[ɛ²²lʌ⁴⁴tʰa³¹, su³¹tsʅ³⁵ny⁴⁴——tɕʰiʌ²²xɔ³²⁴.] "二笼汤"是指别人沏过的茶。喝茶的人走了，冲点开水再让别人喝第二道。"梳子鱼"是指别人吃过的鱼，剩下的鱼骨架子，很像木梳子，所以叫"梳子鱼"。意思是：自己明明吃的喝的都不是好的，而偏偏要抬高身价，炫耀一通。

671.王小二过年——一年不如一年。[o⁴⁴sio³⁵ɛ²²kɔ³²⁴ne⁴⁴ i⁷²¹ne⁴⁴pu⁷⁴⁴y⁴⁴i⁷²¹ne⁴⁴.]在旧社会像王小二一样的劳动人民，生活都是一年不如一年的。

672.衣裳角撞倒人——傲慢、轻狂。[i³¹ɕia⁴⁴kɔ⁷²¹tsʰɔ²²tɔ³⁵iʌ⁴⁴——ŋɔ²²mɛ²²、tɕʰiʌ³¹kʰo⁴⁴.]走路时，趾高气扬，衣裳角都能撞倒人。寓意此人浮华不实，太轻狂。

673.一板一枕——规规矩矩。[i⁷²¹pɛ³⁵i⁷²¹tsʰʅ³²⁴——kue³¹kue³¹tɕy³⁵tɕy³⁵.]木匠师傅装置板壁时，一块板夹一根枕（楣枕），全部一个样子。这里既有千篇一律的意思，也有做事规规矩矩，一点也不马虎的意思。（注：《字汇》枕，七赐切，音次，楣枕。）

674.一百岁不成丁——天意。[i⁷²¹pɛ⁷²¹ɕy³²⁴pu⁷²¹tɕʰiʌ⁴⁴tiʌ³¹——tʰe³¹i³²⁴.]意思①你一辈子也不能飞黄腾达，②在封建社会里女子是不能去祠堂上丁的，就是一百岁也上不了丁。此条与"鱼鳅到老不生鳞"同义。

675.一垱锄头，三穗粟——忠厚老实。[i⁷²¹ta³⁵su⁴⁴tʰiu⁴⁴, sɛ³¹tɕʰy²²su⁷²¹——tsʌ³¹xiu³⁵lɔ³⁵ɕi²².] "垱"是小土坑。意思是人很老实，有一是一，有二是二。

676.一丢算数[i⁷²¹tiu³¹sɔ³²⁴su³²⁴] "算数"是算了。一丢算了，不计较了。

677.一塘鱼遇了一只獭猫。[i⁷²¹tʰa⁴⁴ny²²ny²²liɔ²i⁷²¹tɕi⁷²¹tsʰa⁷²¹mɔ³¹.] "獭猫"即"水獭"，它是吃鱼的。一塘鲜鱼，遇到一只獭猫，就有被吃光的可能。这种说法与"害群之马""一粒老鼠屎坏了一锅羹"意思相近。

678. 一退六二五[i⁷²¹tʰɛ³²⁴lɔ²²ɛ²²u³⁵]原来是珠算上斤求两的口诀。转义为全部、完全。例如：某一件事由我完全负责到底。可以说"一退六二五"由我负责承办。

679. 一年甜一年[i⁷²¹ne⁴⁴tʰe⁴⁴i⁷²¹ne⁴⁴]吉利语。一年比一年甜。用来比喻日子过得一年比一年好。

680. 一日省一口，一年一大斗；一日省一把，一年买只马。[i⁷²¹ni⁴⁴çiʌ̃³⁵i⁷²¹kʰiu³⁵, i⁷²¹ne⁴⁴i⁷²¹tʰɔ²²tiu³⁵; i⁷²¹ni²²çiʌ̃³⁵i⁷²¹pa³⁵, i⁷²¹ne⁴⁴ma³⁵tçi⁷²¹ma³⁵.]说明节约是发家致富的重要条件。

681. 一犁耕到屎[i⁷²¹li⁴⁴kɛ³¹tɔ³²⁴tu⁷²¹]形容性格倔强，不听劝说，一意孤行。屎是臀部的意思。此处引申义为底部、末尾。

682. 一粒老鼠屎，害了一锅羹。[i⁷²¹li²²lɔ³⁵tɕʰy³⁵çi³⁵, xɛ²²liɔ²i⁷²¹kɔ³¹kɛ³¹.]一锅羹被一粒老鼠屎搞得不能吃了，太可惜！比喻一桩好事，让一个人破坏了，太可恨！

683. 一家一计——生活安逸。[i⁷²¹ka³¹i⁷²¹tɕi³²⁴——sɛ³¹xua²²ŋɛ³¹i⁷²¹.]一家住一幢屋，生活安逸。

684. 一篙打到杪。[i⁷²¹kɔ³¹ta³⁵tɔ³²⁴miɔ³⁵.]撑船的，把竹篙一下子打到底，打到篙子的杪上端了。说明顺利，彻底。借指夫妻成双对，要偕同到老，不要中途有变。要"一篙打到杪"才好。

685. 一锅羹——一塌糊涂。[i⁷²¹kɔ³¹kɛ³¹——i⁷²¹tʰa⁷²¹xu⁴⁴tʰu⁴⁴.]借指把事情办得一塌糊涂。

686. 一个菩萨一炉香——平等相待。[i⁷²¹kɔ³²⁴pʰu⁴⁴sa⁷²¹i⁷²¹lu⁴⁴çia³¹——pʰiʌ⁴⁴tʌ̃³⁵sia³¹tɛ³⁵.]各个菩萨前都要烧上香。意思是各享一份好处，不厚此薄彼。

687. 一个寿桃印——同一个模子打的。[i⁷²¹kɔ³²⁴çiu²²tʰɔ⁴⁴iʌ̃³²⁴——tʰʌ̃⁴⁴i⁷²¹kɔ³²⁴mu⁴⁴tsʅ⁴⁴ta³⁵ti⁷²¹.]做米粉粿的寿桃，是用木制雕刻的印子（模子）打模而成的。同一个印子打的，都是同样的寿桃。比喻同一类型。

688. 一鼓咙咚[i⁷²¹ku³⁵luʌ̃⁴⁴tʌ̃³¹]原来是打鼓声。转义为全部、完全。例如：小孩向大人要东西吃，大人给了他，他还要。大人会不耐烦地说：

"一鼓咙咚都在这里，吃了再没有了。"

689.一捆柴[i⁷²¹kʰuʌ̃³⁵saⁿⁿ]把不分粗细干潮的柴火混合地捆在一起出卖。与"打官堆"同义。

690.一纸入公门——九牛拔不出。[i⁷²¹tɕi³⁵y²²kuʌ̃³¹mʌ̃⁴⁴——tɕiu³⁵niu⁴⁴pʰa²²pu⁷²¹tɕʰy⁷²¹.]一张状纸，送到衙门里去，想要抽回来，是不简单的。此话是指旧社会常言："一纸入公门，九牛拔不出。"意思是写公文，写状纸要仔细，不可粗心大意。

691.一句砂糖，一句狗屎——差别太大了。[i⁷²¹tɕy³²⁴sa³¹tʰa⁴⁴,i⁷²¹tɕy³²⁴kiu³⁵ɕi³⁵——tsʰa³¹pʰe²²tʰa³²⁴tʰa²²liɔ².]说了一句表扬的话，马上又给以严厉的批评。比喻失去原则性的表扬与批评，都是不足取的。就如一会儿砂糖（甜的）一会儿狗屎（臭的）一样。

692.一吹三条沟，一喝九条纹——太稀了！[i⁷²¹tɕʰye³¹sɛ³¹tʰiɔ⁴⁴kiu³¹,i⁷²¹xɔ⁷²¹tɕiu³⁵tʰiɔ⁴⁴uʌ̃⁴⁴——tʰa³²⁴ɕi³¹liɔ²!]形容过分稀薄的粥或面羹。

693.杨柳青，夜夜雨。[ia⁴⁴liu³⁵tsʰiʌ̃³¹,ia²²ia²²y³⁵.]柳树发芽的季节正是多雨的时候。

694.羊毛出在羊身上。[ia⁴⁴mɔ⁴⁴tɕʰy⁷²¹tsʰɛ²²ia⁴⁴ɕiʌ̃³¹ɕia².]是谁的任务，谁就要负担起来。东家要你办的事，一切费用当由东家负担。

695.羊吃麦，牛去赶——损失更大。[ia⁴⁴tɕʰi⁷²¹mɛ²²,niu⁴⁴tɕʰi³²⁴kɛ³²⁴——sʌ̃³⁵ɕi⁷²¹kʌ̃³²⁴tʰo²².]羊在地里吃麦苗，要牛去赶它，结果牛羊同在地里吃麦苗。比喻这样做不但无济于事，反而扩大损失。

696.洋油纸捻一时过——短时走红。[ia⁴⁴iu⁴⁴tɕi³²⁴ne²²i⁷²¹sɿ⁴⁴kɔ³²⁴——to³⁵sɿ⁴⁴tso³⁵xuʌ̃⁴⁴.]洋油就是煤油。煤油纸捻点起火来比植物油纸捻亮得多。可是燃烧的时间不长，一会儿就要烧光的。比喻短时间内受欢迎，受重视，只是一时走红。

697.杨梅疮上了脸——让人都晓得了。[ia⁴⁴mɛ⁴⁴tsʰo³¹ɕia³⁵lɔ²le³⁵——nia²²iʌ̃⁴⁴tʰu³¹tɕi³¹tʰɔ²²liɔ².]杨梅疮生到脸上来了。比喻不应该让人晓得的事，现在已经让人晓得了。既然大家都知道了，还怕什么呢？（杨梅疮又叫"梅毒"，性病的一种。）

698.夜来挂钩——无处睡。[ia²²lɛ⁴⁴kua³²⁴kiu³¹——u⁴⁴tɕʰy³²⁴ɕy²².]夜晚无处睡觉，无处安身，只得把鼻子挂在钩子上。

699.夜壶打塌攌——只剩一张臭嘴。[ia²²xu⁴⁴ta³⁵tʰa⁷²¹kʰuɛ⁴⁴——tɕi⁷²¹ɕiʌ̃²²i⁷²¹tɕia³¹tɕʰiu³²⁴tɕy³⁵.]夜壶又叫便壶。"攌"即便壶的把手。

700.夜壶锡——无用之物。[ia²²xu⁴⁴si⁷²¹——u⁴⁴yʌ̃²²tsʅ³¹u²².]夜壶是男子小便用的。大多是锡制的。夜壶锡不能要，有臭味。说明"夜壶锡"是无大用之物。徽州从前有人在外地做"当店"（当铺）生意，一旦歇业回家，啥事也干不来，不会干，别人就讥讽他是"夜壶锡"，没有别的用场。

701.蜒蚰不动自然肥。[ie⁴⁴iu⁴⁴pu⁷²¹tʰʌ̃³⁵tsʅ²²ie⁴⁴fe⁴⁴.]蜒蚰不动照样肥胖。比喻旧社会地主豪绅们，从来不劳动，反而浑身胖得跟猪一样。

702.阎王好见，小鬼难挡。[ie⁴⁴ɔ⁴⁴xɔ³⁵tɕie³²⁴, siɔ³⁵kuɛ³⁵nɛ⁴⁴ta³⁵.]阎王是大鬼，好奉承，小鬼是小头头，不容易对付。又可说成"州官好见，狱卒难挡。"

703.阎王注定八合米，走遍天下不满升。[ie⁴⁴ɔ⁴⁴tɕy³²⁴tʰiʌ̃²²pa⁷²¹ko⁷²¹mi³⁵, tso³⁵pʰe³²⁴tʰe³¹xa³⁵pu⁷²¹mo³⁵ɕiʌ̃³¹.]阎王老爷注定你只有八合米一天。任你跑遍天下，一天内赚不到一升（一升为十合，"合"读ko⁷²¹）米。强调一切事物都是命注定的，有意以神佛论来消沉劳动人民的斗志。

704.燕儿驮泥空费力，养儿毛干各自飞。[ie²²n̩²tʰo⁴⁴ni⁴⁴kʰuʌ̃³¹fe³²⁴li²², ia³⁵ɛ⁴⁴mɔ⁴⁴kɛ³¹kɔ⁷²¹tsʰʅ²²fe³¹.]比喻有些儿女长大成人，成家立业之后，反而不顾自己的父母。真像畜生一样。

705.幺二三——一根辫。[[iɔ³¹ɛ²²sɛ³¹——i⁷²¹kʌ̃³¹pe³²⁴.]赌具骰子的六面都有点花。"幺二三"是最小的点花，因而有人叫"幺二三"为一根辫（贬义）；"四五六"——顺子。[sʅ³²⁴u³⁵lo²²——ɕyʌ̃²²tsʅ².]"四五六"是最大的点花，因而有人叫"顺子"，比喻吉利（褒义）。

706.摇篮的叔叔，插拐的侄子。[iɔ⁴⁴lɔ³⁵ɛʰsu⁷²¹su⁷²¹, tsʰa⁷²¹kua³⁵ɛʰtɕʰi²²tsʅ³⁵.]做长辈的比下辈小。

707.要吃鲜鱼自下水。[iɔ³²⁴tɕʰi⁷²¹se³¹ny⁴⁴tsʰʅ²²xa³⁵ɕy³⁵.]想要的东西，应该靠自己的辛勤劳动才能得到。

708. 要想田里有，畚箕不离手。[iɔ³²⁴sia³⁵tʰe⁴⁴li³⁵iu³⁵, pʌ̃³¹tɕʰi³¹puʔ²¹li⁴⁴ɕiu³⁵.] "畚箕"是积肥的工具。多积肥是多打粮的重要条件。

709. 油干自落[iu⁴⁴kɛ³¹tsʰʅ²²lɔ²²]灯油烧完了，灯花自会落下来。比喻年老者精力自然会衰退，不久于人世了。

710. 油果儿卖酱——脏得很。[iu⁴⁴ko³⁵n̩²ma²²tsia³²⁴——tsa³¹teʔ²¹xʌ̃³⁵.]形容那人一身脏得很，像榨油工人一样。

711. 油煎枇杷核——滑头滑脑。[iu⁴⁴tse³¹pʰi⁴⁴pʰa³¹u⁴⁴——ua²²tʰiu⁴⁴ua²²lɔ³⁵.]比喻人滑头或形容滑头滑脑。

712. 油煎破草鞋。[iu⁴⁴tse³¹pʰo³²⁴tsʰɔ³⁵xa⁴⁴.]做菜肴，要多放点油，滋味才会更美。比喻即使破草鞋用油煎，也是好吃的。

713. 油炸鬼[iu⁴⁴tsʰa²²kue³⁵]歙县人把油条叫"油炸鬼"。过去据说是叫"油炸桧"的。指的是南宋的奸臣"秦桧"。方言中"鬼"与"桧"在这个词里读音相同。"油条"方言里还有很形象的"丝瓜菩"[sʅ³¹kua³¹pʰu²²]的说法。"丝瓜菩"就是普通话所说的"丝瓜络"。

714. 有头有尾[iu³⁵tʰiu⁴⁴iu³⁵ue³⁵]表示有始有终。为了图吉利，在酒席上吃的鸡、鱼必须是有头有尾的。

715. 有锣不打，去蒙鼓。[iu³⁵lo⁴⁴puʔ²¹ta³⁵, tɕʰi³²⁴mʌ̃⁴⁴ku³⁵.]比喻有现成的活儿不干，偏要另外去找麻烦事儿。

716. 有啰！[iu³⁵lo²！]有啰！有啰！就是够了，够了。表示已满足需要的意思。例如：有人送给你酒、糖果，或其他有用的东西，你已经收取了，可是他还要给你，这时你就可以客气地说："有啰，有啰！"也可以说："有够，有够！"

717. 有干！[iu³⁵kɛ³²⁴！]有两种意思：①行，可以：如外面雨下得不大穿跑鞋可以的吧？回答：有干。②夸赞孩子能干。也说：有干！有干！

718. 有钱人，钱做主；无钱人，命抵挡。[iu³⁵tsʰe⁴⁴iʌ̃⁴⁴, tsʰe⁴⁴tso³²⁴tɕy³⁵, m̩⁴⁴tsʰe⁴⁴iʌ̃⁴⁴, miʌ̃²²ti³⁵ta³⁵.]意思是富人生病有钱医治，穷人生病没钱治，只好以命硬拖下去。

719. 有盐同咸，无盐同淡——同甘共苦。[iu³⁵ie⁴⁴tʰʌ̃⁴⁴xɛ⁴⁴, u⁴⁴ie⁴⁴tʰʌ̃⁴⁴tɛ³⁵——

tʰɑ̃⁴⁴kɛ³¹kʰuɑ̃²²kʰu³⁵.]含义是同甘共苦，待遇一样，不搞特殊。

720.有缘千里来相会，无缘对面不相逢。[iu³⁵ue⁴⁴tsʰɛ³¹li³⁵lɛ⁴⁴sia³¹xue²², u⁴⁴ue⁴⁴tɛ³²⁴me²²pu⁷²¹sia³¹fɑ̃⁴⁴.]

721.有雨山戴帽，无雨顶上光。[iu³⁵y³⁵sɛ³¹ta³²⁴mɔ²², u⁴⁴y³⁵tiɑ̃³⁵ɕia³⁵ko³¹.] "山戴帽"即山头上有大片乌云覆盖。这种情况出现后，很快就会风雨交加。"顶上光"就是山顶上阳光灿烂，一丝云彩都没有，哪里会下雨呢？

722.人怕出名，猪怕壮。[iɑ̃⁴⁴pʰa³²⁴tɕʰy⁷²¹miɑ̃⁴⁴, tɕy³¹pʰa³²⁴tso³²⁴.]猪一旦喂肥壮了就要被杀吃了，借比喻人要是出了名了，就可能被找麻烦，捉冤大头。

723.阴阳人[iɑ̃³¹ia⁴⁴iɑ̃⁴⁴]有以下多种意思：①雄雌一体人，②看风水的，③看鬼的，④指称道士。

724.阴干萝卜丝——阴司鬼。[iɑ̃³¹kɛ³¹lo⁴⁴pu⁷²¹sʅ³¹——iɑ̃³¹sʅ³¹kue³⁵.]借指做事不光明正大，暗地使坏坑人的家伙。方言里也把这种人说成"阴司鬼"。

725.人变狗脸——难看。[iɑ̃⁴⁴pe³²⁴kiu³⁵lɛ³⁵——lɛ⁴⁴kʰɛ³²⁴.]形容人脸消瘦得像狗脸一样。其病与瘦的程度可以想见了。

726.人不在时中，黄金变成铜。[iɑ̃⁴⁴pu⁷²¹tsʰɛ³²⁴sʅ⁴⁴tsɑ̃³¹, o⁴⁴tɕiɑ̃³¹pe³²⁴tɕʰiɑ̃⁴⁴tʰɑ̃⁴⁴.]比喻一个人不在走运的时候，万事都不顺利。

727.人要勤恳，地要深耕；勤恳能致富，深耕多产粮。[iɑ̃⁴⁴iɔ³²⁴tɕʰiɑ̃⁴⁴kʰɑ̃³⁵, tʰi²²iɔ³²⁴ɕiɑ̃³¹kɑ̃³¹;tɕʰiɑ̃⁴⁴kʰɑ̃³⁵lɑ̃⁴⁴tɕi³²⁴fu³²⁴, ɕiɑ̃³¹kɛ³¹to³¹tsʰɛ³⁵lia⁴⁴.]

728.人有良心狗都不吃屎。[iɑ̃⁴⁴iu³⁵lia⁴⁴siɑ̃³¹kiu³⁵tʰu³¹pu⁷²¹tɕʰi⁷²¹ɕi³⁵.]狗是要吃屎的。借此讥讽没有良心的人。

729.人无千日好，花无百日红。[iɑ̃⁴⁴u⁴⁴tsʰɔ³¹nɔ²²xɔ³⁵, xua³¹u⁴⁴pɛ⁷²¹nɛ²²xuɑ̃⁴⁴.]

730.污哩污邋——马虎。[u³¹li²u³¹la².——ma³⁵xu².]形容在生活上、工作上表现得很马虎、很不讲究。

731.污邋污弄[u³¹la²²u³¹lɑ̃²²]指吃得不干净，穿得不整洁。

732.污二鬼[u³¹ɛ²²kue³⁵]骂污浊邋遢的人。

733.乌溜花脸[u³¹liu²²xua³¹lɛ³⁵]脸上非常脏。

734. 乌龙食[u³¹lʌ̃⁴⁴ɕi²²]指用许多瓜瓜菜菜与很少米煮成的食物。

735. 乌龟碰石塔——硬碰硬。[u³¹kue³¹phʌ̃³²⁴ɕi²²tha⁷²¹——ŋɛ²²phʌ̃³²⁴ŋɛ²².]意为"塔"，本字作"堁，读tha²²，如"石堁县"，石塔指大块的石头。意为来不得一丝一点的假，必须敢于硬碰硬。

736. 乌龟莫笑鳖，都在洞里歇。[u³¹kue³¹mo²²siɔ³⁵pe⁷²¹，thu³¹tshe³⁵thʌ̃²²li²ɕie⁷²¹.]同样身份者，何必争论高低呢？

737. 乌鸦喜鹊同噪。[u³¹ŋa³¹ɕi³⁵tshiɔ⁷²¹thʌ̃⁴⁴tshɔ³²⁴.]俗话说乌鸦主凶，喜鹊主吉，鸦是不祥鸟，鹊是吉祥鸟，有时两种鸟一起叫，到底是凶是吉呢？比喻有时会遇到不知是凶是吉的为难之事。

738. 乌龟子[u³¹kue³¹tsɿ³⁵]骂人是野种，是其母偷情带来的。与"王八蛋"同义。

739. 乌龟吃大麦——浪费。[u³¹kue³¹tɕhi⁷²¹thɔ²²mɛ²²——la³²fe³²⁴.]乌龟吃大麦仅仅是把秆子吃了，麦粒子反而吃得很少。比喻把粮食吃糟了。例如：一向不吸香烟的人，他点了一支烟，叼在嘴边，别人就讽刺他"乌龟吃大麦"。

740. 雨前爬红蚁雨淋淋，雨后爬红蚁晒死人。[y²⁵tshe⁴⁴pha⁴⁴xʌ̃⁴⁴ni³⁵y³⁵liʌ̃⁴⁴liʌ̃⁴⁴，y³⁵xiu²²pha⁴⁴xʌ̃⁴⁴ni³⁵sa³²⁴sɿ³⁵iʌ̃⁴⁴.]红蚁即蚯蚓。

741. 五大八大[u³⁵tha²²pa⁷²¹tha²²]物体非常大且不合适。

742. 五凹八翘[u³⁵ŋɔ³²⁴pa⁷²¹thiɔ³²⁴]本是形容物体变形，引申为此人行为怪异，性情怪僻。

743. 五岳朝天——面相难看。[u³⁵ŋɔ²²tɕhiɔ⁴⁴the³¹——me²²sia³²⁴lɛ⁴⁴khɛ³²⁴.]原义是东、西、南、北、中五岳高山，都是朝向天空的。形势本来很好，这里却是用来比喻人的面孔难看。把五官生得丑陋的人，说成是五岳朝天。

744. 五猖庙倒塌哩——肚子饿了。[u³⁵tɕhia³¹miɔ²²tɔ³⁵tha⁷²¹li²——tu³⁵tsɿ²ŋo²lo².]五猖原是五个菩萨在一个庙里，庙倒了。借喻肚子饿了。五脏六腑在吵闹了。

745. 五千带八万。[u³⁵tshe³¹ta³²⁴pa⁷²¹uɛ²².]形容数量很多。

746. 五月西南风。[u³⁵ue²²si³¹nɛ⁴⁴fʌ̃³¹.]气象谚语。农历五月间刮了西南风，不久就会下大雨，涨大水。

747.兀长八长[u²²tɕʰia⁴⁴pa⁷²¹tɕʰia⁴⁴]形容很高很高。

748.屋檐水落地，点滴不差移。[u⁷²¹ie⁴⁴ɕy³⁵lɔ²²tʰi²², te³⁵ti⁷²¹pu⁷²¹tsʰa³¹i⁴⁴.]前后都一样，你先前待人是怎样，后来别人待你也会怎样。"前因后果"没有差异。

749.挖肉补疮——顾此失彼。[ua⁷²¹niu²²pu³⁵tsʰo³¹——ku³²⁴tsʰ̩³⁵ɕi⁷²¹pi³⁵.]比喻顾此失彼，情况很难办。犹如"拆东墙补西墙"。

750.剜墙拱壁[ue³¹tsʰia⁴⁴kuʌ̃³⁵pi⁷²¹]想方设法，千方百计。例如，我剜墙拱壁也要把你需要的东西搞来。

751.剜栗壳[ue⁷³¹li²¹kʰɔ⁷²¹]用指节扣击孩子的头部。

752.剜鼻头屎下饭——啬死哩。[ue³¹pʰi²²tʰiu⁴⁴ɕi³⁵xa³⁵fɛ²²——se⁷²¹s̩³⁵li².]形容极其吝啬。

753.横蠡[ue⁴⁴tɕʰyʌ̃³⁵]形容又蛮横，又愚蠢的人。

754.冤家不凑巧。[ue³¹ka³¹pu⁷²¹tsʰiu³²⁴tɕʰiɔ³⁵.]机会遇得不好。例如，跑了许多路去看朋友，他却不在家。这就叫"冤家不凑巧"。

755.唯吾担锦——轻骨头。[ue⁴⁴u⁴⁴tɛ³¹tɕiʌ̃³⁵——tɕʰiʌ̃³¹ku⁷²¹tʰiu⁴⁴.]"担"是拿的意思。唯有我能拿到锦标。转义为有点本领就翘尾巴，就轻骨头，骄傲起来。

756.原地主人[ue⁴⁴tʰi²²tɕy³⁵iʌ̃⁴⁴]房子基地的原始主人叫"原地主人"。虽已死去，仍旧祭拜。

757.月亮地里晒血片——阴干的。[ue²²lia²²tʰi²²li²sa³²⁴ɕye⁷²¹pʰe³²⁴——iʌ̃³¹kɛ³¹ti².]没见到太阳，血片（月经布）只能是阴干的。比喻某人挣来了很多钱，不见他花，现在就用光了，那真是"月亮地里晒血片，阴干的"。

758.月亮驮枷[ue²²lia²²tʰo⁴⁴ka³¹]方言里把夜晚月亮周围出现的内红外紫的月晕现象叫作"月亮驮枷"，并且认为出现这种情况，天气要变，要刮大风。所以这里还有"风圈"的说法。

759.瘟丧[uʌ̃³¹sa³¹]咒骂别人得瘟疫，是该死的家伙。

760.雨打雪地——麻麻点点。[y³⁵ta³⁵se⁷²¹tʰi²²——ma⁴⁴ma⁴⁴te³⁵te³⁵.]原是指

雨下在积了雪的地面上，把雪地打成许多点点。比喻脸上长麻点的人。

761.雨打霉头，见水不流。[y³⁵ta³⁵mɛ⁴⁴tʰiu⁴⁴, tɕie³²⁴ɕy³⁵pu⁷²¹liu⁴⁴.]当地农谚。如果入霉那天下雨，以后就很少下雨；即使有点雨水，也不会形成水流。

762.云里日头，灰里火。[yʌ̃⁴⁴li²ni²²tʰiu⁴⁴, xue³¹li²xo³⁵.]看不见日头阳光，却非常热；看不见灰里的火，火力仍然灼热。比喻义是为人表面上伪善，谦卑，暗地里却阴险、狠毒。

763.云里讲话，雾里听——不可信。[yʌ̃⁴⁴li²ka³⁵ua²², u²²li²tʰiʌ̃³²⁴——pu⁷²¹kʰo³⁵siʌ̃³²⁴.]此人说话，脱离事实，没有根据，不可信。

764.云上屯溪，落雨淅淅；云下淳安，驮上锄头上山。[yʌ̃⁴⁴ɕia³⁵tʰʌ̃⁴⁴tɕʰi³¹, lɔ²²y³⁵si⁷²¹si⁷²¹；yʌ̃⁴⁴xa³⁵tɕʰyʌ̃⁴⁴ŋɛ³¹, tʰo⁴⁴ɕia³⁵su⁴⁴tʰiu⁴⁴ɕia³⁵sɛ³¹.]这是歙县深渡镇的谚语。屯溪在深渡的西边，淳安在深渡的东边，意思是云往西要下雨，云往东就晴。

熟语序号检索

△序号检索方法

熟语条目先按页码，后按页码中的条码进行编排例如想了解"背棕索背褡——五花大绑"条的意思，即可在"熟语汇释"第142页第5条中得到答案

后　记

在年过九旬的时候，还能有机会再次把历年来收集到的关于徽州方言的材料整理出版，我衷心感谢安徽师范大学文学院党政领导对一个方言研究工作者的肯定和勉励！在此特别感谢储泰松先生、崔达送先生和责任编辑李克非先生在此书出版过程中给予的帮助！

方言不仅是地方文化的根，是地方历史沿革的灵魂与血脉，更是一个地区最重要的日常社会交际工具。随着我们国家政治、经济、文化的发展，各地方言也会进行适应性的变化。今天大多数徽州人做到了与外地人交谈时，用让外地人能够听懂的"普通话"交谈，而与家人或当地人交流仍使用徽州方言。因为家乡话才是乡里乡亲之间的感情纽带！

方言研究工作者必须重视语言的社会性，必须认识到推广普通话对社会发展的重要意义。我们应该能够做到对外地人能用普通话交谈，对家乡人仍以家乡话（方言）交谈，这样才是现代汉语在"和谐社会"运用的需要。

我希望更多的人都认识到汉语规范化对于社会发展进步的重要意义，切实做到身体力行，为汉语规范化贡献力量！

需要说明的是，此书虽经反复校对，但可能还有错误之处，请读者指正。

2023年7月